Der Autor:

Prof. Dr. med. Joachim Bauer ist Neurobiologe, Arzt und Psychotherapeut und lehrt an der Universität Freiburg. Für seine Forschungsarbeiten erhielt er 1996 den renommierten Organon-Preis der Deutschen Gesellschaft für Biologische Psychiatrie. Er veröffentlichte zahlreiche Sachbücher, unter anderem »Das Gedächtnis des Körpers. Wie Beziehungen und Lebensstile unsere Gene steuern«, »Warum ich fühle, was du fühlst. Intuitive Kommunikation und das Geheimnis der Spiegelneurone« sowie »Das kooperative Gen. Evolution als kreativer Prozess«.

JOACHIM BAUER

SCHMERZGRENZE

**VOM URSPRUNG ALLTÄGLICHER
UND GLOBALER GEWALT**

**WILHELM HEYNE VERLAG
MÜNCHEN**

 Verlagsgruppe Random House FSC-DEU-0100
Das für dieses Buch verwendete
FSC®-zertifizierte Papier *München Super*
liefert Arctic Paper Mochenwangen GmbH.

Taschenbucherstausgabe 04/2013
Copyright © 2011 by Karl Blessing Verlag, München,
in der Verlagsgruppe Random House GmbH
Der Wilhelm Heyne Verlag, München,
ist ein Verlag der Verlagsgruppe Random House GmbH
Printed in Germany 2013
Umschlaggestaltung: Hauptmann und Kompanie Werbeagentur, Zürich
Satz: Leingärtner, Nabburg
Druck und Bindung: GGP Media GmbH, Pößneck

ISBN 978-3-453-60258-8

www.heyne.de

Inhaltsverzeichnis

Kapitel 6 Gegenpole zur Dynamik der Aggression:
Die Entstehung von Moralsystemen, Religion und Recht

1

Mythos Aggression

Die Chancen für eine Selbstzerstörung des Menschen im 21. Jahrhundert stehen nicht schlecht. Die Weltbevölkerung nimmt stetig zu. Die Ressourcen Wasser, Nahrung, Energie und natürliche Umwelt sind begrenzt. Große Teile der Menschheit leben in Armut. Das hinter uns liegende Jahrhundert mit seinen weit über 200 Millionen Toten, die durch Kriege und andere menschengemachte Grausamkeiten starben, war ein Jahrhundert der Gewalt[1]. Zahlreiche Konfliktherde unseres Globus bergen das Potenzial für weitere verheerende Kriege.

Ich möchte aufzeigen, welchen Beitrag die modernen Neurowissenschaften leisten können, um ein Problem zu entschlüsseln, an dessen Lösung das 20. Jahrhundert wiederholt und eindrucksvoll gescheitert ist: das Phänomen der menschlichen Gewalt. Das Buch soll nicht nur diejenigen inspirieren, die in Politik, Wirtschaft und in den Medien Verantwortung tragen. Es soll uns allen einen Anstoß geben, Erkenntnisse der modernen Hirnforschung nutzbar zu machen, indem sie uns dabei helfen können zu verstehen, nach welchen Regeln sich zwischenmenschliche Aggression entwickelt und wie das Phänomen der Gewalt funktioniert.

Beiträge verschiedener Mediziner und Biologen – allen voran Sigmund Freud und Konrad Lorenz –, die das Konzept eines »Aggressionstriebes« entwickelten und den öffentlichen Diskurs zum Thema Gewalt im letzten Jahrhundert implizit begleitet haben, wirken bis in unsere Gegenwart hinein.

Obwohl frühere Grundannahmen über die Gewalt aus heutiger Sicht unhaltbar geworden sind, erfreuen sich diese Theorien weiterhin großer Popularität. Anthropologische und soziobiologische Theorien – vom Menschen als blutrünstigem Jäger (»man the hunter«)[2] bis hin zu den »egoistischen« Genen[3] – haben sich im Denken vieler Zeitgenossen (und in vielen Lehrbüchern) festgesetzt, obwohl sie durch neuere Befunde überholt sind.

Tötungsdelikte in U-Bahnen, Amokläufe in Schulen, aber auch Kriege werden immer noch gerne auf unerforschliche, unbeeinflussbare menschliche Grundkonstanten zurückgeführt und zum »Dunklen im Humanum«[4] erklärt, obwohl zur Frage der Ursache menschlicher Gewalt inzwischen klare wissenschaftliche Erkenntnisse vorliegen. Über Jahrzehnte hinweg haben namhafte Anthropologen die evolutionäre Entwicklung des Menschen in den letzten rund sieben Millionen Jahren als einen durch blutrünstiges Jagdverhalten sowie durch Mord und Totschlag charakterisierten Prozess dargestellt, als dessen Ergebnis uns heute angeblich eine biologisch verankerte Lust auf Gewalt und eine Liebe zum Krieg innewohne[5].

Eine sorgfältige Überprüfung dieser Mythen ergibt ein völlig anderes Bild: Unsere evolutionären Vorfahren waren weder blutrünstige Jäger noch Mörder, sondern überwiegend vegetarisch lebende Wesen, deren Überleben nur deshalb gelang, weil sie, begleitet von einer beachtlichen Zunahme ihres Gehirnvolumens, nicht nur eine überlegene Intelligenz, sondern vor allem ein phänomenales soziales Kooperationsverhalten entwickelten[6].

Eine in größerem Umfang betriebene Jagd ist, evolutionär gesehen, ein relativ junges Phänomen, das erst in einer Zeit auftrat, als unser Gehirn biologisch bereits weitgehend das war, was wir auch heute noch in unseren Köpfen tragen. Auch als der Mensch schon die Fähigkeit zur Jagd entwickelt hatte, blieb er über einen langen weiteren Zeitraum ein überwiegend friedliches, egalitär eingestelltes und auf Kooperation ausgerichtetes Wesen[7].

Während wir heute in fast allen Bereichen den Versuch unternehmen, die uns umgebenden natürlichen Phänomene wissenschaftlich zu erklären, sie zu verstehen und diese Erkenntnisse in einer für uns günstigen Weise zu nutzen, verbreiten manche Zeitgenossen den Eindruck, Aggression sei ein unheimliches, letztlich unerforschliches Phänomen. Die Mystifizierung der Aggression kann und muss beendet werden. Dieses Buch soll dazu einen Beitrag leisten, indem es neurowissenschaftliche und anthropologische Erkenntnisse der letzten Jahre zum Thema Gewalt beleuchtet.

Theorien haben Einfluss auf die Wirklichkeit

Theorien, die sich Menschen über sich selbst bilden, finden ihren Niederschlag nicht nur im akademischen oder feuilletonistischen Raum. Entsprechend waren auch Vorstellungen, die über die menschliche Aggression verbreitet wurden, nicht folgenlos. Tatsächlich haben Konzepte, an die wir zu glauben bereit sind, massive Rückwirkungen auf unsere Realität, in der Regel im Sinne einer sich selbst erfüllenden Prophezeiung. Dies lässt sich auch experimentell zeigen. Frauen, die der (irrtümlichen) Meinung waren, eine von ihnen eingenommene Placebo-Tablette habe das männliche Sexualhormon Testosteron enthalten, verhielten sich in Versuchstests prompt weniger fair und kooperativ. Warum? Das gezeigte Verhalten fügte sich in eine Theorie, von der die Probandinnen überzeugt waren und der zufolge sich Männer vorzugsweise kompetitiv verhalten[8]. Sie entsprachen also in ihrem Verhalten den eigenen Vorstellungen über männliche Verhaltensweisen. Ein anderes Beispiel für die sich selbst erfüllende Kraft von Überzeugungen liefert ein Experiment, in dem man Personen sagt, im Menschen staue sich – unabhängig von den Lebensumständen – Aggression auf, die im Sinne einer reinigenden »Katharsis« regelmäßig abgelassen werden müsse (eine wissenschaftlich widerlegte Theorie[9]). Derart beeinflusste Personen beginnen sich, wie Experimente zeigen, in ihrem Alltag prompt aggressiver zu verhalten[10].

Das Phänomen, dass von Theorien reale Effekte im Sinne einer sich selbst erfüllenden Prophezeiung ausgehen können, hat einen Namen: Es wird als »Thomas-Theorem« bezeichnet[11]. Dass dieses Theorem sich auch dann erfüllt, wenn sich die Theorie später als wissenschaftlich falsch erweist, zeigen zahlreiche Beispiele. Zu Beginn des 20. Jahrhunderts verbreiteten prominente Biologen und Mediziner die Lehrmeinung, bei den unterschiedlichen Ethnien des Menschen handle es sich um »Rassen«, die in einer unweigerlichen, durch die Natur begründeten Konkurrenz stünden. Es entspräche den regelhaften Gesetzen der Evolution, dass sich die Völker und Nationen dieser Erde einem kämpferischen Ausleseverfahren, der sogenannten »natürlichen Selektion« zu stellen hätten[12]. Damit hatten namhafte, seinerzeit tonangebende Wissenschaftler nicht nur ihren Zeitgenossen, sondern auch mehreren nachfolgenden Generationen eine überaus resistente Laus in den Pelz gesetzt.

Als Folge begannen vor hundert Jahren, lange vor Hitlers Machtergreifung, in fast allen entwickelten Ländern Rassenkampftheorien zu grassieren, die sich – zumal sie von den akademischen Eliten verbreitet wurden – als seriöse Wissenschaft ausgaben, tatsächlich aber ideologischer Unsinn waren. In Deutschland und Österreich leistete dieser pseudowissenschaftliche biologische Mythos einen wichtigen Beitrag zur Anbahnung zweier Weltkriege[13]. Nachdem die fatalen realen Folgen der Theorie eingetreten waren, dienten sie nachträglich als »Beweis« für das, was eingangs behauptet worden war: dass Menschen unterschiedlicher Ethnien ein natürlicher Kampfinstinkt innewohne. Ein Paradebeispiel für die Kraft des Thomas-Theorems.

Freuds »Aggressionstrieb«

Auch der »Aggressionstrieb« hat das Potenzial einer sich selbst erfüllenden Prophezeiung. Er verdankt seine Entstehung den wenig erfreulichen Zeitumständen des vergangenen Jahrhunderts. Zwei Söhne von Sigmund Freud (1856–1939), Begründer der Psychoanalyse, kämpften im Ersten Weltkrieg[14]. Der Erste Weltkrieg, der in einigen Teilnehmerländern bei Kriegsausbruch noch begrüßt worden war wie eine Art Olympiade[15], bei der sich die »Tüchtigsten« im Sinne der natürlichen Auslese bewähren sollten, hinterließ Europa schließlich im Schock. Dieser Krieg hatte eine für die damalige Zeit völlig neue Dimension des massenhaften gegenseitigen Abschlachtens erreicht. Erstmals war in Form von Giftgas auch eine Massenvernichtungswaffe eingesetzt worden. Sigmund Freud ging es, nachdem sein Sohn Martin verwundet wurde, nicht anders als vielen Zeitgenossen: Er war traumatisiert und versuchte, die Schrecken dieses Krieges zu verarbeiten. Diese Situation bildete 1920, zwei Jahre nach Ende des Ersten Weltkrieges, den Hintergrund für seine Postulierung eines »Aggressionstriebes«[16].

Freud war sich seines »Aggressionstriebes« zunächst alles andere als sicher[17]. Der in den folgenden Jahren in Europa wieder erstarkende Nationalismus schien seiner These dann jedoch recht zu geben. Einmal in die Welt gesetzt, erfreute sich der »Aggressionstrieb« nicht nur bei einem Teil der kritischen Intelligenz der westlichen Länder zunehmender Beliebtheit. Eine problematische Übereinstimmung in Sachen »Aggressionstrieb« sollte sich auch mit einer Denkschule ergeben, mit der Freud ansonsten nichts gemein hatte. »Leben heißt kämpfen« wurde eine der Leitparolen des Nationalsozialismus, der sich selbst als ein modernes, weil scheinbar biologisch fundiertes, wissenschaftlich begründetes Projekt verstand. Bei all ihrem pseudowissenschaftlichen Popanz hatten die Nazis fatalerweise einen Großteil der akademischen Eliten an ihrer Seite, die das Rassedenken und das Konzept der Selektion durch Kampf bereits über Jahrzehnte hinweg propagiert hatten. Der »Aggressionstrieb« passte den Nationalsozialisten durchaus ins Konzept. Freud allerdings, der sich persönlich als »Pazifisten« bezeichnete[18], war vom Nationalsozialismus angewidert und emigrierte 1938.

Ein »Trieb zum Hassen und Vernichten«

Wie der »Aggressionstrieb« das Denken einengte, zeigte sich bereits wenige Jahre nach seiner Erfindung: In einem bewegenden, am 30. Juli 1932 verfassten Brief wandte sich Albert Einstein im Auftrag des Völkerbundes an den damals bereits weltberühmten Arzt und Psychologen Sigmund Freud. Einsteins Frage war, was man gegen die heraufziehende Gefahr eines erneuten Krieges tun könne[19]. Ist es Anmaßung, wenn wir uns heute erlauben, die Frage zu stellen, ob es nicht schon damals erkennbare Einflussfaktoren für die Entstehung von Gewalt gab, über die Freud hätte sprechen können – auch ohne die uns heute dazu vorliegenden Erkenntnisse? War es dem Seelenforscher wirklich verborgen geblieben, welchen immensen Einfluss Demütigungen und Ausgrenzung auf die Entstehung von Gewalt haben (man denke an Deutschlands demütigende Situation nach dem Ersten Weltkrieg)? Hatte er nicht erkannt, wie sehr soziales Elend und die Ungleichverteilung von Ressourcen (verschärft durch die damalige Weltwirtschaftskrise) Gewalt begünstigen können? War dem Gründer der Psychoanalyse verborgen geblieben, welche gefährlichen, die Aggression enthemmenden Effekte sich aus Dehumanisierungsstrategien ergeben, insbesondere daraus, dass renommierte Wissenschaftler bereits seit Beginn des 20. Jahrhunderts begonnen hatten, einen Unterschied zwischen rassisch bzw. biologisch »höherwertigen« und »minderwertigen« Menschen zu machen? Leider findet sich nichts von alledem in Freuds Antwort an Einstein vom Herbst 1932.

Sein Brief ist ein deprimierendes Dokument[20]. »Die Tötung des Feindes [befriedige] eine triebhafte Neigung«. Der Mensch unterliege einem »Trieb zum Hassen und Vernichten«, es gebe eine »Lust an der Aggression und Destruktion«, »Krieg [sei] ein Ausfluss des Destruktionstriebes«. Freuds Rat mündete in den bemerkenswerten Satz: »Warum empören wir uns so sehr gegen den Krieg, […], warum nehmen wir ihn nicht hin wie eine andere der vielen peinlichen Notlagen des Lebens? Er scheint doch naturgemäß, biologisch wohl begründet, praktisch kaum vermeidbar.« Einsteins begrenzte Begeisterung über diese Empfehlungen wohl voraussahnend, bemerkte Freud: »Vielleicht haben Sie den Eindruck, unsere Theorien seien eine Art von Mythologie […]. Aber läuft nicht jede Wissenschaft auf eine Art Mythologie hinaus?« Darin, dass seine Theorie eine »mythologische Trieblehre« sei (Freud äußerte den Gedanken in seinem Brief gleich zwei Mal), kann aus heutiger Sicht kein Zweifel mehr bestehen. Der »Aggressionstrieb« sollte sich als der große Flop der Psychoanalyse erweisen[21].

Das Aggressionsverständnis bei Darwin: »Soziale Instinkte« statt »Aggressionstrieb«

Für die Einschätzung der Aggression ist es besonders bedeutsam, was Charles Darwin, einer der Gründerväter der modernen Biologie zu diesem Thema zu sagen hatte. Die mit dem Begriff »Darwinismus« verbundenen Assoziationen würden intuitiv vermuten lassen, dass der »Aggressionstrieb« in seinem Denken verankert war. Diese Annahme erscheint intuitiv naheliegend, doch sie ist falsch. Obwohl Freuds Erfindung unter den Biologen einige Jahre später mit Konrad Lorenz durchaus noch einen prominenten Anhänger finden sollte, war Charles Darwin (1809–1882) ein »Aggressionstrieb«

fremd. Zwar erkannte er, wie sollte es anders sein, die Aggression als ein in Säugetieren und in Menschen verankertes, biologisch fundiertes Programm. Doch einen »Aggressionstrieb« sucht man bei ihm vergebens. Darwin machte deutlich, dass es sich bei der Aggression – wie bei der Angst – um ein *reaktives* Verhaltensprogramm handelt (wer würde auf die Idee kommen, einen »Angsttrieb« zu postulieren?). Darwin beschrieb, dass es zur Abrufung der Aggression spezifischer Situationen und geeigneter provozierender Reize bedarf[22]. Die modernen Neurowissenschaften geben Darwin recht.

Als zentralen menschlichen »Instinkt« oder Trieb beschreibt Charles Darwin nicht etwa die Aggression, sondern das Bedürfnis des Menschen nach Bindung und Zugehörigkeit[23]. Nichts motiviere, so Darwin, den Menschen grundlegender als sein Bedürfnis nach Gemeinschaft. »Der Mensch findet, übereinstimmend mit dem Schiedsspruch aller Weisen, dass die höchste Befriedigung sich einstellt, wenn man ganz bestimmten Impulsen folgt, nämlich den sozialen Instinkten. Wenn er zum Besten anderer handelt, wird er die Anerkennung seiner Mitmenschen erfahren und die Liebe derer gewinnen, mit denen er zusammenlebt; und dieser Gewinn ist ohne Zweifel die höchste Freude auf dieser Erde«.[24] »Da ohne Zweifel Zuneigung eine Vergnügen erregende Empfindung ist, so verursacht sie allgemein ein leichtes Lächeln und ein Erglänzen der Augen. … Ganz allgemein wird eine starke Begierde empfunden, die geliebte Person zu berühren. … Bei niederen Tieren sehen wir dasselbe Prinzip tätig, dass sich Vergnügen aus der Berührung in Assoziation mit Liebe herleitet.«[25]

Moderne neurowissenschaftliche Erkenntnisse vorwegnehmend, beschreibt Darwin auch die Vitalitätseinbußen, die durch Bindungsverluste hervorgerufen werden können: »Sobald der Leidende [nach Verlust einer geliebten Person] sich vollständig bewusst wird, dass nichts mehr getan werden kann, nimmt Verzweiflung oder tiefer Kummer die Stelle des wahnsinnigen Schmerzes ein. Der Leidende sitzt bewegungslos da oder schwankt langsam hin und her. Die Zirkulation wird träge. ... Ist der Schmerz sehr heftig, so führt er bald äußerste Niedergeschlagenheit oder Erschöpfung herbei.«[26] Ohne Frage hatte Darwin die Akzente damit anders gesetzt als fünfzig Jahre nach ihm Freud. »Rückblickend erscheint Freud jedenfalls darwinistischer als Darwin selbst« – so überraschend es klingen mag, so zutreffend ist diese Aussage von Julia Voss.[27]

Konrad Lorenz und »Das sogenannte Böse«

Richtig bekannt wurde der »Aggressionstrieb« nach dem Zweiten Weltkrieg durch den Biologen Konrad Lorenz (1903–1989). Dieser hatte aufgrund seiner Linientreue in den Jahren des Naziregimes seine akademischen Weihen erlangt, 1940 war er zum Hochschullehrer in Königsberg berufen worden[28]. Im Deutschland der 30er-Jahre waren die aggressive Attitüde und das »Recht des Stärkeren« inzwischen zur Staatsräson geworden. In seinem 1963 erschienenen Buch »Das sogenannte Böse«[29] führte Konrad Lorenz den »Aggressionstrieb« als »primären Instinkt« in die Biologie des Menschen ein, wobei er sich ausdrücklich auf Sigmund Freud berief. Unter Bezugnahme auf Charles Darwin (den er insoweit komplett missverstand) und auf spezifische Beispiele bei verschiedenen kleinen Fischspezies (die sofort in aggressives Verhalten verfallen, wenn ein anderes Individuum sich ihrem Revier nähert) formulierte Konrad Lorenz seine Theorie vom primären Aggressionstrieb des Menschen.

Obwohl die von ihm angeführten Tierbeispiele allesamt reaktive, im Dienste der Verteidigung von Revier oder Bindung stehende Aggressionsmodi illustrieren, definierte Lorenz sie in seinem Buch als Nachweise für primäre »Angriffslust«. Den Steinzeitmenschen sah Lorenz, ohne dies empirisch zu belegen, im permanenten Kriegszustand[30]. Von in US-Reservaten lebenden Indianern behauptet Lorenz, unter Ausblendung der sozialen Lebensbedingungen, die bei diesen zu beobachtende Aggressivität sei »herausgezüchtet« worden und daher biologisch verankert[31]. Bindungsbedürfnisse tauchen bei Lorenz, anders als bei Darwin, als primäres Motiv nicht auf, sondern sind das sekundäre Produkt von gegen einen gemeinsamen Feind gerichteter Aggression. Wo es keine gegen Dritte gerichtete Aggression gebe, so Lorenz explizit, könne es auch keine zwischenmenschlichen Bindungen geben[32]. Dem komplett widersprechende Befunde der experimentellen Bindungsforschung, insbesondere die seit den 50er-Jahren durchgeführten Untersuchungen des britischen Verhaltensforschers John Bolwby (1907–1990), bleiben bei Konrad Lorenz unerwähnt. Die Tatsache, dass die »Instinkttheorie« von Lorenz inzwischen von Fachkollegen grundlegend infrage gestellt wurde[33], konnte jedoch der bis heute fortdauernden Popularität des »Aggressionstriebes« nichts anhaben.

Wem und wozu dient der »Aggressionstrieb«?

Wie erklärt sich die bis heute – vor allem in Deutschland und in den angelsächsischen Ländern – beliebte These, dass dem Menschen eine natürliche innere Lust an der Gewalt, ein »Aggressionstrieb« also, innewohne? Meine Vermutung ist, dass die Beliebtheit des »Aggressionstriebes« in den USA und Großbritannien völlig andere Gründe hat als bei uns. Dort scheint mir das Konzept des Aggressionstriebes vor allem deshalb so widerstandsfähig zu sein, weil es als biologische Legitimation eines auf puren Egoismus gegründeten Finanz-, Wirtschafts- und Gesellschaftssystems zu dienen scheint[34]. Nachdem sich seit etwa einem Jahrzehnt wissenschaftliche Befunde über die phänomenale natürliche Kooperationsneigung des Menschen häufen, gerät die Theorie über den »Aggressionstrieb« auch in den USA immer mehr in Zweifel.

Die Haltbarkeit des »Aggressionstriebes« in Deutschland hat meines Erachtens andere Gründe als in den USA. Diese haben mit der unvorstellbaren Grausamkeit der nationalsozialistischen Verbrechen zu tun, die sich in unserem Lande zwischen 1933 und 1945 abgespielt haben. Meine Hypothese ist, dass sich die Nachkommen der Tätergeneration, insbesondere die sogenannten »68er«, in einer zwiespältigen Situation befunden haben und noch befinden. Einerseits musste es eine Revolte geben, die sich gegen das Verschweigen der Geschichte und gegen die autoritären Strukturen in Familie und Gesellschaft richtete. Diese fällige Revolte hat in den Jahren vor und nach 1968 stattgefunden. Zugleich jedoch gab es bei den Nachfahren der Nazigeneration unbewusst ein Motiv, die eigene Scham zu lindern: Schließlich waren es nun einmal doch tatsächlich die eigenen Väter und Mütter, Großväter und Großmütter, die das Unfassbare getan oder zumindest zugelassen hatten. Eine moralische Legitimation war ausgeschlossen. Eine Möglichkeit, die Scham der Nachfahren zu lindern, bestand jedoch darin, die Verbrechen der Eltern und Großeltern biologisch zu legitimieren, indem man sie mit einer dem Menschen angeblich innewohnenden Lust an der Gewalt relativierte.

Die Theorie des Aggressionstriebs begegnet uns – überwiegend implizit – im öffentlichen Diskurs unseres Landes auf Schritt und Tritt. Sie beherrscht vor allem die Diskussion zu der Frage, »wie aus ganz normalen Menschen Massenmörder werden«[35]. So wird von maßgeblichen Autoritäten argumentiert, dass bevor die Nationalsozialisten den Weg für die Verbrechen frei machten, »der Raum des rassistischen Ressentiments, der Ausgrenzungs- und Vernichtungswünsche zwar schon existierte, aber nicht zur freien Entfaltung kommen konnte«. Die nationalsozialistische Theorie von »Rassen« ungleicher Wertigkeit habe lediglich die Tür für eine biologisch angelegte Tendenz des Menschen zur Ausgrenzung anderer geöffnet. Die nationalsozialistischen Verbrechen werden so quasi zu einem biologisch begründeten menschlichen Grundbedürfnis umdefiniert. Die von den nationalsozialistischen Besatzern in Litauen, in der Ukraine oder in Weißrussland an Zivilisten begangenen Grausamkeiten – einschließlich der schlimmen sexuellen Übergriffe gegen Frauen – seien »wenig weit entfernt« von dem gewesen, was Menschen »in einer Situation geringerer Macht und sexueller Verfügungsgewalt auch gern getan hätten oder – in kleinerem Maßstab – getan haben«. Was sich im Nationalsozialismus an Verbrechen ereignet hat, wird so zum Ausdruck des

»Bedürfnispotenzials ganz normaler Menschen« erklärt, das sich »unter neuen Umständen neu entfalten« konnte. Die gleichen Argumente werden aber auch dann bedient, wenn es um weit weniger als um die Grauen der Nazizeit geht. Besonders deutlich wurde dies in den letzten Jahren bei den Kommentaren, die zu den Amokläufen jugendlicher Gewalttäter in Schulen und zu anderen Beispielen von Jugendgewalt zu lesen und zu hören waren.

Das Milgram-Experiment: viel zitiert, nie genau gelesen

Als wissenschaftlicher Nachweis der Theorie, dass der Mensch ein tief verankertes Vergnügen am Leiden anderer habe, dient in Deutschland ein gerne zitiertes Experiment des US-Amerikaners Stanley Milgram[36]. Leider wird die Studie meist falsch wiedergegeben. »Die Technik des Milgram-Experiments«, so liest man in soziologischen Standardwerken, »bestand ja exakt darin, dass niemand aufgefordert wurde, jemand anderes um eines höheren Zieles wegen umzubringen, sondern dass die Versuchspersonen lediglich dazu veranlasst wurden, jeweils eine kleine Stufe nach der anderen auf der nach oben offenen Skala der Gegenmenschlichkeit heraufzusteigen. Und das Sprechendste an diesem Experiment war vielleicht, dass die Versuchspersonen selbst am meisten darüber überrascht waren, dass sie ohne Weiteres dazu in der Lage waren, Stufe um Stufe weiterzugehen«[37]. Schilderungen wie diese klingen wunderbar gruselig, sie haben nur einen Nachteil: Sie sind nicht wahr. Milgrams Experimente werden in psychologischen und soziologischen Seminaren offenbar seit Jahrzehnten von Jahrgang zu Jahrgang unrichtig weitergegeben, ohne dass sich jemand jemals die Mühe gemacht hätte, die Experimente einmal genau nachzulesen. So sind inzwischen ganze Generationen deutscher Sozialwissenschaftler und Psychologen der festen, aber definitiv falschen Überzeugung, Stanley Milgram habe gezeigt, dass es Menschen Freude mache, andere zu quälen.

Milgrams Experimente bestanden darin, dass man erwachsene Versuchspersonen, alles Normalbürger von der Straße, mit einer kleinen Bezahlung dafür geworben hatte, an einem Experiment in der angesehenen Yale University teilzunehmen. Den Teilnehmern wurde erklärt, sie sollten als »Lehrer« überwachen, wie gut andere erwachsene Versuchspersonen (die »Schüler«) einen Wort-Erinnerungstest absolvierten (es ging um die korrekte Erinnerung und Wiedergabe einer Wortliste). Die »Schüler«, die den Worttest zu absolvieren hatten, waren in einem Nebenraum platziert. Sie waren für die »Lehrer«, die über die Richtigkeit wachen sollten, nicht zu sehen, aber zu hören. Die »Lehrer« wurden nun ausdrücklich angewiesen, die für sie nicht sichtbaren, aber hörbaren »Schüler« immer dann, wenn ein Fehler gemacht wurde, mit einem Elektroschock zu strafen. Der Elektroschock, so wurde den »Lehrern« gesagt, würde am Arm der »Schüler« appliziert werden. Die »Lehrer« wurden instruiert, die Intensität der Schocks, die von den »Lehrern« mit einem Hebel eingestellt werden konnte, mit jeder weiteren Strafmaßnahme zu steigern. Hinter jedem der »Lehrer« stand ein weiß bekittelter Untersuchungsleiter, der die Rolle einer wissenschaftlichen Autorität ausübte. Mit zunehmender Stärke der Stromstöße hörten die »Lehrer« die bestraften »Schüler«, die sie nicht sehen konnten, entsprechende Schmerzenslaute ausstoßen[38]. Wenn die »Lehrer« zögerten, die »Schüler« mit immer intensiveren Schocks zu bestrafen, wurden sie vom hinter ihnen stehenden Versuchsleiter schroff angewiesen, sie hätten die Schocks weiter zu steigern und anzuwenden: »Nun machen Sie schon, es gehört zum Experiment!«

In der von Milgram erzeugten Drucksituation gaben 63 Prozent der als »Lehrer« fungierenden Testpersonen dem Druck der hinter ihnen stehenden Autorität nach und verabreichten, wie gefordert, die schmerzhaften Strafen[39]. Alle Versuchspersonen zeigten jedoch starkes Widerstreben, die Schocks auszuteilen. Viele hatten nach dem Experiment Nervenzusammenbrüche und zeigten Symptome einer posttraumatischen seelischen Störung[40]. Entscheidend aber war ein bei Zitierung der Milgram-Experimente so gut wie immer unterschlagener, aber äußerst wichtiger Bestandteil des Experiments: Keiner der als »Lehrer« fungierenden Teilnehmer verabreichte die stärker werdenden Schocks, wenn hinter jedem »Lehrer« nicht nur ein, sondern zwei weiß bekittelte Untersuchungsleiter standen, wobei der eine dazu aufforderte, die Schocks zu applizieren, der andere aber sagte: »Sie brauchen es nicht zu tun, wenn Sie nicht wollen!« Bei genauer Betrachtung halten die Milgram-Experimente also keineswegs, was sie im Dienste des Aggressionstriebes versprechen sollen, im Gegenteil. Sie zeigen, was auch zahllose neurowissenschaftliche Studien heute eindeutig belegen: Psychisch durchschnittlich gesunden Menschen, die nicht unter äußerem Druck stehen und die durch niemanden provoziert wurden, ist es zuwider, anderen Leid zuzufügen. Ähnlich wie mit Milgrams Studien verhält es sich mit Philip Zimbardos fragwürdigen Experimenten[41].

Der Aggressionstrieb ist tot, doch die Aggression lebt

Auch wenn der Nachweis für die Existenz eines Aggressionstriebes aussteht, so ist und bleibt die Aggression ein Faktum.
Was sich an Gewalt bis in die jüngste Vergangenheit auf unserem Globus ereignete, lässt jeden erschaudern. So ereigneten
sich in den Jahren nach 1992 auf dem Balkan, zuvor jahrzehn-
telang das Reiseziel mitteleuropäischer Touristen, unfassbare
Grausamkeiten. Über 100 000 Menschen wurden im Rahmen
von »ethnischen Säuberungen« in Bosnien systematisch um-
gebracht. Im Jahre 1995 wurden bei einem Massaker in Srebre-
niza 7000 Moslems getötet. Im Kosovo kamen 3000 Albaner
ums Leben. Im afrikanischen Ruanda, bis 1962 unter belgi-
scher Kolonialherrschaft, wurden 1994 während eines Bürger-
krieges zwischen zwei verfeindeten Volksstämmen (Hutu und
Tutsi) mehr als 800 000 Zivilisten (überwiegend Tutsis) systematisch und grausam hingemetzelt[42]. Weltweit werden derzeit
ca. 30 Kriege und weitere ca. 100 bewaffnete Konflikte ausgetragen[43], darunter immer mehr Kriege »neuen Typs«, bei denen auch Kindersoldaten im Einsatz sind und Gewalt überwiegend (zu 80–90 Prozent) gezielt gegen Zivilisten ausgeübt
wird[44]. Doch Kriege sind nicht die einzige Form der uns begegnenden Gewalt. Mehr als 30 000 Menschen starben seit dem
Jahr 2000 durch Terrorakte[45]. Hinzu kommt das große Feld der
im zivilen Umfeld ausgeübten Gewalt. Die Mehrzahl der jährlich weltweit gewaltsam umkommenden etwa 1,43 Millionen
Menschen verliert ihr Leben derzeit nicht im Krieg, sondern
durch individuell begangene bzw. erlittene Gewalt[46]. Besondere Aufmerksamkeit fanden in den letzten Jahren Gewaltakte,
die von Jugendlichen begangen wurden, darunter die mittlerweile ca. 100 Fälle von tödlichen Amoktaten an Schulen[47].

Warum wir lernen müssen, Aggression neu zu verstehen

Welchen Sinn soll es angesichts chronisch virulenter, weltweit verbreiteter Aggression haben, darüber nachzudenken, ob den Menschen eine natürlich mitgegebene Freude am Ausüben von Gewalt beseelt, ob uns ein »Aggressionstrieb« innewohnt oder nicht? Ich will mit diesem Buch deutlich werden lassen, dass es einen für unser Leben entscheidenden Unterschied macht, ob und wie wir die menschliche Aggression verstehen. Denn abhängig davon, wie wir sie verstehen, werden wir ihr begegnen. Sollten wir zu dem Ergebnis kommen, dass dem Menschen ein natürliches Bedürfnis mitgegeben wurde, Gewalt auszuleben, dann wäre Aggression eine hinzunehmende Konstante unseres Zusammenlebens. Kriege, Mord und Totschlag wären dann, um mit Freud zu sprechen, »naturgemäß«, »wohlbegründet« und »kaum vermeidbar«. Maßnahmen gegen die Aggression müssten sich auf ihre Repression (Unterdrückung) und Sublimation (Umlenkung) beschränken. Damit wären wir mit unserem Menschenbild zu einem »Klassiker« zurückgekehrt, der fast zweitausend Jahre lang unser Denken bestimmt hat: Dass der Mensch ein durch und durch »böses« oder »sündiges« Wesen sei[48], dem die Moral als contra-natürliches Prinzip, sozusagen »von oben« aufoktroyiert werden muss(te). Ironischerweise bleibt der in Teilen der Biologie derzeit noch herrschende Neodarwinismus dieser manichäischen Aufspaltung treu, indem er den Egoismus als primäres, bis in die Gene hinein verankertes, im Menschen »natürlich« verankertes Motiv definiert. Waren es früher die Kirchen, die von diesem anthropologischen Konzept profitierten, so sind es heute die Anhänger eines ungezügelten Raubtierkapitalismus[49].

Die moderne Neurobiologie kann das Konzept eines primär blutrünstigen, durch einen Aggressionstrieb getriebenen Menschen nicht stützen[50]. Allerdings ist sie weit davon entfernt, den Menschen »gut« zu beten. Doch was in den letzten etwa zwanzig Jahren durch neurowissenschaftliche Studien über die »Natur des Menschen« zutage gefördert wurde, darf ohne Übertreibung als eine Revolution bezeichnet werden. Das nachfolgende Kapitel 2 soll zunächst deutlich machen, wie sich – neurowissenschaftlich betrachtet – definieren lässt, was in früherer Zeit als »Trieb« bezeichnet wurde. Neuere Untersuchungen weisen den Menschen als ein in seinen Grundmotivationen primär auf soziale Akzeptanz, Kooperation und Fairness ausgerichtetes Wesen aus, ein Umstand, der von neodarwinistischen Biologen ironischerweise inzwischen als ein ernstes »Problem« bezeichnet wird[51]. Die in Kapitel 2 gegebene Darstellung der menschlichen Grundmotivationen muss der Analyse des Aggressionsapparates in Kapitel 3 vorangehen, da – wie sich zeigen wird – der Aggressionsapparat vor allem dann anspringt, wenn die Ziele der Grundmotivationen – Fairness und zwischenmenschliche Akzeptanz – bedroht sind. Da die Grundmotivationen die »Schmerzgrenze« markieren, bei deren Überschreitung mit Gewalt zu rechnen ist, ist die Analyse des Aggressionsapparates erst dann sinnvoll, wenn wir verstehen, was den Menschen wirklich »treibt«.

2

Worauf sind die Grundmotivationen des Menschen gerichtet?

Eine wirklich überzeugende Entsorgung der Theorie vom menschlichen »Aggressionstrieb« war erst vor wenigen Jahren möglich. Sie setzte ein neurobiologisch fundiertes Wissen über das voraus, was in früherer Zeit und über viele Jahrzehnte hinweg beim Menschen als »Trieb« (im Englischen als »instinct«) bezeichnet worden war. Als »Trieb« wurden spontan auftretende Verhaltensprogramme bezeichnet, von denen man nicht nur annahm, sie seien biologisch fixiert (also nicht durch soziales Lernen erworben), sondern auch Ausdruck eines biologischen Grundbedürfnisses. Da alle lebenden Organismen lernende Systeme sind und ihre biologische Aktivität von der Aktivität ihrer Gene bis hin zu den Verschaltungen des Nervenzellsystems den Bedingungen ihrer jeweiligen Umwelt anpassen, ist genau betrachtet alles, was ein Organismus tut, biologisch fixiert[52].

Alles, was wir erleben oder tun, verändert unser Gehirn. Das Gehirn macht aus Psychologie sozusagen Biologie. Andererseits verhalten wir uns entlang dessen, was wir biologisch sind. Die Grenzen zwischen »sozial gelernt« und »biologisch verankert« sind zwar keineswegs aufgehoben, aber fließend[53]. Obwohl alles, was wir als Menschen tun und wie wir uns verhalten, letztlich in den Aktivitätsprogrammen unserer Gene und den Verschaltungen unseres Gehirns eine biologische Entsprechung hat, ist nicht alles Verhalten zugleich auch »Trieb«. Denn nicht alles, was biologisch verankert ist, ist zugleich auch Ausdruck eines spontan auftretenden biologischen Grundbedürfnisses.

Was sind Grundbedürfnisse des Menschen?

Solange man nichts über die neurobiologischen Grundlagen des Verhaltens wusste, neigte man verständlicherweise dazu, vor allem solche Verhaltensweisen als biologisch-triebhaft verankert anzusehen, die besonders häufig zu beobachten waren. Tatsächlich jedoch ist Häufigkeit kein hinreichendes Kriterium dafür, dass es Ausdruck eines Grundbedürfnisses ist. Vieles, was vordergründig den Eindruck hervorruft, es entspreche einem biologischen Triebverhalten, ist tatsächlich Ausdruck von kulturellen, ökonomischen oder von im Rahmen eines Experiments (manchmal unbemerkt) eingeführten Bedingungen[54]. Da im Westen so gut wie alle Menschen nach dem Besitz von Geld streben, könnte man auf die Idee eines natürlichen »Erwerbstriebes« kommen. Doch wie sollte sich in der Evolution ein biologisch verankerter »Erwerbstrieb« herausgebildet haben, da es während mehr als 90 Prozent der Zeit, seit welcher Homo sapiens existiert[55], weder Handel als Erwerbsgrundlage noch so etwas wie Geld und Geldverkehr gegeben hat? Selbst wenn man einen biologischen »Selbsterhaltungstrieb« postuliert, kann man auf unerwartete Schwierigkeiten stoßen. Sozial lebende Säugetiere, zu denen auch der Mensch zu zählen ist, büßen ihren »Selbsterhaltungstrieb« ein, sobald sie für längere Zeit isoliert und gezwungen werden, gegen ihren Willen alleine zu leben: Nicht nur der Wunsch nach Nahrungsaufnahme, auch weitere Anzeichen von Vitalität (z. B. die spontane Neigung, sich zu bewegen) lassen unter Isolationsbedingungen, auch wenn genügend Nahrung zur Verfügung steht, drastisch nach. Soweit es sozial lebende Arten betrifft, gehen über lange Zeit isolierte oder sozial ausgegrenzte Individuen, ungeachtet eines angeblichen »Selbsterhaltungstriebes«, zugrunde[56].

Das verführerische Kriterium der Häufigkeit dürfte es gewesen sein, welches Sigmund Freud am Ende des Ersten Weltkrieges zu dem Schluss verleitete, bei der Aggression handle es sich um ein biologisch verankertes menschliches Grundbedürfnis. Tatsächlich hatte ein Großteil der Bevölkerung in Deutschland und Österreich die jungen Soldaten 1914 begeistert in den Krieg verabschiedet, wie historisches Filmmaterial auf beklemmende Weise zeigt. Doch die Kriegsbegeisterung war strategisch-propagandistisch erzeugt worden. Auch die Wissenschaft der Biologie spielte damals, indem sie sich zu Propagandazwecken einsetzen ließ, eine ungute Rolle: Namhafte Persönlichkeiten in beiden deutschsprachigen Ländern hatten den Krieg zu einem ebenso unausweichlichen wie freudigen Ereignis erklärt, bei dem sich die biologisch Besten bewähren sollten (wobei man davon ausging, den französischen Nachbarn und weiteren Kriegsgegnern biologisch überlegen zu sein)[57]. Freuds Position zur Aggression, die später in dem von mir bereits zitierten Briefwechsel mit Albert Einstein gipfelte, offenbart eine merkwürdige Einseitigkeit: Warum sprach er, nachdem er seinen »Aggressionstrieb« postuliert hatte, nicht auch von einem »Angsttrieb«? Bei der Angst, ein beim Menschen mindestens ebenso häufig auftretendes Phänomen wie die Aggression, erkennen wir intuitiv, dass es sich um ein zwar biologisch verankertes, aber reaktives Verhaltensprogramm zur Bewältigung potenziell gefährlicher Situationen handelt[58]. Umso merkwürdiger erscheint im Rückblick, dass Freud und später Konrad Lorenz – anders als Charles Darwin – die Aggression kurzerhand zum spontanen Triebbedürfnis erklärten.

Die Entdeckung des Motivationssystems

Eine definitive Klärung der widersprüchlichen Positionen zur Natur der Aggression war erst möglich, nachdem neurobiologische Untersuchungen in den letzten etwa 25 Jahren im Gehirn ein Nervenzellsystem aufgedeckt hatten, welches heute als »Motivationssystem« bezeichnet wird[59]. Es ist nicht nur beim Menschen, sondern bei allen Säugetieren anzutreffen und hat seine Position im sogenannten Mittelhirn. Wie sich zeigen sollte, hat es als einziges neurobiologisches System die Macht, menschliche Verhaltensweisen im Sinne einer Triebhaftigkeit zu verstärken. Die Macht des Motivationssystems beruht darauf, dass die Nervenzellen dieses Systems Botenstoffe produzieren, ohne die wir uns nicht wohlfühlen, ja ohne die wir auf Dauer gar nicht leben können[60]. Allerdings werden diese Botenstoffe nur dann ausgeschüttet, wenn wir bestimmte Erfahrungen machen oder uns in einer bestimmten Art und Weise verhalten. *Verhaltensweisen, die eine Voraussetzung dafür sind, dass im Gehirn Motivationsbotenstoffe ausgeschüttet werden und sich ein Lebewesen wohl, fit und vital fühlt, erfüllen die Bedingung für das, was früher als »Trieb« bezeichnet wurde*: Es sind Verhaltensweisen, die aufgrund eines biologischen Mechanismus subjektiv als angenehm erlebte Folgen haben und daher ein spontan auftretendes, triebhaftes Grundbedürfnis konstituieren[61].

Die Entdeckung des Motivationssystems und die Erforschung seiner Funktionsweise ermöglichte es erstmals, wissenschaftlich zu überprüfen, welche menschlichen Verhaltensweisen tatsächlich die Voraussetzungen für das erfüllen, was über viele Jahrzehnte hinweg – auf intuitiver oder spekulativer Basis – als spontanes Triebbedürfnis bezeichnet wurde. Nachdem moderne Untersuchungsmethoden die Möglichkeit eröffnen, die Aktivitätszustände bestimmter Hirnregionen zu messen, ohne in das Innere des Gehirns eindringen zu müssen[62], war es in den vergangenen Jahren erstmals möglich, exakt diejenigen Erfahrungen oder Tätigkeiten zu bestimmen, die eine beobachtbare Aktivierung des Motivationssystems zur Folge haben. Die modernen Neurowissenschaften konnten somit einen entscheidenden Beitrag zur Beantwortung der Frage leisten, welche Erlebnisse oder Handlungen beim Menschen einem spontan auftretenden »Trieb«-Bedürfnis entsprechen: Die Voraussetzungen eines »Triebs« erfüllen, wie bereits erwähnt, nur solche menschlichen Strebungen oder Versuchungen, die dann, wenn wir ihnen nachgehen bzw. nachgeben, eine Aktivierung der Motivationssysteme und damit die Ausschüttung von Wohlfühlbotenstoffen zur Folge haben[63].

Aggression ohne Provokation »lohnt« sich nicht

Was sind menschliche Grundmotivationen? Welche Erlebnisse und Tätigkeiten des Menschen sind in der Lage, das Motivationssystem seines Gehirns zu aktivieren? Zur Logik der naturwissenschaftlichen Arbeitsweise gehört, dass wir unsere Aufmerksamkeit vor allem dorthin richten, wo sich positive Effekte beobachten lassen. Tatsächlich wurden zahlreiche positive Reize identifiziert, die eine Aktivierung des Motivationssystems und eine Ausschüttung seiner Wohlfühlbotenstoffe verursachen (dazu nachfolgend gleich mehr). Von besonderer Bedeutung für die Aggressionsforschung war aber eine Erkenntnis, die einen *negativen* Effekt betraf: Einem Menschen die Möglichkeit zu geben, einer anderen Person, von der keine Provokation ausging oder ausgeht, Leid zuzufügen oder sich ihr gegenüber aggressiv zu verhalten, ist aus Sicht des Motivationssystems kein »lohnendes« Unterfangen. Aggressivität ohne vorherige Provokation führt bei psychisch durchschnittlich gesunden Menschen weder zu einer Aktivierung des Motivationssystems noch zu einer Ausschüttung von Glücksbotenstoffen. Aggression ist daher eindeutig keine spontan auftretende Grundmotivation im Sinne des »Aggressionstriebes«. Um Aggression zu einem »Bedürfnis« bzw. zu einer Motivation werden zu lassen, müssen bestimmte Voraussetzungen erfüllt sein. Vergleichbar mit der Angst, handelt es sich bei Aggression um ein *reaktives* Verhaltensprogramm, dessen biologische Funktion darin besteht, diejenigen äußeren Umstände zu bewältigen, die als Auslöser das Angst- oder Aggressionsprogramm abgerufen haben. Ausnahmen hiervon finden sich nur bei psychisch Kranken und bei Psychopathen.

Vertrauen und soziale Akzeptanz als »Triebziel«

Was »treibt« – wenn es unprovozierte Aggression nicht ist – den Menschen an? Welche Reize haben das Potenzial zur Aktivierung des Motivationssystems und können die Ausschüttung von Vitalitäts- und Glücksbotenstoffen veranlassen? Es sind, wie eine Serie von Experimenten der letzten Jahre belegen konnte, soziale Interaktionen, die mit gegenseitigem Vertrauen und guter Zusammenarbeit verbunden sind (siehe Abbildung 1)[64]. Bereits die bloße Erfahrung, freundlich zugewandten anderen Menschen zu begegnen, erweist sich beim Menschen als eine biologisch verankerte Grundmotivation[65]. Von anderen Vertrauen zu erhalten und zu erleben, dass Mitmenschen bereit sind, in einer konkreten Situation mit der eigenen Person zu kooperieren, wird vom Motivationssystem des Menschen mit einer sofortigen positiven Reaktion beantwortet[66]. Umgekehrt ist ein auf diese Weise in Gang gesetztes Motivationssystem – auch dies ließ sich experimentell belegen – ein sicheres Vorzeichen dafür, dass die Betroffenen sich ihrerseits vertrauensvoll und kooperativ verhalten werden[67]. Nicht nur eine infektiöse Erkrankung, auch kooperatives Verhalten scheint beim Menschen also biologisch »ansteckend« zu sein. Zusammenfassend zeigen zahlreiche jüngere Untersuchungen, dass der Wunsch, sozial akzeptiert und in einer Gemeinschaft integriert zu sein, ein zentrales menschliches »Triebziel« darstellt.

Das Motivationssystem des Menschen springt keineswegs nur dann an, wenn andere uns Gutes tun. Es ist weit mehr als ein auf die »egoistischen« Bedürfnisse der eigenen Person ausgerichteter neurobiologischer Mechanismus. Personen, die sich in einer finanziell besser gestellten Situation befinden

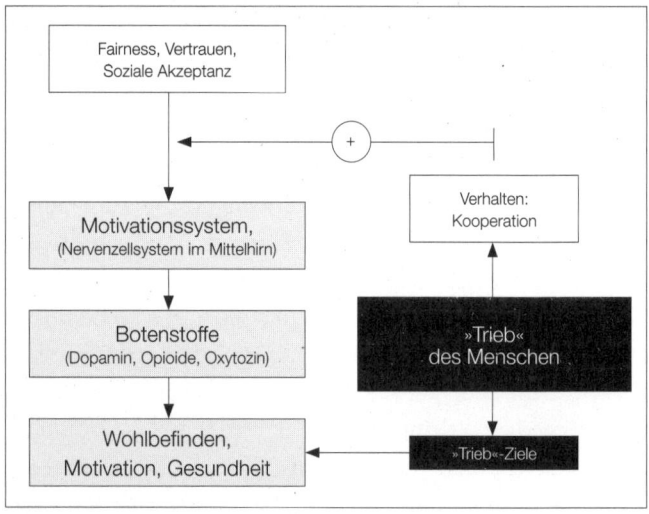

Abbildung 1: Wie bereits Charles Darwin erkannte, ist es das »Trieb«-Ziel eines jeden Lebewesens, sich wohl und vital zu fühlen. Lust, Wohlgefühl und Vitalität setzen beim Menschen Botenstoffe voraus, die nur vom Motivationssystem des Gehirns ausgeschüttet werden können. Die Ausschüttung dieser Wohlfühlbotenstoffe hat wiederum gute zwischenmenschliche Beziehungserfahrungen zur Voraussetzung. Gute Beziehungen werden dem erwachsenen Menschen nicht auf dem Tablett serviert, wir können – und müssen – mit unserem Verhalten dazu einen Beitrag leisten. Verhaltensweisen, die unser biologisches System so beeinflussen, dass wir uns wohlfühlen, haben »Trieb«-Charakter. Unprovozierte Aggression führt bei psychisch durchschnittlich gesunden Menschen nicht zur Ausschüttung von Wohlfühlbotenstoffen.

als ein ihnen zugeordneter Partner, beantworten die Zuteilung eines weiteren finanziellen Bonus an die eigene Adresse mit einer nur mäßig ausgeprägten Glücksreaktion ihrer im Mittelhirn sitzenden Triebzentren. Eine deutlich stärkere Reaktion zeigt das Motivationssystem jedoch dann, wenn ein finanziell besser Gestellter erlebt, dass ein zusätzlich ausgegebener Bonus nicht dem eigenen, sondern dem Konto des minder Bemittelten zugutekommt[68]. Das menschliche Gehirn ist, wie Experimente belegen, nicht nur auf sozialen Zusammenhalt geeicht (es ist nicht nur ein »social brain«). Es besitzt einen biologisch verankerten Fairness-Messfühler und strebt im Sinne einer natürlichen, durchaus »triebhaften« Tendenz nach einem Mindestmaß an fairer Ressourcenverteilung (es erweist sich zusätzlich also auch als ein »egalitarian brain«). Da wir heutzutage allem »Gutmenschentum« gegenüber aus guten Gründen skeptisch eingestellt sind, neigen wir dazu, Personen zu belächeln, die uns weiszumachen versuchen, es mache sie glücklich, anderen zum eigenen Nachteil Gutes zu tun. Neurobiologische Studien zeigen allerdings, dass Geben aus der Sicht des menschlichen Motivationssystems ein »lohnendes« Unterfangen ist, auch dann, wenn keine vorteilhaften Effekte für die eigene Reputation zu erwarten sind: Unser Trieb- bzw. Motivationssystem antwortet auch darauf mit einer Ausschüttung von Glückshormonen[69].

Die auf Zusammenhalt, Fairness und Kooperation ausgerichtete »Konstruktion« seines Gehirns verdankt der Mensch seiner evolutionären Vorgeschichte. Sozial gut vernetzte Menschen hatten während der Evolution unserer Spezies eine deutlich bessere Lebenserwartung. Daran hat sich bis heute nichts geändert[70]. Unsere »triebhaft« auf soziale Ak-

zeptanz und gegenseitige Hilfeleistung ausgerichtete Neurobiologie ist der Grund, warum bereits Säuglinge im ersten
Lebensjahr – und lange vor dem Spracherwerb – kooperative
Strategien eindeutig favorisieren[71]. Untersuchungen, die Michael Tomasello und andere Forscher bei Kleinkindern – und
vergleichend dazu bei Schimpansen – durchführten, zeigen,
dass 14 bis 18 Monate alte Kleinkinder anderen, die in
Schwierigkeiten sind, spontan helfen, so gut sie können. Sie
tun dies auch dann, wenn es sich bei den Hilfsbedürftigen um
Fremde handelt und wenn keinerlei Belohnung winkt (Be-
lohnungen können das hilfreiche Verhalten sogar mindern!)[72].
»Young children are naturally empathetic, helpful, generous,
and informative.« »Kleinkinder«, fasst Michael Tomasello
seine Untersuchungen zusammen, »sind natürlicherweise
empathisch, hilfreich, großzügig und helfen anderen, indem
sie Informationen geben« (z. B. indem sie etwas zeigen, J. B.).
Dies bedeutet natürlich keineswegs, dass Kinder grundsätzlich »gut« seien.

Gerechtigkeit als menschliche Grundmotivation

Unsere Spezies wird von einer natürlichen, neurobiologisch
verankerten Abneigung gegen zu große Ungleichheit (»in-
equalitiy aversion«) geleitet. Dass Menschen – unabhängig
von Gesichtspunkten eines gegenseitigen Vorteils oder eines
eventuellen Ansehensgewinns – ein natürliches, durchaus
»triebhaftes« Bedürfnis empfinden, etwas abzugeben, wenn
andere weniger haben oder in Not sind, zeigen nicht nur
zahlreiche experimentelle Untersuchungen, sondern auch
statistische Daten zur Spendenbereitschaft innerhalb der All-

gemeinbevölkerung. Das jährliche Spendenaufkommen liegt in Deutschland derzeit – je nach Art der Erfassung – bei drei bis viereinhalb Milliarden Euro. Werden gemeinnützige, kostenlos geleistete soziale Tätigkeiten als Geldwert veranschlagt, dann müssen weitere etwa 4,6 Milliarden Euro pro Jahr hinzugerechnet werden[73]. Viele andere Länder stehen uns in ihrer Spendenbereitschaft keineswegs nach.

Ironischerweise wurde Darwins Erkenntnis, dass die »sozialen Instinkte« der stärkste menschliche Trieb seien, ausgerechnet von darwinistischen Ideologen verneint. »Seien Sie gewarnt«, so werden wir bei Richard Dawkins, dem Erfinder der angeblich egoistischen Gene belehrt, »wenn Sie – so wie ich – eine Gesellschaft formen wollen, in welcher Individuen großzügig und selbstlos zugunsten des Gemeinwohls kooperieren, dann können Sie vonseiten der biologischen Natur kaum eine Hilfestellung erwarten«[74]. Es sollte nicht die einzige Ansage dieses Autors bleiben, die sich als Unsinn erwies[75]. Zu kooperieren, anderen zu helfen und Gerechtigkeit walten zu lassen ist eine global anzutreffende, biologisch verankerte menschliche Grundmotivation. Dieses Muster zeigt sich über alle menschlichen Kulturen hinweg und findet sich auch in jenen wenigen Gesellschaften, die sich heute noch auf dem Niveau der Steinzeit bewegen[76]. »Gerechtigkeitsstreben,«, so formulierten es Golnaz Tabibnia, Ajay Satpute und Matthew Lieberman von der University of Califormia, »ist ein basalcr menschlicher Impuls.« Fairness, so fahren sie fort, sei ein hedonistisches, mit Wohlgefühl verbundenes Geschehen[77].

Kein »Zeitalter des allgemeinen Gutmenschentums«

Für die Ausrufung eines neuen Zeitalters des allgemeinen »Gutmenschentums« ist es allerdings zu früh. Die Fairness-Messfühler seines Gehirns machen den Menschen – dies wird im nachfolgenden Kapitel 3 hinreichend deutlich werden – keineswegs zu einem »guten« Wesen. Sie erweisen sich jedoch als ein sensibler neurobiologischer Apparat und üben massiven Einfluss auf unsere alltäglichen Entscheidungen aus. Dies zeigt sich selbst dann, wenn das Insistieren auf Fairness zur Folge hat, dass dafür ein eigener (z. B. finanzieller) Nachteil in Kauf genommen werden muss. Experimente belegen, was wir aufgrund unserer Alltagserfahrungen intuitiv schon lange wissen: Zwar verhält sich das menschliche Gehirn gegenüber einer maßvollen Ungleichverteilung von Ressourcen durchaus tolerant (es folgt insoweit also keineswegs einem kommunistischen Dogma). Wer jedoch bei der Verteilung einer Ressource in massiver Weise benachteiligt werden soll und die Möglichkeit hat, die Verteilungsaktion insgesamt zu blockieren, der wird dies auch tun, selbst dann, wenn damit auch der Verlust der eigenen – als zu klein betrachteten – Zuweisung verbunden ist[78].

Schmerzgrenze Unfairness

Wer das auf Kooperation und Fairness ausgerichtete Motivations- bzw. Triebsystem des menschlichen Gehirns nicht kennt, wird die Grundregeln der Aggression nicht verstehen können. »Aus Sicht des Gehirns« bedeutet die Verweigerung von sozialer Akzeptanz und Gerechtigkeit nicht nur, dass die

Aktivierung des Motivationssystems ausbleibt, obwohl bereits dies alleine schwerwiegende Folgen haben kann. Denn dauerhaft verweigerte Akzeptanz kann einen kritischen Abfall von gesund erhaltenden Botenstoffen und psychische und körperliche Erkrankungen zur Folge haben. Wer einen Menschen unfair behandelt, tangiert die neurobiologische *Schmerzgrenze* und muss mit Aggression rechnen (siehe Abbildung 2 und Kapitel 3). In massiver Weise ungerecht behandelt zu werden hat beim Menschen eine Aktivierung der neurobiologischen Ekelzentren (sie sind ein Teil des Aggressionsapparates) zur Folge. Sich spontan aggressiv aufzuführen oder anderen ohne Grund Gewalt zuzufügen ist – wie von mir bereits eingangs deutlich gemacht wurde – aus Sicht des menschlichen Motivationssystems *kein* lohnendes Unterfangen. Völlig anders verhält es sich jedoch, wenn eine Person sich gegenüber anderen unfair verhalten hat: Wie Experimente zeigen, wird Gewaltausübung in einer solchen Situation – und *nur* in einer solchen Situation – attraktiv[79]. Der Aggressionsapparat des Menschen ist ein neurobiologisches Hilfssystem, er steht seiner biologischen Grundkonzeption nach im Dienst des sozialen Zusammenhalts.

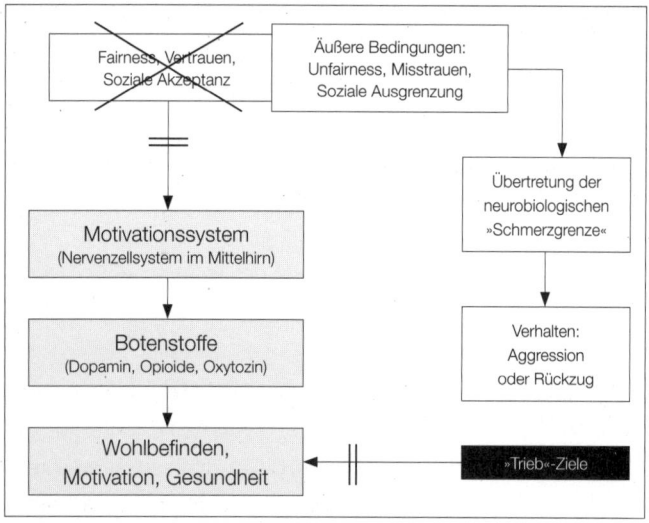

Abbildung 2: Ungute soziale Erfahrungen oder misslingende zwischenmenschliche Beziehung lassen das Motivationssystem des menschlichen Gehirns inaktiv werden (als Folge können, falls es sich um einen Dauerzustand handelt, seelische und körperliche Erkrankungen auftreten). Die menschlichen »Trieb«-Ziele bzw. Grundmotivationen (Wohlbefinden und Vitalität) können unter solchen Bedingungen nicht eingelöst werden. Schlechte soziale Beziehungserfahrungen (Unfairness, Misstrauen, Ausgrenzung) tangieren die »Schmerzgrenze« des menschlichen Gehirns (siehe dazu Kapitel 3) und haben das Potenzial, Aggressivität auszulösen (falls Aggression – z.B. wegen der gegebenen äußeren Machtverhältnisse – nicht möglich ist, droht Rückzug, Depression oder Selbstzerstörung). Wir sollten uns der Tatsache bewusst sein, dass die äußere Welt niemals nur »gut« oder nur »böse« ist. In einer Welt der knappen Ressourcen werden sich Fairness und Unfairness immer in einem Mischungsverhältnis befinden (siehe dazu Kapitel 6).

3

Die Schmerzgrenze:
Zur neurobiologischen Architektur der Gewalt

Der »Aggressionstrieb« ist tot, er hat real nie existiert. Doch die Aggression lebt. Kämen ihr nicht wichtige Funktionen zu, hätte sie sich im Verlauf der Evolution kaum erhalten. Daher sollte uns interessieren, worin ihre nützlichen Aufgaben bestehen. Ganz offensichtlich ist Aggression jedoch nicht immer nützlich. Sie hat auch das Potenzial einer zerstörerischen und selbstzerstörerischen Kraft. Tatsächlich ist ihre Bedrohlichkeit enorm. »Wir sind nur wenige Atombomben davon entfernt, dass es uns nicht mehr gibt«, wie es der Verhaltensforscher Michael Tomasello vom Leipziger Max-Planck-Institut ausdrückte[80]. Die Bedrohung durch Gewalt ist allgegenwärtig und umgibt uns auch im Nahbereich unseres Alltags. Zur falschen Zeit am falschen Ort zu sein und einem oder mehreren aggressiv aufgeladenen Menschen in die Quere zu kommen kann genügen, sein Leben zu lassen. Jährlich mehr als einer Million Menschen weltweit, darunter vielen Tausenden auch in unserem Lande, ist es in den letzten Jahren so ergangen. Es ist daher wünschenswert, das Phänomen der Aggression neu zu durchleuchten und die Architektur der Gewalt zu verstehen. Dies sollte uns in die Lage versetzen, die Zerstörungsdynamik der Aggression zu begrenzen, aber auch ihre positiven Potenziale nutzbar zu machen. Doch folgen Aggression und Gewalt wirklich Regeln, die sich nach wissenschaftlichen Maßstäben analysieren lassen?

Das Ende eines Mythos

Für die meisten Opfer, die schwere Gewalt erleben, kommt sie unverhofft. Den Eindruck des Unerwarteten und Unerklärlichen haben auch Außenstehende, wenn sie von einer Gewalttat aus den Medien erfahren. Weil für Betroffene oft völlig unerklärlich ist, warum gerade sie zu Opfern wurden, entsteht bei ihnen – wie bei vielen Unbeteiligten – leicht der Eindruck, dass auch die Tat selbst rational nicht zu erklären sei. Wenn man versucht, die Perspektive des Täters logisch zu analysieren, wirkt es auf Betroffene oft so, als wolle man die Tat rechtfertigen. Würde man Ingenieuren, welche die Gründe für eine Explosion in einer Fabrik analysieren, unterstellen, sie wollten den Tod der dabei umgekommenen Opfer rechtfertigen? Jeder Tat geht »eine langsame, konsequente Entwicklung voraus«. Dieses Statement stammt von dem als »Profiler« bekannt gewordenen Kriminalpsychologen Thomas Müller, der sich seit Jahren mit grausamsten Gewalttaten befasst[81]. Unser Ziel sollte es daher sein, die geheime Architektur der Aggression besser zu verstehen.

Die Folgen schwerer Gewalt – Verletzungen, Qualen und Tod von Menschen – ergreifen und schockieren uns. Manchen erscheint es wie eine Pietät- oder Taktlosigkeit, ein unmenschliches Verbrechen rational erklären zu wollen. Kann man ein Verbrechen von der Größenordnung eines Schul-Amoklaufes, erst recht ein solches wie die massenhafte Ermordung von Menschen – wie im Nationalsozialismus – rational erklären? Wir fürchten nicht zu Unrecht, dies entweihe das unendliche Leid, das Menschen durch Gewalt immer wieder erlitten haben und weiterhin erleiden. In diesem Dilemma neigen Menschen dazu, höhere Mächte ins Spiel zu bringen. Da wir in einem säkularen Zeitalter leben, in dem göttliche Mächte – anders als in den Tausenden von Jahren zuvor – keine Konjunktur mehr haben, behelfen wir uns anders. Das Grauen mörderischer Gewalt erklären wir, anstatt mit einem strafenden Gott, nun mit einem im Abgrund unserer Biologie verborgenen, tief in uns verwurzelten, gegenüber logisch erklärbaren Mechanismen resistenten Macht des Bösen.

Es ist Zeit, uns von dieser mythologisierenden Sichtweise der Gewalt zu verabschieden. Unser Ziel muss es sein, die Logik der Aggression und die Regeln aufzudecken, nach denen sie entsteht. Wir sollten die natürlichen Funktionen verstehen, denen die Aggression dient, und die Bedingungen analysieren, unter denen sie zu einer zerstörerischen Macht werden kann. Die Aggression ist ein biologisch verankertes Programm, ohne das wir nicht hätten überleben können. Inzwischen allerdings *hilft* sie uns nicht nur beim Überleben, sondern *gefährdet* es auch. Moderne Waffen- und Zerstörungstechnologien können die Auswirkungen aggressiver Handlungen unendlich potenzieren, nachdem wir als Menschen – zumindest vorläufig – zur alles beherrschenden Spezies dieses Globus geworden sind. Jede aggressive Tat, und sei sie noch so unmenschlich, folgt einer verborgenen Logik. Eine Analyse dieser Logik wird die Gewalt ebenso wenig aus der Welt schaffen, wie die Analyse von Sprengsätzen nicht dazu führen wird, dass sprengfähiges Material von der Erde verschwindet. Sie kann uns aber helfen, Sprengsätze zu entschärfen. Daher kann uns ein Wissen über die Architektur der Aggression helfen zu begreifen, wie die menschliche Gewalt funktioniert, was ihr Nährboden ist und wie wir ihr dort, wo sie zerstörerisch ist, begegnen können.

Zur Definition von Aggression und Gewalt

Aggression ist jede *physische oder verbale* Handlung, die darauf angelegt ist, eine andere Person zu konfrontieren, anzugreifen, zu schädigen, zu verletzen oder zu töten. Dabei wird vorausgesetzt, dass es sich um eine Aktion handelt, die von der geschädigten Person abgelehnt wird oder der sie auszuweichen trachtet[82]. Zur Aggression gehören Gefühle, die wir mit den Worten »Ärger«, »Zorn«, »Wut« und »Hass« bezeichnen[83]. Allerdings geht, wie wir noch sehen werden, nicht jede Aggression mit Gefühlen einher, weshalb zwischen einerseits »impulsiver« oder »heißer« und andrerseits »berechnender« oder »kalter« Aggression unterschieden wird. Aggressive Handlungen von Menschen können sich auch gegen Tiere richten[84]. Das bewusste Quälen von Tieren kann – muss aber nicht – ein diagnostisches Warnzeichen sein, dass von einer solchen, in der Regel psychisch gestörten Person Gewalthandlungen auch gegen Menschen zu erwarten sind.

Schließlich muss mit einem weitverbreiteten Missverständnis aufgeräumt werden: Die Jagd eines Raubtieres auf sein Beutetier ist – dies betonte sogar Konrad Lorenz[85] – aus biologischer Sicht ebenso wenig ein aggressiver Akt wie der Schuss eines Jägers auf einen Rehbock oder die Schlachtung eines Kalbes durch seinen Metzger. Dass die Jagd eines

Raubtieres auf seine Beute ein aggressiver Akt sei, ist allerdings nicht das einzige Missverständnis.

Über Jahrzehnte hinweg und bis zum heutige Tage wurde vor allem in altsprachig versierten, humanistischen Kreisen die Sichtweise gepflegt, die Aggression sei, da sich das Wort »Aggression« vom lateinischen »aggredi« (an etwas herangehen) ableitet, eine Spielart des motivierten Herangehens an die Welt. Doch Aggression ist – aus neurobiologischer Sicht – etwas völlig anderes als Motivation. Die neurobiologischen Systeme unseres Gehirns, die in uns den Impuls des »aggredi« auslösen, die uns also motiviert auf die Außenwelt zugehen lassen, sind die bereits beschriebenen Motivationssysteme. Deren Triebrichtung ist, was unser zwischenmenschliches Verhalten betrifft, nicht primär auf Aggression, sondern auf Zuneigung und soziale Akzeptanz gerichtet. Ohne Frage ist ein aktives Auf-andere-Zugehen notwendig, um Akzeptanz zu erlangen, jedoch nicht im aggressiven Sinne[86]. Die Aggression bedient sich primär nicht der Motivationssysteme, also nicht der »aggredi«-Systeme, sondern anderer Adressen unseres Gehirns[87]. Systeme, welche tatsächlich die neurobiologische Grundlage der Aggression darstellen, wollen wir nachfolgend in Augenschein nehmen.

Methoden der neurowissenschaftlichen Aggressionsforschung

Die Aggression ist ein Programm, welches in bedrohlichen Situationen anspringen und ein Verhaltensrepertoire zur Verfügung stellen soll, das es ermöglicht, uns einer Gefahr entgegenzustellen und sie zu bewältigen. Der biologische Aggressionsapparat lässt sich nur dann wissenschaftlich untersuchen, wenn der Organismus einer Testperson einem Reiz ausgesetzt wird, der geeignet ist, das Aggressionsprogramm in Gang zu setzen. Welche Reize Aggression auszulösen in der Lage sind, ist eine Kernfrage. Für die Untersuchung des neurobiologischen Aggressionsapparates kommt es zunächst aber nur darauf an, einen einfachen Reiz zur Verfügung zu haben, der *zuverlässig* Aggression auszulösen in der Lage ist. Damit aggressives Verhalten wissenschaftlich untersucht werden kann, muss die Versuchsperson die Möglichkeit haben, die in ihr – nach Zufügung des Reizes – entstehende Aggression in einer beobachtbaren bzw. messbaren Handlung auszudrücken. Diese sollte wenn möglich so beschaffen sein, dass die Testperson ihrem Ärger »dosiert«, also in unterschiedlichen Stärken, Ausdruck geben kann, sodass nicht nur die Aggression an sich, sondern auch unterschiedliche Stärken der Aggression (die »Aggressionsdosis«) messbar werden. Zwischen dem Aggression auslösenden Stimulus und der Handlung, mit der Aggression zum Ausdruck gebracht werden kann, befindet sich das, was uns interessiert: der »Aggressionsapparat« des Gehirns. Er bewertet den eintreffenden Reiz und erzeugt – abhängig von der Stärke dieses Reizes – zugleich die aggressive Energie.

Schmerz als Aggressionsauslöser

Welcher einfache, zuverlässige und experimentell gut einsetzbare Reiz ist in der Lage, Aggression hervorzurufen? Diese Frage stand vor über siebzig Jahren am Beginn der wissenschaftlichen Beschäftigung mit der Aggression. Dass es die willkürliche Zufügung von Schmerzen ist, die bei allen Säugetieren – den Menschen eingeschlossen – zuverlässig Aggression hervorruft, war eine Erkenntnis US-amerikanischer Aggressionsforscher um John Dollard und Neal Miller in den 30er-Jahren des letzten Jahrhunderts[88]. In Tierversuchen an kleinen Säugetieren beobachteten sie dabei am Rande ein bedeutendes, auch beim Menschen anzutreffendes Phänomen: Wenn die durch Schmerz hervorgerufene Aggression sich nicht gegen die Schmerzursache selbst richten kann, dann richtet sie sich gegen beliebige, zufällig anwesende Artgenossen. Diese »Verschiebung« fand auch dann statt, wenn für die vom Schmerz Geplagten eindeutig erkennbar war, dass ihre Artgenossen keine Schuld an der Verursachung des Schmerzes hatten. Erinnern wir uns an unsere Überlegungen eingangs dieses Kapitels: Die verschobene Aggression, die in den Experimenten von Dollard und Miller von den schmerzgepeinigten Tieren ausgeübt wurde, musste den Artgenossen völlig unerklärlich erscheinen. Dass sie tatsächlich aber logischen Regeln folgt, wird erst klar, wenn man sich der Situation der »Täter« zuwendet und diese analysiert.

Die von Dollard und Miller aufgestellte »Frustrations-Aggressions-Hypothese«, der zufolge *jede* Aggression die unmittelbare Folge von körperlichem Schmerz (oder einer anderen Frustrationserfahrung) ist, lässt sich heute nicht mehr aufrechterhalten. Dass die Erfahrung von Schmerz aber tatsächlich den zuverlässigsten Aggressionsstimulus darstellt, berechtigt zu der Annahme, dass der evolutionäre »Zweck« der Aggression darin zu suchen sein dürfte, Lebewesen in die Lage zu versetzen, Schmerz abzuwehren und ihre körperliche Unversehrtheit zu bewahren.

Wer sich der Schmerzgrenze eines Lebewesens nähert, wird Aggression ernten. Mit dieser Erkenntnis war eine wichtige Voraussetzung für die wissenschaftliche Beobachtung des Aggressionsapparates geklärt. Der nächste Schritt war die Entwicklung von Methoden, die es erlaubten, mit Testpersonen, die man in die Röhre eines Kernspintomografen geschoben hatte, zu kommunizieren und dabei die Aktivität spezieller Teile ihres Gehirns zu messen. Wenn man Versuchspersonen im Scanner mit Aggression auslösenden Stimuli reizte und ihnen Kommunikationsmittel an die Hand gäbe, in ihnen auftauchende Aggression auszudrücken, dann ließe sich auch untersuchen, welche Hirnareale tätig werden, wenn Menschen Wut und Zorn erleben. Doch wem nützt die bereitwillig im Scanner eines Kernspintomografen liegende Testperson, wenn sie weder Ärger noch Wut empfindet? Die Aggression bedarf, wie bereits erwähnt, einer Provokation. Eine Testperson unvorbereitet und ohne für sie erkennbaren Grund mit Schmerzen zu traktieren würde ohne Frage Aggression auslösen, könnte den Untersucher aber in Schwierigkeiten bringen. Der Testperson vorher anzukündigen, man werde ihr aus wissenschaftlichen Gründen Schmerzen zufügen (wobei man ihr dafür ein Honorar anbieten müsste), würde möglicherweise nicht zu echter Aggression führen, da ein im Dienste der Wissenschaft zugefügter Schmerz für Testpersonen keine wirkliche Provokation wäre. Was also tun?

Aggression im Kernspintomografen

Stuart P. Tayler, der in den 60er-Jahren des letzten Jahrhunderts als junger Psychologieprofessor an der Massachusetts University forschte, ließ sich eine trickreiche Prozedur einfallen, die bis heute als »Taylor Aggressions-Paradigma« bezeichnet wird und – nach Entwicklung der modernen Kern-spintomografie – bei Neuroforschern eine Renaissance erleb-te[89]. Man lässt die im Scanner liegende Testperson im Unkla-ren über den wahren Zweck des Experiments und sagt ihr, sie werde gebeten, mit einem Partner eine Reaktionsaufgabe zu spielen (der Partner ist für die im Scanner liegende Ver-suchsperson nicht zu sehen). Beide Testpersonen haben je-weils einen Bildschirm vor sich (dieser hat in der Röhre eines Scanners genügend Platz) und können eine Tastatur bedie-nen. Die beiden Bildschirme sind vernetzt.

Die Aufgabe für beide Teilnehmer – so sagt man der im Scanner liegenden Testperson – sei es, nach gleichzeitigem Auftauchen eines bestimmten Zeichens auf den beiden Bild-schirmen möglichst schnell zu reagieren und auf einen Knopf zu drücken. Der Schnellere von beiden erhalte da-raufhin die Möglichkeit, seinem unterlegenen Partner eine unangenehme bzw. schmerzhafte »Strafe« zu erteilen. Ob und wie stark gestraft wird, entscheide alleine der jeweils Schnellere von beiden. Die Art der Strafe ist jedoch von dem Versuchsleiter bzw. durch das Experiment vorher fest-gelegt, sie ändert sich während des Experiments nicht. Sie besteht z. B. darin, dass der Verlierer vom Sieger mit einem (potenziell schmerzhaften) Lärmgeräusch unterschiedlicher Stärke beschallt wird. Eine andere Möglichkeit ist, dass der Sieger beim Verlierer über eine kleine Apparatur, die an einem Finger angebracht ist, einen (potenziell schmerzhaf-ten) mechanischen Schlag unterschiedlicher Stärke auslöst. Das Experiment läuft über mehrere Durchgänge, die Rolle des Siegers und des Verlierers wechselt ab, je nachdem, wel-cher der beiden Gegenspieler bei der Reaktionsaufgabe obsiegt.

Die von Taylor entworfene Versuchsanordnung würde, da es beim Menschen kein spontanes Bedürfnis nach Gewalttätigkeit gibt, nicht ausreichen, Aggression zu erzeugen. Psychisch halbwegs gesunde Versuchspersonen würden sich gegenseitig in einer solchen Situation in der Regel keinen oder allenfalls geringen Schmerz zufügen, um der Anleitung des Versuchsleiters Genüge zu tun. Um Aggression zu erzeugen, bedient sich das »Taylor Aggressions-Paradigma« eines Tricks: Die im Scanner liegende Testperson wird getäuscht. Ihr »Gegenspieler« ist ein eingeweihter Verbündeter des Versuchsleiters. Der Ablauf des Experiments wird so manipuliert, dass sichergestellt ist, dass die »echte« Versuchsperson im statistischen Durchschnitt etwa die Hälfte der Reaktionsaufgaben verliert. Der eingeweihte Gegenspieler hat dann den Auftrag, die Strafe für die »echte« Testperson bis zur Schmerzgrenze zu steigern. Die »echte« Testperson ist darüber natürlich verwundert und verärgert und reagiert spätestens dann, wenn sie wiederholt für eine Niederlage mit Schmerz bestraft wurde, ihrerseits mit Aggression: Sie wird nun, sobald sie selbst bei einem Durchgang den Sieg davonträgt, in der Regel Revanche üben. In welchem Ausmaß in ihr Aggression ausgelöst wurde, lässt sich an der Stärke der Bestrafung ablesen, welche sie für ihren Gegenspieler einstellt. Mithilfe des Kernspintomografen lassen sich die parallel zur hervorgerufenen Aggression auftretenden Aktivierungszustände im Gehirn der Testperson analysieren[90].

Wie funktioniert der »Aggressionsapparat« des menschlichen Gehirns?

Seine Informationen aus der Außenwelt (den Input) erhält der neurobiologische Aggressionsapparat über die fünf Sinne. Die Aggression, die wir nach außen austeilen (der Output), nimmt ihren Weg üblicherweise über die Mimik, die Stimme (mit oder ohne Sprache) und den Bewegungsapparat. Zwischen beiden Polen befindet sich der eigentliche, aus mehreren Komponenten zusammengesetzte Aggressionsapparat (siehe Abbildung 3)[91]. Indem er die eingehenden Reize bewertet, erzeugt er zugleich das eigentliche aggressive Potenzial. Wenn Schmerzen (oder andere Aggressionsauslöser) angedroht oder tatsächlich zugefügt werden, kommt es im Gehirn zu einer Aktivierung der Angstzentren (Mandelkerne) sowie der Ekelzentren (Insulae; Einzahl: Insula). Die Angst- und Ekelzentren haben ihren Sitz beidseits in der Tiefe der Schläfenregion des Gehirns. Abhängig von der Schwere der Bedrohung und des Schmerzes aktivieren die Angstzentren zwei tiefer gelegene Alarmregionen des Gehirns, das Stresszentrum (Hypothalamus) und das vegetative Erregungszentrum (Hirnstamm). Wären wir Reptilien, käme es aufgrund einer durch Schmerz ausgelösten Angst-, Stress- und Erregungsreaktion nun zu einer sofortigen aggressiven Reaktion. Bei Säugetieren, insbesondere bei dem mit einem besonders umfangreichen Großhirn ausgestatteten Menschen, ist jedoch ein extrem wichtiger Zwischenschritt vorgeschaltet, bevor es zu einer nach außen gerichteten aggressiven Reaktion kommt.

Bevor sich die Aggression ihren Weg nach außen bahnt, durchläuft sie eine Art neurobiologische Kontrollschleife: Nervenbahnen leiten Angst- und Aggressionsimpulse, bevor

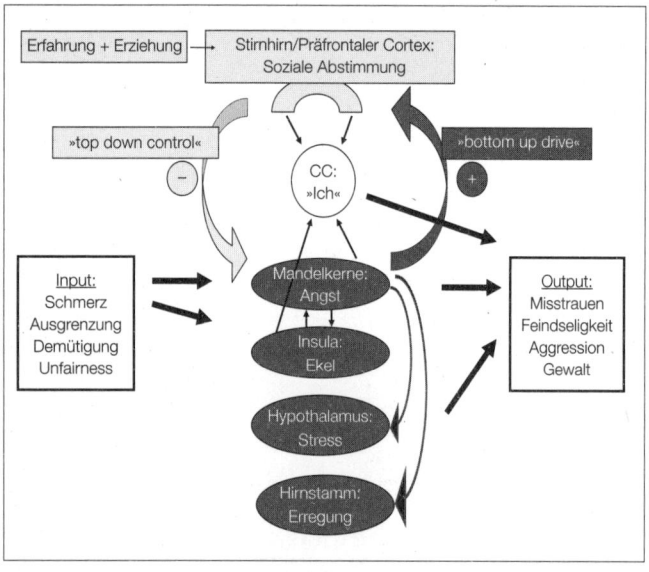

Abbildung 3: Zwischen »Input« (Zuleitung äußerer, aus der Umwelt kommender Signale über die fünf Sinne, ihre erste Verarbeitung erfolgt in der Großhirnrinde) und »Output« (Verhaltensreaktion durch Mimik, Stimme oder Handlungen) befindet sich der neurobiologische »Aggressionsapparat«. Er besteht aus mehreren Komponenten, die sich gegenseitig beeinflussen. Die emotionale Sofortbewertung von aus der Umwelt kommenden »Inputs« erfolgt durch die Mandelkerne und die Insulae (sie gehören zum sogenannten »Limbischen System«). Abhängig von der Schwere der äußeren Bedrohung werden zusätzliche, tiefer gelegene Alarmzentren des Gehirns aktiviert (Hypothalamus und Hirnstamm). Vor Herausgabe des »Outputs«, also vor einer eventuellen Verhaltensreaktion, durchlaufen die Informationen eine über das Stirnhirn (Präfrontaler Cortex/PFC) ziehende Schleife. Nervenzellnetzwerke des PFC haben Informationen darüber gespeichert, welche positiven oder negativen Folgen sich mit Blick auf das soziale Umfeld aus einem möglichen »Output« (also aus dem Reaktionsverhalten) ergeben könnten. Der Cinguläre Cortex (CC) ist der Sitz des emotionalen »Ich«.

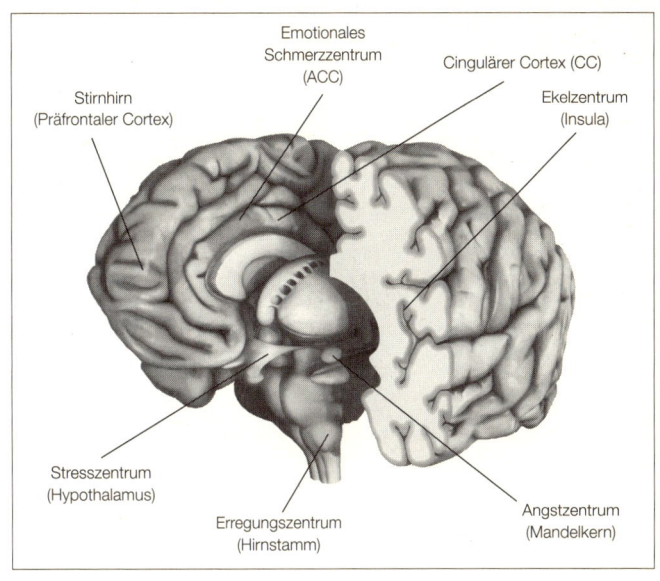

Abbildung 4: Anatomische Darstellung der Komponenten des Aggressionsapparates.

sie sich nach außen entladen, nach vorne ins Stirnhirn (siehe Abbildung 3 und 4). Dort, in einer als »Präfrontaler Cortex« bezeichneten Region, sitzen oberhalb unserer Augenhöhlen Nervenzellnetzwerke, die nicht nur Informationen darüber gespeichert haben, welche Folgen sich aus aggressiven Handlungen für die eigene Person rückwirkend ergeben könnten, sondern auch darüber, wie sich andere Personen, an die wir unsere Aggression adressieren würden, fühlen würden[92]. Beim Durchlauf durch die sogenannte »frontolimbische Schleife« erfährt der aggressive Impuls eine Veränderung, zumeist im Sinne einer Mäßigung. Im Stirnhirn wird eingeschätzt, ob die vorhandene aggressive Energie in einem angemessenen Verhältnis zu dem Schaden stehen würde, den andere erleiden könnten. Der Präfrontale Cortex[93] hat die Aufgabe zu überprüfen, inwieweit die durch ihn hindurch laufende Energie, wenn sie als Aggression nach außen geleitet würde, der eigenen Person oder dem sozialen Umfeld Schaden zufügen könnte. Er hat die Aufgabe der *Antizipation*, d.h. er soll im Voraus abschätzen, inwieweit das soziale Umfeld zum Nachteil des aggressiven Akteurs reagieren könnte.

Ob und in welchem Ausmaß ein Individuum Aggression zeigt, ist das Ergebnis eines sekundenschnellen, weitgehend automatisiert ablaufenden Abwägungsprozesses. Die Abwägung erfolgt zwischen einem aggressiven Aufwärtsimpuls (»bottom up drive«) und einem mäßigenden Abwärtsimpuls (»top down control«; siehe nochmals Abbildung 3). Den aggressiven Aufwärtsimpuls erzeugen die Angstzentren, die Ekelzentren, der Hypothalamus und der Hirnstamm. Der mäßigende Abwärtsimpuls geht vom Präfrontalen Cortex aus. Eine Integration der Impulse findet im Bereich einer Hirnstruktur statt, die sich in der Tiefe der längs verlaufenden Hirnteilungsfurche befindet und dort beidseits wie ein Gürtel von hinten nach vorne zieht. Sie wird als Gürtelwindung bezeichnet (»Cingulärer Cortex«, abgekürzt CC). Die Gürtelwindung beheimatet verschiedene Schattierungen des »Ich-Gefühls« bzw. des »Selbst-Gefühls«. Die von einem Individuum tatsächlich gezeigte Aggression ist also das Ergebnis des Zusammenspiels von aggressivem Aufwärtsimpuls, mäßigendem Abwärtsimpuls und der Integration von beiden. Interessant ist, dass der mäßigend einwirkende Präfrontale Cortex nur so lange aktiv ist, wie ein Individuum über eine aggressive Reaktion nachdenkt. Wenn die Entscheidung zu einer Reaktion gefallen ist und eine Person tatsächlich aggressiv handelt, geht der Präfrontale Cortex »auf Tauchstation«[94].

Stellvertretende Aggression und Mit-Leid

Die zum Aggressionsapparat zählenden Komponenten des Gehirns fühlen sich nicht nur angesprochen, wenn Schmerz am eigenen Leibe erlebt wird, sondern auch dann, wenn wir beobachten, wie jemand anderem wehgetan wird. Eine spezialisierte Untergruppe von Nervenzellen, die sogenannten Spiegelneurone (oder Spiegelnervenzellen), sorgen dafür, dass wir nicht nur das, was uns selbst angetan wird, sondern auch das, was andere erleiden, in uns fühlen können[95]. Mit Blick auf die Aggression erklärt dies, warum es uns durchaus auch dann wütend und aggressiv machen kann, wenn wir sehen, wie einer anderen Person Leid zugefügt wird (insbesondere, wenn sie uns nahesteht). Bei Erwachsenen ist dieses neurobiologisch nachgewiesene Phänomen des »Mit-Leidens« und der »stellvertretenden Wut« auch im Alltag ganz offensichtlich. Weniger offensichtlich, aber umso verheerender, sind die Folgen, die sich daraus ergeben, wenn Kinder und Jugendliche miterleben, wie Erwachsene – innerhalb und außerhalb des eigenen Elternhauses – sich gegenseitig Gewalt antun. Kinder und Jugendliche, die sehen, wie sich jemand anderes im Rahmen eines Unfalls wehtut, reagieren mit den Ekelzentren, dem Hirnstamm und dem »Ich-Zentrum« (Cingulärer Cortex). Wenn sie beobachten, wie einer Person von einem Mitmenschen absichtlich Schmerz zugefügt wird, reagieren bei ihnen zusätzlich auch die Angstzentren und der Präfrontale Cortex, also der bereits erwähnte frontale Teil des Gehirns, der den Maßstab für die soziale Angemessenheit einer Tat verkörpert[96].

Die immense Bedeutung, die kindliche Erfahrungen für die spätere Aggressionsbereitschaft eines Menschen haben, wird uns noch beschäftigen.

Soziale Ausgrenzung bedeutet Schmerz und erzeugt Aggression

Wer die Schmerzgrenze des menschlichen Körpers überschreitet, muss mit Aggression rechnen. Allerdings ist das Körperschmerz-Paradigma der Aggression bei Weitem nicht in der Lage, die gesamte Bandbreite menschlicher Gewalt verständlich zu machen. Erst eine bahnbrechende Erkenntnis öffnete den Weg zu einem umfassenden Verständnis der menschlichen Aggression: Die Schmerzgrenze wird »aus Sicht des Gehirns« keineswegs nur dann überschritten, wenn Menschen physischer, also körperlicher Schmerz zugefügt wird. Die Schmerzzentren des Gehirns reagieren auch dann, wenn Menschen sozial ausgegrenzt oder gedemütigt werden. Diese fundamentale Erkenntnis ergab sich aus einigen genial durchgeführten neurobiologischen Experimenten.

Körperlicher Schmerz hinterlässt, nachdem er die ersten Komponenten des Aggressionsapparates (Mandelkerne und Insulae) aktiviert hat, in der »Ich-Struktur« des Gehirns (im »Cingulären Cortex«/CC) eine Art Fingerabdruck: Körperliche Schmerzerfahrungen aktivieren im vorderen Teil dieser Struktur (im »Anterioren Cingulären Cortex«/ACC) ein Nervenzellnetzwerk. Dies lässt sich bildgebend sichtbar machen, wenn man Versuchspersonen in den Scanner eines Kernspintomografen legt und ihnen – natürlich mit ihrem vorherigen Einverständnis – körperlichen Schmerz zufügt[97]. Es war die US-amerikanische Hirnforscherin Naomi Eisenberger, der als Erste die Entdeckung gelang, dass nicht nur körperlicher Schmerz im ACC seinen Fingerabdruck hinterlässt. Der gleiche Fingerabdruck des Schmerzes taucht an gleicher Stelle auch dann auf, wenn ein Mensch von anderen sozial ausgegrenzt, zurückgewiesen, verachtet oder gedemütigt wird[98].

Die Beobachtung, dass soziale Zurückweisung, Ausgrenzung und Verachtung »aus Sicht des Gehirns« wie körperlicher Schmerz wahrgenommen werden, bedeutet einen Durchbruch im Verständnis der menschlichen Aggression. Mit einem Male wird verständlich, warum nicht nur körperlicher Schmerz, sondern auch Ausgrenzung und soziale Demütigungen potente Reize darstellen, die den neurobiologischen Aggressionsapparat aktivieren und Gewalt hervorrufen können. »Wenn sich niemand zu uns umdrehte, wenn wir den Raum betreten; wenn niemand antwortete, wenn wir sprechen; wenn niemand wahrnähme, was wir tun; wenn wir von allen geschnitten und als nicht existierend behandelt würden, dann würde eine derartige Wut und ohnmächtige Verzweiflung in uns aufsteigen, dass im Vergleich dazu die grausamste körperliche Qual eine Erlösung wäre.« Dieses hellsichtige Statement des legendären Gründervaters der modernen Psychologie, William James, stammt aus dem Jahre 1890[99]. Über hundert Jahre später gibt ihm die moderne Hirnforschung in vollem Umfang recht.

Die neurobiologische Neudefinition der »Schmerzgrenze« steht im Einklang mit allem, was neuere Studien aus dem Bereich der Psychologie und der Sozialforschung zeigen: Fehlende Zugehörigkeit zu einer Gruppe und Zurückweisung durch andere Menschen sind die stärksten und wichtigsten Aggressionsauslöser[100]. Die Gründe dafür, dass das menschliche Gehirn körperlichen und psychischen (bzw. sozialen) Schmerz in sehr ähnlicher Weise wahrnimmt, liegen in unserer evolutionären Vorgeschichte. Seit sich vor etwa sieben Millionen Jahren unsere Vorfahren von denen der heutigen Schimpansen getrennt zu entwickeln begannen, waren sie eine gejagte Spezies (siehe Kapitel 5). Dass die Vorläufer des Menschen überleben konnten, verdankten sie zwei entscheidenden Faktoren: dem sozialen Zusammenhalt und dem Zuwachs ihrer Intelligenz (beides steht vermutlich in engem Zusammenhang). Der Ausschluss aus der Gruppe der Artgenossen bedeutete über Millionen von Jahren hinweg das Todesurteil. Ausgegrenzt zu werden, konnte sogar weit verhängnisvoller sein, als körperlichen Schmerz zu erleiden. Dies erklärt, warum das menschliche Gehirn lernte, beides – soziale Ausgrenzung ebenso wie Bedrohung der körperlichen Unversehrtheit – als in gleicher Weise alarmierende Gefährdung einzuschätzen[101]. Als Folge davon beantwortet der Mensch nicht nur willkürlich zugefügten körperlichen Schmerz, sondern auch Ausgrenzung mit Aggression.

Der Aggressionsapparat als Hilfssystem des Motivationssystems

Dass das menschliche Gehirn soziale Zurückweisung und Demütigung hasst und darauf mit Aggression reagiert, ist die »Rückseite der Medaille«, deren Vorderseite wir in Kapitel 2 betrachtet haben: Das Motivationssystem des Gehirns ist auf die Erlangung von Vertrauen, Zugehörigkeit und Kooperation ausgerichtet. Zugehörigkeit war, wie erwähnt, für die Vorfahren des Menschen über Jahrmillionen ein über allen anderen Aspekten des Lebens stehendes Überlebensprinzip. Dieses Prinzip ist bis heute gültig. *Der Aggressionsapparat erweist sich, wie wir jetzt erkennen können, als ein Hilfssystem des Motivationssystems: Bindung, Akzeptanz und Zugehörigkeit sind überlebenswichtig. Sind sie bedroht, reagieren die Alarmsysteme des menschlichen Gehirns. Als unmittelbare Folgen zeigen sich Angst und Aggression.* Da in der Evolution kaum etwas Bestand hat, wenn es rückblickend keinen »Sinn« hat, muss und darf angenommen werden, dass der Sinn der Aggression darin zu suchen ist, dass sie uns ein Verhaltensprogramm zur Verfügung stellt, das uns helfen soll, entstandene Störungen im Bereich der sozialen Zugehörigkeit zu beheben (siehe Abbildung 5). Wer Ausgrenzung erzeugt, Bindungen bedroht oder die Gemeinschaft zu zerstören sucht, wird als Gefahr wahrgenommen und soll – hier wirken Aggressionsapparat und Motivationssystem dann einträchtig zusammen[102] – bestraft werden.

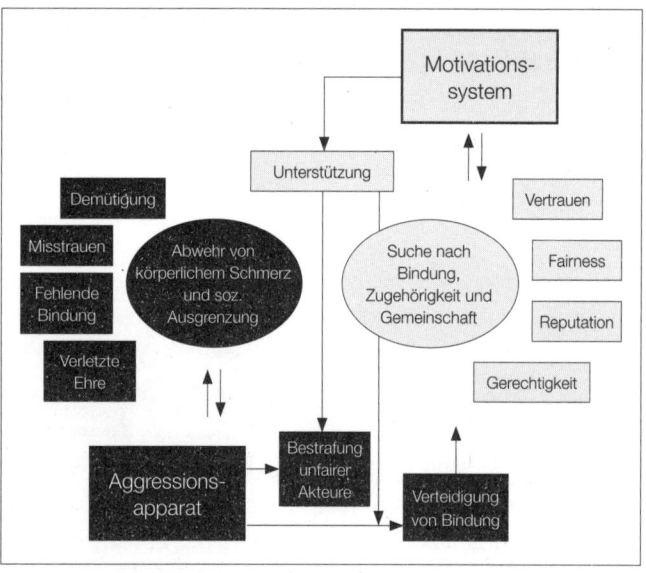

Abbildung 5: Die Beziehung zwischen Aggressionsapparat und Motivationssystem erscheint vordergründig als Gegensatz. Die durch das Motivationssystem biologisch verankerten menschlichen Grundmotivationen sind auf soziale Akzeptanz und Zugehörigkeit ausgerichtet. Der Aggressionsapparat hat demgegenüber das Potenzial, soziale Beziehungen zu gefährden. Da er jedoch – dem Gesetz der Schmerzgrenze folgend – vorzugsweise nur dann in Aktion tritt, wenn Bindungen und Zugehörigkeit bedroht sind, ergibt sich zwischen beiden neurobiologischen Systemen eine Synergie. Unter Bedingungen eines verschärften Ressourcenmangels steigt allerdings die Wahrscheinlichkeit, dass beide Systeme eine gegeneinander gerichtete Dynamik entwickeln (siehe Kapitel 6). Die für den Menschen (über)lebenswichtigen Ressourcen, die einer Verknappung unterliegen können, sind nicht nur materieller Art. Auch Bindungen sind eine von Mangel bedrohte (emotionale) Ressource. Materieller Ressourcenmangel begünstigt emotionalen Ressourcenmangel (siehe dazu nochmals Kapitel 6).

Konstruktiv oder destruktiv? – Die kommunikative Funktion der Aggression

Die neurobiologische Bedeutung menschlicher Aggression liegt in ihrer kommunikativen Funktion[103]: Aggression signalisiert, dass ein von Schmerz oder Ausgrenzung betroffenes Individuum nicht bereit und nicht in der Lage ist, eine ihm zugefügte soziale Zurückweisung zu akzeptieren. Um ihre kommunikative Funktion erfüllen zu können, muss sich Aggression allerdings in angemessener Weise äußern: Tritt sie nicht in einem erkennbaren Kontext auf, wird sie nicht am »richtigen« Ort oder zur »falschen« Zeit geäußert, oder kommt sie in einer nicht angemessenen Aggressions-»Dosis« daher, kann sie das Problem, das sie eigentlich beseitigen sollte, verschlimmern. Das Ergebnis ist dann in der Regel ein Aggressionskreislauf (»cycle of violence«) zwischen dem Betroffenen und seiner Umwelt[104]. Schwere physische Gewalt tritt vor allem dort auf, wo die verbale Kommunikation zwischen dem (späteren) Täter und seiner Umgebung zum Erliegen gekommen ist[105]. Physische Gewalt zerstört ihrerseits die kommunikative Funktion der Aggression. *Erfolgreich kommunizierte Aggression ist konstruktiv. Aggression, die ihre kommunikative Funktion verloren hat, ist destruktiv.*

»Gesunde« Aggression

Die Möglichkeit und Fähigkeit, Aggression zu kommunizieren, ist nicht nur eine Voraussetzung dafür, dass sie ihre zentrale Funktion (Abwehr von Schmerz oder Ausgrenzung) erfüllen kann. Aufsteigende Aggression tatsächlich ausdrücken zu können, wenn die Schmerzgrenze überschritten wurde, ist auch von überragender gesundheitlicher Bedeutung: Wer Ausgrenzung erleidet, gedemütigt wird oder befürchten muss, einer Bindung beraubt zu werden, dann aber nicht mit einer kommunikativ angemessenen Form von Aggression reagieren kann, wird krank. Hemmungen und andere Schwierigkeiten, legitime Aggression zu kommunizieren, entstehen vor allem dann, wenn in den Jahren der Kindheit keine sicheren Bindungen zu Bezugspersonen vorhanden waren oder wenn Gewalt erlebt wurde.

Wenn Aggression – aus welchen Gründen auch immer – nicht kommuniziert werden kann oder darf, dann bleiben die Komponenten des Aggressionsapparates, insbesondere die Angstzentren, neurobiologisch »geladen«. Anstatt der eigentlich fälligen Äußerung von Aggression entwickelt sich nun eine Situation, die zu Angststörungen oder depressiven Erkrankungen führen kann[106]: Die neurobiologischen Angst- und Stresssysteme bleiben hochgefahren, eine aktive, nach außen gerichtete Problemlösung ist jedoch unmöglich. Personen, die Probleme mit einem adäquaten Ausdruck der in ihnen entstandenen Aggression haben, erleiden nicht nur ein seelisches, sondern auch ein erhöhtes körperliches Erkrankungsrisiko[107].

Das Gesetz der Schmerzgrenze

Aus der experimentellen Hirnforschung der letzten Jahre hervorgegangene Daten lassen sich in einer Erkenntnis zusammenfassen, die ich als das »Gesetz der Schmerzgrenze« bezeichnen möchte: Das Verhaltensprogramm der Aggression verdankt – evolutionär gesehen – seine Entstehung der Notwendigkeit, Schmerz abzuwehren, die körperliche Unversehrtheit zu bewahren und lebenswichtige Ressourcen zu verteidigen. Wenn die Schmerzgrenze eines Lebewesens tangiert wird, kommt es zur Aktivierung des Aggressionsapparates und zu aggressivem Verhalten. Bei sozial lebenden Lebewesen wie dem Menschen zählen Zugehörigkeit und Akzeptanz zu den lebenswichtigen Ressourcen. Demütigung und Ausgrenzung werden vom menschlichen Gehirn wie körperlicher Schmerz erlebt, sie tangieren die Schmerzgrenze. Daher führen beim Menschen nicht nur die Zufügung körperlicher Schmerzen oder eine physische Bedrohung zu Aggression, sondern auch alle Erfahrungen, die aus Sicht des Betroffenen einer sozialen Ausgrenzung oder persönlichen Demütigung gleichkommen. Doch deckt sich das »Gesetz der Schmerzgrenze« mit der facettenreichen gesellschaftlichen Realität menschlichen Zusammenlebens? Die Übereinstimmungen zwischen Neurobiologie und Sozialforschung sind geradezu frappierend.

Alltägliche Gewalt steht in auffälligem Zusammenhang mit einer Verweigerung des persönlichen Respekts, einer Verletzung der Ehre oder einer Beschädigung der Reputation[108]. Ausgrenzung findet jedoch nicht nur dann statt, wenn ein Mensch von anderen aktiv missachtet oder abweisend behandelt wird. Auch wer keine zwischenmenschlichen Bindungen hat oder ohne soziale Vernetzung lebt, befindet sich im Zustand der Ausgrenzung. Aggressives Verhalten ist bei Menschen, die wenig oder keine sozialen bzw. zwischenmenschlichen Bindungen haben, häufiger als bei anderen anzutreffen[109]. Alleinstehende Menschen neigen signifikant häufiger zu Gewalt als in Partnerschaft lebende Personen.

Unter Menschen, die gewalttätig wurden, finden sich, wie wissenschaftliche Studien zeigen, gehäuft Personen, die im gesellschaftlichen Alltag Erfahrungen von schmerzhafter Zurückweisung gemacht haben, z.B. am Arbeitsplatz entlassen oder wegen ihrer ethnischen Zugehörigkeit diskriminiert wurden. Verweigerte Akzeptanz steht also nicht nur im Labor, sondern auch in der gesellschaftlichen Realität in engem Zusammenhang mit der Entwicklung von Aggression[110].

Armut und Gewalt

Besonders prekär – und für die Zukunft unseres Globus von Bedeutung – ist der Zusammenhang zwischen der Ungleichverteilung von Lebenschancen und Aggression, insbesondere zwischen Armut und Gewalt: Armut bedeutet – vor allem für diejenigen, die ihr nicht durch eigenes Verschulden ausgeliefert sind – nicht nur existenzielle Not, sondern ist vor allem eine Ausgrenzungserfahrung. Aus diesem Grunde ist sie auch ein besonders ergiebiger Nährboden der Gewalt[111]. Wie wir später – bei einer vergleichenden Betrachtung der Gewalt in verschiedenen Ländern dieser Erde – noch sehen werden, ist es nicht nur die Armut an sich, sondern vor allem Armut im Angesicht des Wohlstandes anderer, die Aggression nach sich zieht. Wer hungert, wenn alle hungern, wird deshalb nicht zwingend eine besondere Gewaltbereitschaft entwickeln. Eine Situation jedoch, in der die einen Not erleiden, während sich andere reichhaltiger Lebenschancen und guter materieller Ressourcen erfreuen, bedeutet Ausgrenzung und tangiert die Schmerzgrenze. Hier ist über kurz oder lang zwingend mit Gewalt zu rechnen. Was dies angesichts der weltweiten

Ungleichverteilung von Ressourcen in einer globalisierten, medial vernetzten Welt für den internationalen Frieden bedeutet, sollte uns zu denken geben.

Häusliche Gewalt

Die Bedeutung der »Schmerzgrenze« zeigt sich auch am Beispiel der häuslichen Gewalt. Obwohl Frauen innerhalb von Partnerschaften – wie eine Studie behauptet[112] – angeblich bis zu drei Mal öfter gewalttätig werden als Männer (andere Studien sehen das Verhältnis eher ausgeglichen[113]), so bleiben schwere Gewalttaten einschließlich Tötungsdelikten auch in der Partnerschaft eine ebenso klare wie fatale Domäne des männlichen Geschlechts. Männer begehen insgesamt 90 Prozent aller schweren Gewalttaten[114]. Von Frauen ausgehende Gewalt äußert sich – vom eng umgrenzten Bereich der Zweierbeziehung einmal abgesehen – überwiegend nicht körperlich, sondern in weniger offenen, überwiegend verbalen Spielarten von Aggression[115]. Wenn überhaupt, dann begehen Frauen im häuslichen bzw. familiären Bereich Tötungsdelikte vor allem unter dem Eindruck von schwerer verbaler oder physischer Gewalt, die sie vonseiten ihrer Partner erleiden mussten. Männer, die ihre Partnerinnen töten, tun dies vor allem dann, wenn sie zurückgewiesen wurden, von einer Trennungsdrohung oder von einer tatsächlichen Trennung betroffen sind[116]. Alle vorliegenden wissenschaftlichen Studien zeigen auch hier also einen unübersehbaren Zusammenhang von Aggression mit erlittenem Schmerz, entweder in Form von physischer Gewalt, von Zurückweisung oder dem Verlust von bedeutsamen Bindungen.

Die Bedeutung der Schmerzgrenze für die individuelle Aggressionsbereitschaft

Nicht alle Menschen sind gegenüber körperlichen Schmerz-reizen gleich empfindlich. Was von einigen bereits als körper-lich schmerzhaft empfunden wird, kann für andere völlig unproblematisch sein. Dies lässt sich auch wissenschaftlich zeigen. So kann man Versuchspersonen, deren Unterarme in ein Wasserbad eingetaucht wurden, anschließend einer an-steigenden Erwärmung oder zunehmenden Abkühlung des Wasserbades aussetzen. Sowohl extreme Hitze als auch Kälte können bekanntlich Schmerzen hervorrufen. Man kann Test-personen nun bitten, ihre subjektive Schmerzwahrnehmun-gen entlang aufsteigender (oder absteigender) Temperatur auf einer Punkteskala anzugeben (die »Eichung« auf einer solchen Skala wären z. B.: 0 Punkte = kein Schmerz; 10 Punkte = subjektiv sehr unangenehm; 20 Punkte = subjektiv absolut unerträglich). Unterschiedliche Personen werden in einem solchen Experiment bei jeweils gleichen Temperaturen unterschiedlich starke Schmerzen angeben. Da – wie wir sa-hen – das menschliche Gehirn identische Nervenzellsysteme benützt, um körperliche Schmerzen und soziale Ausgrenzung anzuzeigen, sollte man vermuten, dass die individuelle Sen-sibilität gegenüber körperlichen Schmerzen jener gegenüber sozialem Schmerz entspricht. Tatsächlich zeigen Personen mit hoher Empfindlichkeit gegenüber körperlichen Schmer-zen auch eine höhere Sensibilität gegenüber sozialer Zu-rückweisung![117]

»Bindungsstile« und Aggressionsbereitschaft

Welche Faktoren beeinflussen die individuelle Schmerzgrenze und damit die von Person zu Person unterschiedliche Aggressionsbereitschaft? Da Verbundenheit mit anderen Menschen die körpereigene Produktion von schmerzlindernden Botenstoffen aktiviert, kommt der Fähigkeit eines Menschen, sich auf gute zwischenmenschliche Beziehungen einzulassen, eine überragende Bedeutung für das Aggressionsverhalten zu. Obwohl die Motivationssysteme des Gehirns den Menschen via Wohlfühlbotenstoffe mit einem »Trieb« nach guten Beziehungen und sozialer Akzeptanz ausgerichtet haben, ist die Fähigkeit erwachsener Personen, emotional befriedigende zwischenmenschliche Bindungen einzugehen, sehr unterschiedlich ausgeprägt.

Wer mit seinen Mitmenschen – insbesondere in den Jahren der Kindheit – wenig vertrauensbildende Erfahrungen gemacht hat, wer es stattdessen mit Bezugspersonen zu tun hatte, die selbst im Stress, unzuverlässig oder wenig berechenbar waren, lernt früh, sich auf andere besser nicht allzu weitgehend einzulassen. Solche Menschen entwickeln in sich das, was Psychologen einen »ambivalenten Bindungsstil« (ein Hin- und Herschwanken zwischen Anziehung und Ablehnung gegenüber Mitmenschen) oder einen »vermeidenden Bindungsstil« (eine Haltung, die nur auf die eigenen Kräfte vertraut und von anderen grundsätzlich nicht mehr abhängig sein will) nennen.

Wer aufgrund früherer, meist in den Kinderjahren erlittener Verletzungen keine tiefe Verbundenheit mit anderen Menschen fühlen kann, hat als Erwachsener bei schwierigen Alltagssituationen schneller als andere das Gefühl, abgelehnt oder verachtet zu werden. Er (oder sie) wird häufiger als andere Menschen eine »gefühlte Zurückweisung« erleben. Entsprechend schneller ist bei solchen Personen die Schmerzgrenze erreicht, und entsprechend steigt das Risiko einer aggressiven Reaktion[118]. Menschen mit Bindungsstörungen sind keine Seltenheit, ambivalente oder vermeidende Bindungsstile sind in den westlichen Ländern weit verbreitet[119]. Sie schützen die Betroffenen davor, in einer persönlichen Beziehung wiederholt enttäuscht zu werden.

Menschen mit Bindungsstörungen leben in einem fortwährenden inneren Dilemma: Einerseits sehnen sie sich, ihre innere Einsamkeit fühlend, nach Verbundenheit. Andererseits spüren sie im Zusammensein mit anderen eine unsichtbare Barriere zwischen sich und ihren Mitmenschen[120]. Dass es sich um eine in ihnen selbst liegende Barriere handelt, die durch das in ihnen verankerte ambivalente oder vermeidende Bindungsmuster verursacht ist, ist den Betroffenen oft nicht bewusst. Stattdessen haben viele Betroffene das Gefühl, die anderen seien ablehnend oder ihr Partner weise sie zurück. Alle Beteiligten stehen dann vor einem schwer lösbaren Problem. Situationen wie diese bilden einen typischen Nährboden für Gewalt, insbesondere innerhalb von Partnerbeziehungen oder Familien.

Männer: das gewalttätige Geschlecht?

»Wenn Menschen Situationen als wirklich definieren, sind sie in ihren Konsequenzen wirklich«, warnte einst der von mir bereits erwähnte US-Soziologe William Isaac Thomas (1863–1947). Er hatte erkannt, dass Glaubensüberzeugungen, die Menschen über die »Natur des Menschen« hegen, die Tendenz haben, zu sich selbst erfüllenden Prophezeiungen zu werden. Einen Streich kann einem die als »Thomas-Theorem« bezeichnete Tendenz vor allem dann spielen, wenn es darum geht, was »typisch männliche« und »typisch weibliche« Eigenschaften seien. Dies zeigte kürzlich eine Züricher Forschergruppe um Christoph Eisenegger und Ernst Fehr in einem bereits kurz erwähnten Experiment[121]. Getestet wurden weibliche Personen im sogenannten »Ultimatum-Spiel«: Eine weibliche Probandin (Testperson A) erhält vom Versuchsleiter ein kleines Guthaben und wird gebeten, dieses nach eigenem Gutdünken zwischen sich und einer ihr zugeordneten, ihr persönlich nicht bekannten Partnerin (Testperson B) aufzuteilen. Stimmt Testperson B der von Testperson A vorgenommenen Verteilung zu, können beide mit ihren jeweiligen realen Geldbeträgen von dannen ziehen. Lehnt Testperson B ab, wird das gesamte Guthaben eingesammelt. Beide Teilnehmerinnen müssen sich dann ohne Zugewinn verabschieden, einen zweiten Durchgang gibt es nicht (daher der Name »Ultimatum-Spiel«).

Die Züricher Forscher wollten herausfinden, ob und wenn ja welchen Einfluss das männliche Sexualhormon Testosteron auf das Verhalten im Ultimatum-Spiel hat, und gaben der Hälfte der Probandinnen, die sich in der Rolle von Testperson A befanden und das ihnen gegebene Guthaben zu verteilen hatten, vor dem Experiment eine Testosterontablette. Die andere Hälfte der Testperson A-Probandinnen erhielt eine Placebotablette gleichen Aussehens und gleichen Geschmacks. Keine der Versuchsteilnehmerinnen wusste, ob sie Testosteron oder Placebo erhalten hatte. Das Verhalten der Testperson A-Probandinnen war uneinheitlich und verwirrend.

Doch die Versuchsleiter waren clever genug, alle Teilnehmerinnen im Anschluss an das Experiment zu befragen, ob sie subjektiv der Meinung gewesen waren, Testosteron oder Placebo erhalten zu haben (objektiv wussten sie es alle nicht). Nun zeigte sich: Diejenigen Teilnehmerinnen, die subjektiv der Überzeugung gewesen waren, Testosteron erhalten zu haben, hatten ihrer jeweiligen Partnerin überwiegend ein schlechtes Verteilungsangebot gemacht – die Damen hatten offenbar eine klare Vorstellung davon, wie Männer angeblich funktionieren! Nachdem der Einfluss, der von der subjektiven Überzeugung herrührte, Testosteron erhalten zu haben, ausgeschaltet war, zeigten mit Testosteron behandelte Frauen im Ultimatum-Spiel tatsächlich ein großzügigeres Verteilungsverhalten[122]. Wer vor dem Thomas-Theorem nicht auf der Hut ist, landet leicht bei pseudowissenschaftlichen Thesen wie jener, dass Frauen angeblich schlechter einparken, dafür aber – selbstverständlich »naturbedingt« – permanent rote Schuhe kaufen.

Wenn es um Verhaltensunterschiede der Geschlechter geht, kann es nicht nur dann zu Verzerrungen kommen, wenn sozial bedingte Unterschiede fälschlicherweise biologisch begründet werden. Auch umgekehrt sind Verfälschungen denkbar: Oft wird es als »politisch nicht korrekt« angesehen, Verschiedenheiten im Geschlechterverhalten als tatsächlich biologisch mitbedingt anzuerkennen. Auch wenn es politisch unkorrekt sein mag, so bleibt doch das Faktum, dass neugeborene Jungen einen mehrfach höheren Testosteronspiegel als Mädchen haben. Männliche Säuglinge zeigen in den ersten drei Lebensmonaten einen Testosteronspiegel wie erwachsene Männer (danach fallen die Spiegel wieder stark ab). Dieses frühe »Testosteronbad« hat Auswirkungen auf Mikrostrukturen in Gehirnarealen, die das menschliche Verhalten beeinflussen, insbesondere auch den Umgang mit Stress[123].

Eine systematische, von einer Wissenschaftler*in* durchgeführte Untersuchung über geschlechtsbedingte Unterschiede bei intellektuellen Leistungen und beim Verhalten erwachsener Menschen belegt überlegene Kompetenzen des weiblichen Geschlechts bei der Sprache, bei der emotionalen Offenheit, bei der Fähigkeit zu vertrauen, im Bereich Fürsorglichkeit, bei moralischer Nachdenklichkeit und bei der Fähigkeit, sich zu mäßigen[124]. Männer scheinen, derselben Studie zufolge, in den Bereichen mathematisches Denken, räumliches Vorstellungsvermögen sowie Selbstvertrauen und Durchsetzungsfähigkeit besondere Stärken zu haben. Sie neigen aber nicht nur signifikant stärker als Frauen dazu, andere im Gespräch zu unterbrechen. Sie sind ihnen auch in jeder Spielart von direkt ausgeübter verbaler oder physischer Aggressivität »überlegen«. Frauen dagegen ziehen indirekte, sogenannte »relationale« Formen der Aggression vor, z.B. indem sie über jemanden schlecht reden und dadurch dessen Ruf zerstören.

Testosteron[125] beeinflusst den neurobiologischen Aggressionsapparat, indem es den mäßigenden Einfluss des Stirnhirns (Präfrontaler Cortex) auf die Angstzentren (Mandelkerne) und damit die »top down control« schwächt (siehe Abb. 3). Zugleich verstärkt das männliche Sexualhormon die Verbindung der Angstzentren mit den Erregungszentren des Hirnstamms und erhöht damit den »bottom up drive«[126]. Tatsächlich zeigen Männer beim Betrachten von Gewaltszenen im Vergleich zu Frauen eine deutlich verstärkte Aktivierung ihrer Angstzentren[127]. Männer mit hohem körpereigenen Testosteron zeigen – im Vergleich zu solchen mit niedereren Werten – ein ausgeprägtes Dominanzverhalten, sind aggressiver, ungeduldiger, nehmen sich weniger Zeit für ihre Kinder, haben mehr Partnerinnen, lassen sich eher scheiden, treffen allgemein risikoreichere Entscheidungen und erleiden mehr Jobverluste[128]. Finanzmakler treffen, wenn sie unter hohem körpereigenem Testosteron stehen, riskantere Entscheidungen. Und: US-Strafanwälte mit überdurchschnittlichem Testosteronspiegel neigen vor Gericht dazu, eine größere »Show« abzuziehen[129]. Gefängnisinsassen, die wegen Gewaltdelikten einsitzen, weisen höhere Testosteronspiegel auf als solche, die Eigentumsdelikte ohne Gewaltanwendung begangen haben[130]. Bei weiblichen Insassen zeigen Frauen mit einer Vorgeschichte schwerer Gewalttaten und aggressiverem Dominanzverhalten innerhalb des Gefängnisses höhere Testosteronwerte als ihre inhaftierten Kolleginnen[131].

Macht Testosteron aggressiv – oder produziert Aggression Testosteron?

Lebensstile und Verhaltensmuster sind keineswegs nur die Folge einer vorgegebenen Biologie. Was Menschen erleben, was sie tun und wie sie leben, hat massive Auswirkungen auf die Aktivität unserer Gene und beeinflusst daher in erheblichem Ausmaß die Biologie unseres Körpers[132]. Wer Vertrauen erlebt, reagiert mit einem Anstieg des Freundschaftshormons Oxytozin, welches seinerseits die Bereitschaft erhöht, anderen Menschen Vertrauen zu schenken. Ähnlich liegt der Fall bei Testosteron, wenn auch mit einem im Vergleich zu Oxytozin gegenteiligen Effekt: Wem Misstrauen entgegengebracht wird, reagiert mit einer Erhöhung von Testosteron, wobei das männliche Sexualhormon seinerseits die Tendenz verstärkt, sich misstrauisch gegenüber anderen zu verhalten[133]. Vertrauen und Misstrauen sind also nicht nur psychologisch, sondern auch biologisch ansteckend[134]. Männer, die heiraten, reagieren am Tag der Hochzeit mit einem Testosteronanstieg (»Ich habe gewonnen!«), im Verlauf der Ehe sinkt ihr Testosteronspiegel jedoch unter den unverheirateter Männer ab (»Ich habe eine sichere Bindung«). Kommt es zur Scheidung, steigt der Testosteronspiegel prompt wieder an (»Ich bin wieder einer Konkurrenz ausgesetzt«)[135].

Testosteron leistet – auf dem Umweg über ein verstärktes Konkurrenz- und Dominanzverhalten – einen Beitrag zu vermehrter Aggression. Doch es geht auch umgekehrt: Fußballfans aus Italien und Brasilien, die 1994 das Endspiel der Weltmeisterschaft zwischen beiden Ländern am Fernseher verfolgt hatten, wurden um Mitwirkung in einer Studie gebeten. Nach dem Spiel (das Brasilien gewonnen hatte) zeigte sich bei den brasilianischen Zuschauern ein Testosteronanstieg, während die Hormonspiegel der italienischen Fußballfans in den Keller gingen[136]. Schachgegner reagieren unmittelbar vor dem Match mit einer Erhöhung des männlichen Sexualhormons. Nach dem Spiel jedoch liegt der Hormonspiegel des Gewinners deutlich über dem des Verlierers. Das Schachspiel steht sozusagen für das Leben. Testosteron ist ein Dominanz-Hormon: Es steigt immer dann an, wenn um Dominanz gerungen wird. Wer sich durchsetzt, zieht mit seinem erhöhten Hormonspiegel davon (und benimmt sich auch künftig eher dominant). Wer verloren hat, reagiert mit einem Testosteronabfall. Auch wer sich »nur« einen Kampf vorstellt, löst im eigenen Körper einen biologischen Effekt aus: Bereits ein 15-minütiges Spielen mit einer Pistole reicht aus, um bei männlichen Jugendlichen den Testosteronspiegel signifikant ansteigen zu lassen[137]. Aggression, so scheint es, *ist* nicht nur aggressiv, sie *macht* auch aggressiv.

Aggression am »falschen« Ort und zur »falschen« Zeit: das Phänomen der Aggressions-Verschiebung

Die volle Bandbreite menschlicher Gewalt können wir nur verstehen, wenn wir auch das wichtige, bereits an anderer Stelle gestreifte Phänomen der Aggressions-Verschiebung ausführlich in unsere Betrachtung einbeziehen. Die Verschiebung von Aggression ist bereits seit Längerem bekannt. Sie kann entweder das *Objekt* oder den *Zeitpunkt* der Aggression betreffen. Aggressive Impulse richten sich nicht immer an denjenigen Menschen, der den Provokationsreiz verursacht hatte, sie können auf eine andere Person gerichtet bzw. verschoben sein. Die Verschiebung kann jedoch auch die Zeit betreffen, zu der Aggression ausgeteilt wird: Menschen, die Aggression auslösenden Reizen ausgesetzt waren, zeigen eine aggressive Reaktion manchmal erst mit erheblicher Verzögerung. Es sind vor allem diese Verschiebungen, die in vielen Fällen den verständlichen, aber irrigen Eindruck erwecken, aggressive Handlungen seien »sinnlos« und »nicht begründbar« und müssten daher Ausdruck einer tief im Menschen schlummernden Lust an der Gewalt sein. Insbesondere wenn aggressive Handlungen *doppelt*, also sowohl hinsichtlich des Objekts als auch der Zeit verschoben sind, erwecken sie oft den fatalen Eindruck, sie kämen »aus dem Nichts«. Der Verschiebungsmechanismus wird meistens auch vom betroffenen aggressiven Subjekt nicht bewusst bemerkt. Obwohl die Verschiebung ein bereits bekanntes Phänomen der Alltagspsychologie ist, sollten wir uns auch hier an wissenschaftliche Experimente halten.

Die Verschiebung der Aggression bezüglich ihres Adressaten bzw. Objekts wurde, wie bereits erwähnt, erstmals in den 30er-Jahren des 20. Jahrhunderts durch die US-Amerikaner John Dollard und Neal Miller bei Tieren experimentell nachgewiesen[138]. Aber auch Menschen, die Schmerz erleiden, ohne die Quelle ihres Leidens identifizieren und bekämpfen zu können, richten die durch Schmerz hervorgerufene Aggression in ihrer Not gegen unbeteiligte, zufällig anwesende Dritte[139]. Experimente zeigen, dass Personen, die in einer Teambildungsphase von ihren Kollegen in keines der zu bildenden Teams aufgenommen wurden, sich anschließend gegenüber unbeteiligten Dritten aggressiver und weniger sozial verhalten[140]. Der Verschiebungsmechanismus bezüglich des Aggressionsobjektes tritt auch dann auf, wenn die Quelle des Schmerzes zwar identifizierbar, aber zu mächtig ist, um sie zu bekämpfen. Bei in sozialer Gemeinschaft lebenden Lebewesen sind das in der Regel die stärkeren Artgenossen. Die Wut des gereizten Individuums entlädt sich dann häufig ersatzweise an hierarchisch niedereren bzw. schwächeren Dritten. Jedermann kennt diesen wenig erfreulichen Mechanismus aus der Alltagserfahrung.

Das neurobiologische Aggressionsgedächtnis

Aggressive Impulse lassen sich nicht nur von einem Objekt der Aggression auf ein anderes verschieben, sondern, wie schon erwähnt, auch von einem aktuellen Zeitpunkt auf einen späteren[141]. Erfahrungen, die den Aggressionsapparat aktiviert haben, aber nicht sofort durch Aggression beantwortet werden konnten oder durften, hinterlassen eine emotionale Erinnerungsspur, die den Aggressionsimpuls für einen eventuellen späteren Gebrauch wie eine Konserve aufbewahrt. Handelt es sich um ein einmaliges Ärgernis, besteht die Möglichkeit, dass die Angelegenheit mitsamt der aufbewahrten »Aggressions-Konserve« vergessen wird. Kritischer ist die Lage, wenn zahlreiche Ärgernisse abgespeichert wurden und keine dieser Erfahrungen adäquat abgehandelt werden konnte. Ein solcher Vorgang ähnelt dem, was Kunden eines Lebensmittelmarktes tun, die Rabattmärkchen erhalten und in ein Heftchen einkleben, welches, wenn es vollgeklebt ist, gegen einen Geldbetrag eingelöst werden kann. Viele Menschen, die aggressive Gefühle zurückhalten, anstatt sie sofort zu kommunizieren, kleben »Märkchen« in ihr neurobiologisches »Aggressions-Rabattheftchen«. Irgendwann platzt bei solchen Menschen – meist bei einem Anlass, der Außenstehenden als wenig adäquat erscheint – die angesammelte Wut mit ungeheurer Wucht heraus.

Verschiebungen können auch die Folge von kindlichen Erfahrungen sein. Experimente an Menschenaffen zeigen, dass Neugeborene und »Kleinkinder«, die grob oder mit Gewalt behandelt wurden, sich später selbst grob und gewalttätig gegenüber ihrem eigenen Nachwuchs verhalten[142]. Umgekehrt zeigen in der Frühphase ihres Lebens fürsorglich behandelte Junge später als Eltern ihrerseits ein liebevolles Verhalten. Dieses Ergebnis zeigte sich auch dann, wenn man einen Teil der Neugeborenen sofort nach der Geburt vertauschte (im Sinne einer Adoption): Ein späteres gewalttätiges Verhalten entwickelte sich in diesen Fällen unabhängig von der biologischen bzw. genetischen Abstammung und war primär die Folge früher Gewalterfahrungen. In die gleiche Richtung gehende Beobachtungen gibt es beim Menschen: Säuglinge, die unmittelbar nach der Geburt in der Klinik behandelt werden mussten und daher notgedrungen mehr schmerzhafte Erfahrungen (z. B. wegen Blutabnahmen) machen mussten als andere Kinder, zeigen als Heranwachsende eine erhöhte Sensibilität im Bereich ebenjener Hirnregionen, die für die Wahrnehmung der Schmerzgrenze – und damit auch für die Aggressionsauslösung – zuständig sind[143]. Experimente dieser Art zeigen: Unser Gehirn verfügt über ein »Aggressionsgedächtnis«.

Aggression, die keiner versteht:
Warum wir »Aggressions-Flüsterer« brauchen

Menschliche Aggression ist ein kommunikatives Signal, welches der Umwelt anzeigt, dass ein Individuum nicht in der Lage oder nicht bereit ist, einen ihm zugefügten physischen oder seelischen Schmerz oder eine entsprechende Bedrohung hinzunehmen. Voraussetzung für die Verständlichkeit eines biologischen Signals ist – dies gilt nicht nur für die Aggression – seine sogenannte »Kontingenz«: Signale sollten, um von der Umgebung verstanden werden zu können, in möglichst engem zeitlichen oder örtlichen Zusammenhang mit jenen Ereignissen stehen, durch die sie hervorgerufen wurden.

Verschobene Aggression ist für alle, die von ihr betroffen sind, nur schwer zu verstehen. Sie hat ihre kommunikative Funktion in vielen Fällen eingebüßt. Wie sollten die hier und jetzt von einer aggressiven Handlung Betroffenen erkennen und verstehen, dass der aktuellen Gewaltäußerung Verletzungen zugrunde liegen, die der Täter bereits vor längerer Zeit erlitten hat? Mindestens ebenso groß ist die Verständnislosigkeit, wenn die Aggression einen anderen Adressaten trifft als denjenigen, gegen den sie sich tatsächlich hätte richten sollen. Verschobene Aggression wird in der Regel also nicht verstanden werden als das, was sie sein sollte: als Appell des aggressiven Akteurs, mit dem er (oder sie) auf Schmerz, fehlende Bindungen, auf Ausgrenzung, Demütigung oder auf erlittene Unfairness reagieren wollte.

Verschobene Aggression kommt wie ein verrückt gewordenes Pferd daher: Niemand versteht, warum es beißt, tritt und jeden abwirft, der sich auf seinen Rücken zu schwingen versucht. Hier können nur »Pferdeflüsterer« helfen, die wissen, dass ein solches Pferd üble Erfahrungen hinter sich hat. Pferdeflüsterer verhalten sich so, also würden sie das Pferd in all seiner Verrücktheit verstehen. Mit Geduld, Verständnis und der langsamen Wiedereinführung klarer, zuverlässiger Signale stellen sie die verloren gegangene Kommunikationsfähigkeit des Tieres wieder her. Nicht anders ist es im Falle verschobener Aggression.

Um zu verhindern, dass Menschen (insbesondere Kinder und Jugendliche), welche die Kontrolle über ihre aggressiven Impulse verloren haben, als geächtete Außenseiter zu Gewalttätern werden, sind »Aggressions-Flüsterer« vonnöten, also Personen, die herauszufinden in der Lage sind, was die unverständlich gewordene Aggression eines Menschen »eigentlich« sagen will, was ihr eigentliches »Thema« ist[144]. Dies können Sozialarbeiter, Erzieher, Lehrer oder Psychotherapeuten sein. Erlittenes Leid kann – dies muss auch Kindern und Jugendlichen deutlich gemacht werden – jedoch keinen

Freibrief bedeuten, anderen neues Leid zuzufügen. Die Tatsache, dass aggressive Handlungen *immer* eine – wenn auch oft nur schwer zu erkennende – kommunikative Funktion haben, kann destruktiv agierende Täter nicht davon befreien, zur Verantwortung gezogen zu werden.

Was macht Kinder und Jugendliche aggressiv?

Bindungen zu Mitmenschen sind Einflussfaktoren mit enormer neurobiologischer Durchschlagskraft. Noch mehr als für Erwachsene gilt dies für Kinder und die Beziehungen zu ihren Angehörigen. Vertrauen, soziale Akzeptanz und zwischenmenschliche Unterstützung aktivieren die Motivationssysteme. Die dort ausgeschütteten Botenstoffe versorgen den Körper nicht nur mit Energie und Lebenslust, sie haben auch schmerzlindernde Wirkung und schützen die Gesundheit. Wenn Bindungen nicht ausreichend verfügbar oder bedroht sind, wenn wenig oder keine Annerkennung erlebt wird oder wenn soziale Ausgrenzung und Demütigungen erlebt werden, dann kommt die Schmerzgrenze ins Spiel. Als Folge kommt es zu einer Aktivierung der Angst-, Schmerz- und Aggressionssysteme. Da Bindungen für Kinder und Jugendliche lebenswichtig sind, stellt das Aggressionssystem ein Alarm- und Hilfssystem im Dienste der Sicherung oder Wiedererlangung von Bindungen dar.

Erwachsene können, wenn Bindungen fehlen oder Beziehungen in Gefahr sind, auf ihre jeweilige Umwelt konstruktiv oder destruktiv einwirken. Bei Kindern und Jugendlichen ist die Situation eine andere. Sie sind im Vergleich zu Erwachsenen weitgehend macht- und hilflos. Kinder verfügen nicht über einen geschulten kognitiven Apparat, der es ihnen ermöglichen würde, ihrer Umgebung eine geordnete Mitteilung über einen Mangel an Bezugspersonen, an vertrauensvollen Bindungen oder über Ausgrenzungserfahrungen zu machen. Kinder und Jugendliche sprechen zu uns stattdessen durch ihr spontanes Verhalten und durch ihre Körpersprache, durch ihre Vitalität oder Depression, durch ihren Lebensmut oder ihre Angst, durch Vertrauensbereitschaft oder Misstrauen, durch Kooperationsbereitschaft oder Aggression. Aggressives Verhalten bei Kindern ist immer ein Appell mit einer Botschaft, die in jedem Einzelfall neu entschlüsselt werden muss. Manchmal testen Kinder durch aggressives Verhalten nur aus, wie weit sie mit ihren Ansprüchen und Forderungen gehen können. In diesem Falle müssen einem Kind unnachgiebig klare Grenzen gesetzt werden (was in unseren Breiten eindeutig zu wenig passiert). Im Falle eines chronisch unausgeglichenen, emotional nicht zugänglichen aggressiven Kindes ist die Botschaft jedoch eine Aufforderung, sich dem Kind zuzuwenden, Liebe spürbar zu machen, und das heißt: Zeit mit ihm zu verbringen.

Bereits Säuglinge reagieren auf Bindungsmangel: Bei unseren evolutionär gesehen nächsten Verwandten, den Primaten, führen wiederholt durchgeführte experimentelle Trennungen von der Mutter zu einem signifikanten Anstieg an Ängstlichkeit, Impulsivität und Aggressivität[145]. Bei menschlichen Kleinkindern, die das erste Lebensjahr in Säuglingsheimen zubrachten, zeigen sich noch drei Jahre später neurobiologische Folgen der frühen Mangelerfahrung, obwohl sie nach Ende des ersten Lebensjahres als Adoptivkinder in behütende Familien gegeben worden waren[146]. Im Kleinkindalter von Gewalterfahrungen (vor allem von Züchtigungen)

Betroffene zeigen im weiteren Verlauf ihrer Kinderjahre eine um das Dreifache erhöhte Aggressivität[147]. In den westlichen Ländern sind über 20 Prozent der Kinder von körperlicher Gewalt im häuslichen Bereich betroffen[148]. Jungen richten das in ihnen entstandene aggressive Potenzial überwiegend nach außen, während ein Teil der von Gewalt betroffenen Mädchen mit sogenannten »internalisierenden« Verhaltensstörungen, insbesondere mit Angst und depressiven Störungen auffällt. Auch Kinder, die keine Gewalt, sondern »nur« eine andauernde schwere Vernachlässigung ihrer Eltern erleben, zeigen Veränderungen, die in Richtung Gewalt weisen.

Vernachlässigte oder an Gewalterfahrungen gewöhnte Kinder erleben die Welt als einen gefährlichen Ort. Sie interpretieren, wie Studien zeigen, ihre Umwelt – insbesondere die ihnen begegnenden Menschen – auch dann als eher feindselig, wenn tatsächlich keine Gefahr zu erwarten wäre[149]. Da aggressive Erfahrungen im Gehirn ein Wahrnehmungsschema hinterlassen, gehen von Gewalt betroffene Kinder davon aus, dass auch ihnen unbekannte Menschen feindselige Absichten haben. Die Folge ist eine eingeengte, veränderte Wahrnehmung der Welt: Auch völlig neutrale Reize wie etwa ein unbefangener Blickkontakt oder eine versehentliche Berührung werden dann leicht als feindselig interpretiert und entsprechend aggressiv beantwortet. Von Vernachlässigung oder Gewalt betroffene Kinder lernen, aggressives Handeln als einzig erfolgreiche Strategie anzusehen, weshalb sie bevorzugt auf dieses ihnen bestens vertraute Repertoire zurückgreifen[150].

Kinder, denen sich niemand zuwendet, erleiden Nachteile auf ganzer Linie. Sie zeigen einen verminderten Intelligenzquotienten und schlechtere Leistungen im Bereich Sprache,

Lesen und Mathematik, ihre Fähigkeiten, Probleme zu lösen, sind reduziert[151]. Kinder mit solchen Defiziten haben große Schwierigkeiten, unter Gleichaltrigen, beispielsweise im Klassenverband, Anerkennung und Anschluss zu finden und sich gut zu integrieren. Sie werden bevorzugt Opfer von Ausgrenzung oder gar Demütigungen und machen so in besonderer Weise Erfahrungen, die den Aggressionsapparat ansprechen. Derart geprägte Kinder sehen dann manchmal die einzige Möglichkeit, sich eine gewisse Achtung zu verschaffen, in herausragenden »Leistungen« im Bereich Aggressivität und Gewalttätigkeit. Dass Kinder die ihnen zugefügte Gewalt reproduzieren, ließ den Begriff des »cycle of violence« (Kreislauf der Gewalt) entstehen[152].

Die Kreisläufe der Gewalt weiten sich aus. Was sie in ihren Herkunftsmilieus erleben, geben Kinder und Jugendliche auch untereinander weiter: Kinder und Jugendliche reagieren mit vermehrter Aggressivität, wenn sie Zurückweisung von Gleichaltrigen erleben[153]. Das in der Fachliteratur als »Bullying«, bei uns als »Mobbing« bezeichnete systematische Ausgrenzen, Hänseln, Schneiden oder Demütigen einzelner Kameraden oder Kameradinnen ist weit verbreitet[154]. Eine relativ neue, besonders üble Form der gegenseitigen Beschädigung sind über Foren des Internets lancierte, als »Cyber-Bullying« oder »Cyber-Mobbing« bezeichnete Attacken auf Mitschüler und Mitschülerinnen. In Deutschland waren bzw. sind bereits 30 Prozent der Jugendlichen von dieser besonders üblen Form von Aggression betroffen[155], die bei vielen erhebliche psychische Störungen zur Folge haben[156]. Zusammenfassend zeigen alle verfügbaren wissenschaftlichen Daten, dass der Fürsorge und der Erziehung unserer Kinder eine herausragende Rolle für die Gewaltprävention zukommt.

Kinder lernen am Modell: die Bedeutung von Medien

Kinder lernen am Modell, gerade auch dann, wenn es um die Gewalt geht. Einen nicht zu unterschätzenden Beitrag zur Aggressivität von Kindern und Gewaltbereitschaft von Jugendlichen leisten auch die von Kindern und Jugendlichen genutzten Medienangebote. Über 25 Prozent der 12- bis 19-jährigen Jugendlichen in Deutschland haben in Medien Darstellungen von schwerwiegender Gewalt einschließlich Folterqualen, Kannibalismus und Hinrichtungen beobachtet[157]. Kinder, die Gewaltakte sehen, reagieren nicht nur mit einer Aktivierung des neurobiologischen Angst- und Aggressionsapparates[158], sondern werden – wie eine überwältigende wissenschaftliche Datenlage eindeutig belegt – infolge des Konsums solcher Medienangebote auch selbst vermehrt aggressiv[159]. In dieselbe Richtung wirkt sich auch der Umgang mit Waffen aus[160].

Negative Effekte ergeben sich für Kinder und Jugendliche nicht nur durch Darstellungen von Gewalt, sondern ganz allgemein durch hohen Medienkonsum: Kleinkinder mit hohem TV-Konsum zwischen dem zweiten und fünften Lebensjahr zeigen im Vergleich zu Kindern mit geringeren Fernsehzeiten im 10. Lebensjahr deutlich schlechtere Schulleistungen, treiben weit weniger Sport, nehmen mehr ungesunde Nahrung zu sich, sind häufiger übergewichtig und werden von Gleichaltrigen deutlich häufiger gehänselt oder gemobbt[161].

Kinder, die früh im Leben so auf die Verliererstraße gebracht werden, erleiden später mehr Ausgrenzung als andere und werden eher als andere Erfahrungen mit der Schmerzgrenze machen. Daher kann nicht überraschen, dass Schulabbrüche oder ein fehlender Schulabschluss ein wissenschaftlich belegter Prädiktor (Vorhersagefaktor) für späteres Gewaltverhalten ist[162].

Amokläufe in Schulen (»School Shootings«)

Gewalttätige Auftritte, bei denen jungen Leute – zumeist Schüler – bewaffnet in eine Schule eindringen und Schüler sowie Lehrkräfte bedrohen, verletzen oder töten, werden als Schul-Amokläufe bezeichnet (in der englischen Fachliteratur werden sie »School Shootings« genannt). Bislang haben sich weltweit mehr als 100 solche Vorfälle ereignet. Amokläufe an Schulen scheinen für viele Kommentatoren ein Phänomen zu sein, das sich gleichsam außerhalb der Naturgesetze abspielt. Eine Analyse von Gründen, die Schul-Amokläufe im Allgemeinen begünstigen oder zumindest bei einzelnen Taten eine Rolle gespielt haben könnten, findet in Deutschland kaum statt[163]. Weshalb? Ist es die Angst, eine rationale Ursachenanalyse könnte als fehlender Respekt vor Angehörigen, die nach solchen Taten um Opfer trauern müssen, missverstanden werden? Doch dieses nachvollziehbare Argument wurde nach meiner Kenntnis nicht ins Feld geführt. Stattdessen wird entweder der Eindruck erweckt, Gründe für derart schreckliche Taten seien schlechthin nicht vorstellbar (auf dieser Linie argumentieren vor allem manche Boulevardmedien), oder es wird ersatzweise angeführt, möglicherweise vorhandene Gründe seien zu komplex, um analysiert zu werden. In wieder anderen Kommentaren wird auf eine angeblich tief im Menschen liegende natürliche Anlage zum Amoklauf, auf das bereits zitierte »Dunkle im Humanum«, verwiesen.

Tatsächlich zeigen sich bei Schul-Amokläufen im Tathintergrund typische Muster. Allerdings hat eine solche Gewalttat niemals einen einzelnen, einfach zu benennenden Grund. Auch im Falle eines Amoklaufes haben immer mehrere Einflussfaktoren, die zusammengewirkt haben, einen Beitrag geleistet. Insbesondere gibt es keine bestimmten Charakter- oder Persönlichkeitsmerkmale, die, für sich gesehen, erlauben würden vorherzusagen, ob ein Einzelner irgendwann eine solche Tat begehen könnte. Mit Recht ist daher vor einer Hysterie zu warnen, in der misstrauisch nach potenziellen Tätern Ausschau gehalten wird. Es gibt keine einfache Gleichung, die eine Tat mit Sicherheit vorhersagbar machen würde. Vielmehr gleicht die Risikokonstellation der Situation eines übergewichtigen, zuckerkranken Rauchers mit einem hohen, nicht behandelten Blutdruck: Er hat eine hervorragende Chance, einen Herzinfarkt oder einen Schlaganfall zu erleiden. Obwohl nicht abschätzbar ist, ob er ihn im Einzelfall wirklich bekommt, sollte man die Risikokonstellation kennen und mit den Betroffenen darüber sprechen. Ähnlich verhält es sich mit »School Shootings«: Es gibt durch wissenschaftliche Studien belegte, eindeutige Risikokonstellationen, die solche Taten begünstigen.

Die wichtigste systematische Untersuchung über Amoktäter in der Schule legte im Jahre 2002 eine US-Kommission vor, der Sicherheitsfachleute und Erziehungsexperten angehörten[164]. Analysiert wurden hier 37 schwere Gewaltereignisse[165]. Die allgemeinen Merkmale des Geschehens dürften in etwa jenen bei Amoktaten an deutschen Schulen entsprechen: Was die untersuchten schweren Fälle von US-»School Shootings« betraf, so ereigneten sich 59 Prozent während der Unterrichtszeit, 22 Prozent vor Schulbeginn, der Rest zu anderen Zeitpunkten. 95 Prozent der Amoktäter waren zum Zeitpunkt der Tat Schüler, die anderen waren ehemalige Schüler der betroffenen Schule gewesen. Alle Täter waren männlich, die meisten waren zwischen 13 und 18 Jahren alt, 81 Prozent von ihnen handelten als Einzeltäter. In 54 Prozent der Gewalttaten hatten es die Täter vor allem gezielt auf Lehrpersonal, in 41 Prozent vorzugsweise gezielt auf Schülerinnen oder Schüler abgesehen. 93 Prozent der Täter hatten im Vorfeld ein auffälliges Verhalten gezeigt. In der weit überwiegenden Zahl der Fälle wurde die Tat über längere Zeit geplant. In 81 Prozent der Amoktaten hatte der Täter zuvor mindestens eine Person in sein Vorhaben eingeweiht, in 59 Prozent der Fälle gab es sogar zwei vorab informierte Personen!

Der Bericht der US-Kommission zeigt, dass sich bezüglich der persönlichen Situation und der Motive der Täter typische Merkmale beschreiben lassen. Fast zwei Drittel der Täter (61 Prozent) waren vor der Tat extrem depressiv oder verzweifelt, 78 Prozent hatten Suizidgedanken. Nur in wenigen Fällen war jedoch angesichts der prekären Situation der jungen Leute ein psychologischer Fachmann konsultiert worden, eine fachpsychologische Diagnose lag vor der Tat nur bei 17 Prozent der Täter vor. Zu dem großen Ausmaß an Depressivität der Täter dürfte beigetragen haben, dass 98 Prozent im unmittelbaren Vorfeld der Tat einen signifikanten Verlust oder eine Niederlage erlitten hatten. Es handelte sich dabei um Vorkommnisse, die in irgendeiner Weise den eigenen Status oder den der Familie betrafen, es konnte sich aber auch um den Verlust einer Bezugsperson oder eines Liebespartners handeln. Verluste und Depressivität bedeuten für einen Menschen eine unspezifische Belastung und erklären für sich keine erhöhte Gewaltbereitschaft. Spezifischer mit

Blick auf die Entstehung von Gewalt sind Ereignisse, welche die Schmerzgrenze tangieren: 81 Prozent der Täter fühlten sich gekränkt, 71 Prozent hatten das Gefühl, ausgegrenzt oder gemobbt worden zu sein, 59 Prozent hatten innerhalb ihrer Gleichaltrigen eine Außenseiterstellung inne. Als Tatmotiv nannten 81 Prozent wiederum Kränkungserfahrungen, 61 Prozent Revanche, 24 Prozent wollten durch die Tat die Achtung und den Respekt bekommen, den sie vermissten. 59 Prozent der Täter hatten einen intensiven Konsum von Gewaltmedien.

Eine zweite US-Studie bestätigte die Bedeutung der Schmerzgrenze für Amokläufer an der Schule[166]: In 13 der hier analysierten 15 »School Shootings« spielte eine vorherige Ausgrenzung oder Demütigung der Täter eine Rolle. Nur selten wurden bei den Taten diejenigen zu Opfern, die ausgegrenzt hatten, meistens wurde die Aggression auf andere Opfer verschoben. Die Wiedererlangung von »Respekt« war für viele Täter ein zentrales Tatmotiv. Zwei Drittel hatten gemäß dieser US-Studie vor der Tat signifikante psychische Probleme.

Deutsche Fälle von Schulamokläufen gleichen den amerikanischen: Experten hierzulande kommen zu ganz ähnlichen Ergebnissen wie ihre US-Kollegen[167]: Auch deutsche Täter waren junge Männer mit vorher bestehenden erheblichen Selbstwertproblemen. Typischerweise fehlt es an einer hinreichend tragfähigen Beziehung zu den Eltern, an Zuwendung und Anerkennung. Die meisten deutschen Täter waren Einzelgänger, empfanden sich unter ihresgleichen als Außenseiter, viele fühlten sich von Gleichaltrigen nicht respektiert, gehänselt oder ausgegrenzt[168]. Ein wichtiges Tätermerkmal war bei deutschen Amokläufern, wie auch in den US-amerikanischen Fällen, ein hoher gewohnheitsmäßiger Konsum von Gewaltmedien, insbesondere Gewaltspielen. Auffallend war auch, dass in mehreren Fällen Waffen im Leben der Väter und der Täter eine besondere Rolle spielten.

Bei der Täteranalyse besteht bei Fachleuten hierzulande eine Tendenz, die situativen Faktoren als wenig maßgebend zu erklären und die Tatsache in den Vordergrund zu stellen, die Täter seien »primär psychisch gestört« (vorzugsweise narzisstisch) gewesen, Ausgrenzung und Demütigungen seien vom Täter »nur erlebt«, »nicht real« gewesen. Daran, dass Amokläufer als psychisch gestört anzusehen sind, kann kein Zweifel bestehen. Eine psychische Störung, zumal eine narzisstische, hat in westlichen Ländern jedoch ein nicht geringer Teil der Bevölkerung[169]. Für die Prävention von Schul-Amokläufen ist es daher wenig hilfreich, den Tätern lediglich eine psychiatrische Störung zu attestieren (die sie zweifelsohne haben). Vielmehr sollten die Risikokonstellationen beschrieben werden, die bei Vorliegen einer psychischen Vorbelastung das Fass der Aggression zum Überlaufen bringen. »Aggression ist der verzweifelte Ausdruck von Depression«, wie der Münchner Kinderpsychiater Franz Joseph Freisleder zutreffend feststellte[170].

Kennzeichnend für junge Männer, die Amokläufe begangen haben, ist eine typische Kombination von 1. einer vorbestehenden schweren psychischen Belastung (insbesondere Selbstwertproblematik und Depressivität), 2. einer subjektiv als ausgrenzend und demütigend erlebten aktuellen Situation und 3. eines »mentalen Gewalttrainings« durch Gewaltmedien, d.h. einer Vorbereitung auf die Ausübung von Gewalt in der Fantasie. Amokläufer an der Schule sind junge Männer, die eine primär empfindlichere Schmerzgrenze haben (fehlende gute Beziehung zu Angehörigen, geringes Selbstwertgefühl), deren Schmerzgrenze durch fehlende Akzeptanz oder Ausgrenzung aktiv tangiert wurde und die eine intensive Übungsphase mit Gewaltspielen durchlaufen haben, die ihnen suggerierte, durch Gewaltausübung Anerkennung und Respekt erlangen zu können.

Antisoziale Persönlichkeiten und Psychopathen

Personen, die an »Gewalt-Krankheit« leiden, waren lange Zeit die »letzte Hoffnung« all jener, welche den »Aggressionstrieb« zu retten trachteten und die These verteidigten, dass Menschen gemäß ihrer innersten Natur Bestien mit einem tiefen spontanen Bedürfnis sind, andere zu quälen und zu töten: Antisoziale Persönlichkeiten, auch Psychopathen genannt (der Begriff der »Psychopathie« bzw. des »Psychopathen« wird in der deutschsprachigen Literatur vermieden, um keiner Diskriminierung Vorschub zu leisten; in der englischen Fachliteratur sind beide Begriffe, »Psychopathy« und »Psychopath«, durchaus üblich). Tatsächlich konnte bis vor wenigen Jahren nicht entschieden werden, ob Psychopathen nicht doch die »wahre Natur des Menschen« offenbaren.

Lange war der Verdacht nicht zu widerlegen, dass es sich bei der übergroßen Mehrheit relativ friedlicher Menschen lediglich um durch Moral und Religion gezähmte, verbogene Exemplare domestizierten oder gar degenerierten Menschseins handeln könnte. Dass Menschen hinter einer zivilisierten Fassade in Wahrheit letztlich doch alle sozusagen »Krypto-Psychopathen« seien, also Menschen, in denen tief verborgen eine spontane natürliche Lust auf Gewalt schlummert, war nicht zuletzt auch das Credo des Sozialdarwinismus, der so mancher politischen Strömung – auch dem Nationalsozialismus – als pseudowissenschaftliches Fundament diente. Einsichten, die sich in den letzten Jahren aus neurobiologischen Untersuchungen von Psychopathen ergeben sollten, konnten diesem anthropologischen Spuk ein Ende bereiten.

Zwei Varianten pathologischen antisozialen Verhaltens: »heiße« und »kalte« Aggression

Menschen, die an einer »antisozialen Persönlichkeitsstörung« oder »Psychopathie« leiden, begegnen uns in zwei Varianten, die sich nicht nur psychologisch, sondern auch neurobiologisch markant unterscheiden. Impulsive Persönlichkeiten mit sehr niederer Reizschwelle und einer Unfähigkeit, die nach einer Provokation in ihnen auftretende Aggression zu mäßigen (»Variante 1«), zeigen spontan auftretende Ausbrüche von eruptiver, »heißer« Aggression. Nach diesem Muster begangene impulsive Straftaten sind – obwohl ihre Taten in-adäquat und nicht zu rechtfertigen sind – Ausdruck reaktiver Gewalt. Bei »Variante 2« handelt es sich um »kalte«, berechnende Persönlichkeiten ohne erkennbare Gefühlsregungen. Sie scheinen so gut wie keine Angst zu empfinden. Einfühlung, Empathie, Schuldgefühle und Reue sind ihnen fremd. Viele besitzen jedoch schauspielerische Qualitäten und sind in der Lage, Gefühlsregungen dieser Art vorzuspielen (worauf psychiatrische Gutachter immer wieder einmal hereinfallen). Nach diesem Muster begangene Straftaten sind nicht Ausdruck »heißer«, spontaner Aggression, sondern spiegeln wider, was von Fachleuten als »instrumentelle« oder »proaktive« Gewalt bezeichnet wird. Gewalt ist für Menschen vom Typ »Variante 2« ausschließlich Mittel zum Zweck. Während Menschen vom Typ »Variante 1« also »impulsive Antisozialität« (»impulsive antisociality«) zeigen, zeichnet sich »Variante 2« durch »angstfreie Dominanz« (»fearless dominance«) aus.

Sowohl impulsiv-antisoziale als auch gefühllos-berechnende Persönlichkeiten begegnen uns keineswegs nur als Straftäter hinter Gittern, sie leben mitten unter uns, auch wenn sie nur eine kleine Minderheit darstellen[171]. Leicht reizbare, impulsive Menschen (»Variante 1«) schießen in ihren zornigen Reaktionen immer wieder über das Ziel hinaus. Aufgrund ihres schwachen Selbstbewusstseins, das sie leichter kränkbar und ängstlicher macht, fühlen sie sich durch kleinste Anlässe infrage gestellt und provoziert. Mit übersteigert aggressiven Reaktionen und gelegentlichen Ausbrüchen überkompensieren sie ihre Angst, nicht ernst genommen oder nicht respektiert zu werden. Medizinisch gesehen handelt es sich meistens um Persönlichkeiten mit einer bereits erwähnten narzisstischen Störung oder einer sogenannten Borderline-Störung.

Auch gefühllos-berechnende Persönlichkeiten (»Variante 2«) können uns gelegentlich im ganz normalen Alltag begegnen. Manche von ihnen sind »erfolgreiche Psychopathen«, denen es gelungen ist, mit ihrer emotionalen Störung nicht aufzufallen. Rücksichtslosigkeit und ein durch oberflächlichen Charme maskiertes manipulatives Potenzial lässt diese Menschen nicht selten sogar in Führungspositionen landen. Nach außen verstehen sie es, in Betrieben und Institutionen, in Wirtschaft, Medien und Gesellschaft einen guten Eindruck zu machen, während ihr destruktiver Führungsstil innerhalb der von ihnen geführten Einrichtungen oft großen Schaden anrichtet. Manchmal allerdings unterlaufen auch »erfolgreichen Psychopathen« Fehler, durch die ihr antisoziales Verhalten plötzlich ans Licht gerät.

Weder »heiße« noch »kalte« Psychopathen spiegeln die »wahre« Natur des Menschen wider. Sie repräsentieren auch keineswegs das, was die Vertreter unserer Spezies in der Steinzeit einmal waren – entgegen so manchem, was dazu, auch in Lehrbüchern, verkündet wurde (siehe Kapitel 5). Dessen ungeachtet sind Personen mit psychopathischen Merkmalen Menschen, denen natürlich zusteht, mit Würde, Respekt und – soweit sie Straftaten begehen – nach fairen, rechtsstaatlichen Regeln behandelt zu werden. Dass es sich bei Psychopathen definitiv um kranke Menschen handelt, zeigen neurobiologische Untersuchungen (siehe Abbildung 6). Man kann Personen mit antisozialen Persönlichkeitszügen den gleichen Testsituationen – z.B. dem bereits erwähnten Taylor-Paradigma – aussetzen wie jeden anderen Menschen auch. Daher lässt sich, wenn man die experimentelle Prozedur in den Scanner eines Kernspintomografen verlegt, auch der Aggressionsapparat der Betroffenen studieren.

Neurobiologische Veränderungen bei Psychopathen

Impulsiv-antisoziale Persönlichkeiten (»Variante 1«) zeigen eine erhöhte Empfindlichkeit der Angstzentren (Mandelkerne), eine erhöhte Reaktionsbereitschaft des Stresssystems (Hypothalamus) und eine Verstärkung der Schreckreaktion (Erregungszentren im Hirnstamm; siehe Abbildung 6, B)[172]. Diese Befunde sind das neurobiologische Korrelat ihrer besonderen Reizbarkeit und ihrer im Vergleich zur Durchschnittspopulation markant erhöhten Aggressivität. Die Ursachen für diese neurobiologischen Veränderungen sind – dies kann die Betroffenen jedoch nicht entbinden, für ihre Taten zur Verantwortung gezogen zu werden – traumatische biografische Erfahrungen[173].

Kalt-berechnende Psychopathen (»Variante 2«) zeigen im Vergleich zu Personen der »Variante 1« ein entgegengesetztes Muster: Angstsystem (Mandelkerne), Ekelzentren (Insulae) und Stresssystem (Hypothalamus) sind in ihren Funktionen signifikant vermindert, Mandelkerne und Insula zeigen gar eine strukturelle Volumenminderung (siehe Abbildung 6, C)[174]. Diese Befunde sind die neurobiologische Erklärung für die Tatsache, dass »kalte« Psychopathen in Situationen, in denen psychisch durchschnittlich gesunde Personen eine Angst- und Stressreaktion erleben, relativ unberührt bleiben[175].

Besonders fatal ist bei »kalten« Psychopathen eine zusätzliche schwere Störung im Bereich der »Top Down Control« (siehe nochmal Abbildung 6, C): Die für sozial angepasstes Verhalten zuständigen Teile des Stirnhirns (Präfrontaler Cortex) sind nicht nur in ihrer Funktion massiv beeinträchtigt, sondern zumindest bei einem Teil der Betroffenen auch in ihrer Struktur vermindert[176]. Dies hat einen Funktionszusammenbruch der Verbindung zwischen den mäßigenden Zentren des Stirnhirns und den Angstzentren zur Folge[177] und erklärt, warum »kalte« Psychopathen dann, wenn sie das Leid anderer beobachten, keine Aktivierung der Empathiezentren des Präfrontalen Cortex und keine Einfühlungsreaktion zeigen. Nicht nur gegenüber fremdem, auch gegenüber eigenem Schmerz sind sie pathologisch unempfindlich[178]. Das neurobiologische Muster entspricht dem, was bei

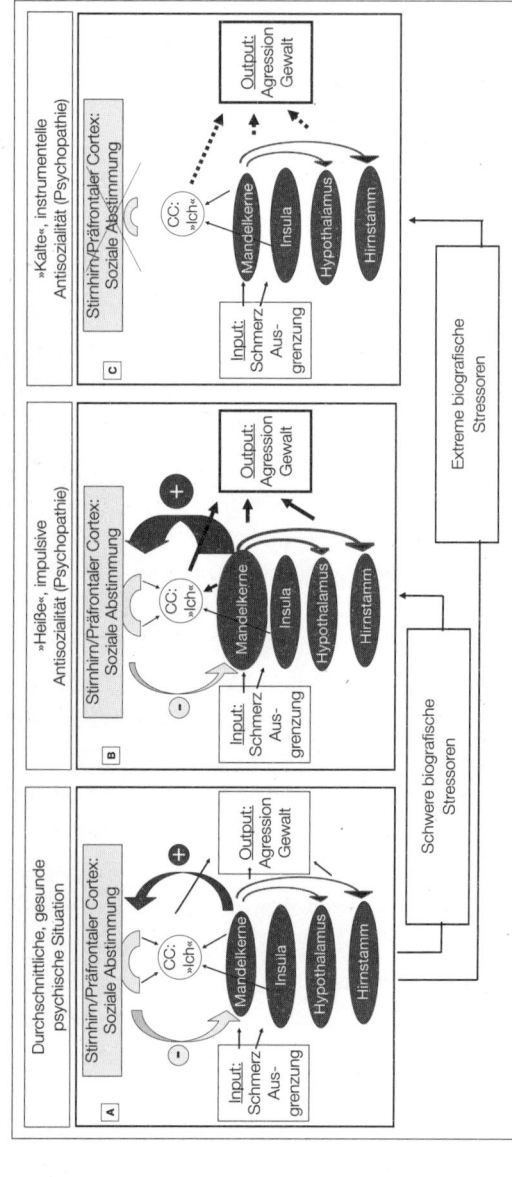

Abbildung 6: Menschen mit pathologischer Aggressivität zeigen Veränderungen des Aggressionsapparates. Personen mit »heißer«, impulsiver Aggressivität (B) zeigen eine *Erhöhung* der Empfindlichkeit der Mandelkerne. (Angstzentren). Der »Bottom Up Drive« ist verstärkt. Personen mit »kalter«, instrumenteller Aggressivität (C) zeigen eine *verminderte* Empfindlichkeit der Mandelkerne. Zudem ist die Verbindung zum Stirnhirn (Präfrontaler Cortex) massiv beeinträchtigt, das Einfühlungsvermögen und die mäßigende »Bottom Down Control« fehlt.

Personen zu erwarten ist, die in ihrer Vorgeschichte sehr schwere oder extreme Stress- und Traumaerfahrungen erlebt haben[179].

Kein Mensch wird als Psychopath geboren

Warum wird ein Mensch zum Psychopathen? Psychopathen zeigen – wie dargestellt – eindeutige neurobiologische Veränderungen. Dies bedeutet jedoch keineswegs, dass die Betroffenen damit zur Welt kamen. Auch biologische Merkmale, insbesondere solche des Gehirns, sind keine Konstanten, sondern verändern sich unter dem Einfluss der Interaktionen, die sich zwischen Organismus und Umwelt ereignen. Was wir erleben und wie wir leben, wird vom Organismus wahrgenommen, in biologische Signale übersetzt und hat fortwährend Einfluss auf die Aktivität zahlreicher Gene[180]. Was Menschen erleben, kann die Feinstrukturen des Gehirns zum Guten wie zum Schlechten verändern. Zahlreiche Studien weisen darauf hin, dass Psychopathen in der Regel massive traumatisierende biografische Erfahrungen hinter sich haben, die sie meist bereits in jungen Jahren durchlebten. Dies zu betonen ist in keiner Weise ein Plädoyer dafür, sich gegenüber Psychopathen, die Gewalttaten begangen haben, nachsichtig zu verhalten. Jede Gesellschaft hat ein Recht darauf, vor gewalttätigen Psychopathen geschützt zu sein.

Menschen, die im Erwachsenenalter die Kriterien einer antisozialen, psychopathischen Persönlichkeit erfüllen, fallen in der Regel bereits als Jugendliche durch eine schwere Störung ihres Sozialverhaltens (»conduct disorder«) auf[181]. Allerdings werden bei Weitem nicht alle, die als Jugendliche die

Kriterien einer »Conduct Disorder« erfüllen, später zu antisozialen oder psychopathischen Straftätern. Da nur 20 Prozent bis 30 Prozent der strafrechtlich auffällig gewordenen Jugendlichen eine überdauernde Persönlichkeitsstörung aufweisen, wird von Kinder- und Jugendpsychologen mit Recht davor gewarnt, aggressives Verhalten bei Jugendlichen voreilig zu pathologisieren[182].

Andrerseits sollte man sich davor hüten, die sehr ernsten Probleme zu bagatellisieren, die uns im Bereich Jugendgewalt – und damit im Bereich der seelischen Gesundheit von Kindern und Jugendlichen – begegnen. Die Zahl der zur Anzeige gebrachten Delikte von Jugendlichen zwischen 14 und 17 Jahren betrug in Deutschland laut Bundeskriminalamt bei Körperverletzungsdelikten im Jahre 2009 ca. 62 000, bei schweren und gefährlichen Körperverletzungen gab es alleine in dieser Altersgruppe ca. 32 000 Tatverdächtige. Nachdem diese Zahlen bis 2007 stetig zugenommen hatten, waren sie zuletzt (2009 gegenüber 2008) leicht rückläufig. Dem steht allerdings eine starke Zunahme der in Sicherungsverwahrung befindlichen, schwer straffällig gewordenen Jugendlichen und Heranwachsenden zwischen 14 und 21 Jahren gegenüber.[183]

Jugendliche, die durch besondere Gewaltbereitschaft und hohes kriminelles Potenzial auffallen, haben eine Entwicklung hinter sich, in deren Verlauf die psychische, nicht selten auch die physische Schmerzgrenze der Täter durch vielfältige Erfahrungen überschritten wurde: Ein absolut typisches Merkmal in den Vorgeschichten der Betroffenen ist das Fehlen zuverlässiger, vertrauensvoller Bindungen zu erwachsenen Bezugspersonen, in vielen Fällen kommt erlittene körperliche Gewalt hinzu[184]. Hans Steiner von der Stanford University, der sich seit Jahren mit kriminellen jungen Menschen befasst, berichtet, er habe kaum straffällig gewordene Kinder und Jugendliche gesehen, bei denen nicht Missbrauch, elterliche Vernachlässigung oder andere traumatische Erfahrungen eine Rolle gespielt hätten. Dies wird auch daran deutlich, dass die Mehrheit kriminell auffälliger Jugendlicher – abgesehen von »heißer«, schnell aufbrausender Aggression – Symptome einer posttraumatischen Belastungsstörung zeigt[185].

Eine der besten Untersuchungen zu den Vorhersagefaktoren von jugendlicher Gewaltkriminalität stammt aus einer Arbeitsgruppe um den US-Psychologen Rolf Loeber, Professor an der Universität Pittsburgh. Über Jahre hinweg verfolgte er den Lebensweg von über 1 500 männlichen Kindern und Jugendlichen. Bei jungen Leuten, die später kriminelle Gewalttätigkeit[186] entwickelten, fanden sich in der vorangehenden Entwicklung hohe Prozentsätze von Kindern mit unzuverlässigen oder fehlenden Bindungen, mit selbst erlittener körperlicher Gewalt (schwere körperliche Züchtigungen oder Missbrauch) und einer bereits in den Kinderjahren aufgetretenen Depressivität[187]. Zu weitgehend gleichen Ergebnissen kommen Untersuchungen jugendlicher Delinquenten aus dem deutschsprachigen Raum[188]. Als wichtigste Einflussfaktoren erwiesen sich hier neben sozialer Not in der Herkunftsfamilie schwere Konflikte und körperliche Gewalt im Elternhaus, Ablehnung oder Ausgrenzung durch Gleichaltrige und Drogenkonsum. Etwa 80 Prozent der durch Straftaten auffällig gewordenen Jugendlichen weisen zusätzlich eine krankheitswertige psychische Problematik auf.

Zusammenfassend spricht vieles dafür, dass die Entwicklung eines Menschen zum Psychopathen ein zweiphasiger Prozess ist:

PHASE 1: *Mittelschwere Traumatisierungen* (z. B. häufige körperliche Züchtigungen, lang während schwere Demütigungen) erzeugen eine Störung mit »heißer« Aggression (junge Frauen zeigen anstatt einer nach außen gerichteten »heißen« Aggression häufig Depressivität oder eine impulsive Tendenz zur Selbstverletzung). Neurobiologisch zeigen diese Betroffenen eine Sensibilisierung (Empfindlichkeitserhöhung) der Angstzentren (Mandelkerne). Psychisch fallen sie durch krankhaft erhöhte Reizbarkeit und manchmal zusätzlich durch begleitende Symptome einer posttraumatischen Belastungsstörung auf.

PHASE 2: *Schwerste Traumatisierungen* (z. B. schwere emotionale Vernachlässigung, extreme körperliche Gewalterfahrungen, evtl. verbunden mit sexuellem Missbrauch, selbst erlebte oder miterlebte schwere Grausamkeiten) haben das Potenzial, eine Psychopathie mit einer Neigung zu »kalter«, »instrumenteller« bzw. »proaktiver« Aggression zu erzeugen. Neurobiologisch zeigen die Betroffenen eine Desensibilisierung (Empfindlichkeitsverminderung) der Angstzentren (Mandelkerne) und eine Schädigung im Bereich des Präfrontalen Cortex. Psychisch fallen sie durch emotionale Kälte und berechnendes Verhalten auf.

Ein solcher zweiphasiger Prozess stünde in Übereinstimmung mit den Grundregeln neuronaler Plastizität: Starke Reize verstärken zunächst die Funktion derjenigen neurobiologischen Strukturen, auf die sie einwirken. Extrem starke und/oder extrem lang anhaltende Reize können zu Neurodegeneration führen[189].

Gene und Gewalt: Erbfaktoren alleine machen nicht gewalttätig

Über Jahrzehnte gehörte es zu den Lieblingsvorstellungen in Biologie und Medizin, insbesondere auch in der Psychiatrie, Gene seien aus sich heraus in der Lage, zwischenmenschliches Verhalten zu determinieren. Diese deterministische Denkweise war historisch folgenreich (im Sinne des bereits erwähnten Thomas-Theorems), aber falsch[190]. »Über ein Jahrhundert hinweg wurde die Öffentlichkeit mit der Diät des Determinismus gefüttert, beginnend mit der Politik der Eugenik im frühen 20. Jahrhundert, in der Vorstellung, man könne alle menschlichen Mängel durch Auslese des Zuchtbestandes beseitigen«, schrieb kürzlich eine US-amerikanische Gruppe von Genetikern und Hirnforschern um Avshalom Caspi und Terrie Moffit. »Ende des 20. Jahrhunderts«, so fahren sie fort, »wurde die öffentliche Meinung erneut in Richtung eines genetischen Determinismus gedrängt, indem hohe Vererbungsraten benutzt wurden, um den Glauben zu verbreiten, nicht genetische Faktoren hätten wenig Gewicht für die seelische Gesundheit und das Verhalten. Deterministische Überzeugungen sind gefährlich und begünstigen eine Politik, mit der Menschenrechte verletzt werden.«[191] Dass Gene per se kein Verhalten vorherbestimmen können, betonen auch andere anerkannte Neurobiologen, unter ihnen die deutschen Hirnforscher Gerhard Roth und Andreas Meyer-Lindenberg[192]. Gene sind molekulare Kommunikatoren und Kooperatoren: Sie reagieren auf Signale, die sich aus dem Wechselspiel zwischen Umwelt und Organismus ergeben[193]. »Gene x Environment« (Gene mal Umwelt) lautet heute die Formel, nach der sich der Einfluss der Gene bemisst.

Gene sind für sich alleine nicht im Geringsten in der Lage, die seelische Gesundheit eines Menschen zu beeinträchtigen. Wer jedoch in der Frühphase des Lebens von Vernachlässigung, schweren Stressoren oder von Gewalt betroffen war, hat dann, wenn bestimmte Gen-Varianten vorliegen, ein deutlich erhöhtes Risiko, eine psychische Störung zu entwickeln[194]. *Entscheidend ist also nicht das Gen per se, sondern sein Wechselspiel mit den Lebensumständen, denen ein Mensch ausgesetzt ist.*

Gene sind keine Autisten, die unbeeindruckt von dem, was sich in der Außenwelt ereignet, ihr Programm abspulen. Sie stehen im permanenten Kontakt mit der Umwelt, mit der sich der Organismus, dem sie dienen, auseinandersetzen muss. »Gene programmieren direkt keine Gewalt«, wie Gerhard Roth zu Recht festgestellt hat. Ihre Rolle bei der Begünstigung menschlicher Aggression besteht darin, dass sie die biologische – und damit auch die psychologische – Schmerzgrenze in Richtung höherer Empfindlichkeit verschieben.

Für alle Gen-Varianten gilt, dass sie für sich alleine aus Menschen keine Monster machen, sondern sich darauf beschränken, Einflüsse zu modifizieren, welche auf die Schmerzgrenze des Gehirns einwirken und Aggression begünstigen[195].

Die Bedeutung der Ernährung

Dass die Zusammensetzung der Nahrung Einfluss auf die Aggressionsbereitschaft eines Menschen haben soll, mag überraschen. Tatsächlich haben einige Nahrungsbestandteile jedoch eine nachgewiesene Wirkung auf den Aggressionsapparat. Die Funktionstüchtigkeit der Aggression dämpfenden, vom Stirnhirn (Präfrontaler Cortex) ausgehenden »Top Down Control« hängt, wie bereits erwähnt, von der Anwesenheit des Nervenbotenstoffes Serotonin ab. Die Synthese von Serotonin im menschlichen Körper setzt die Aufnahme einer Aminosäure[196] namens Tryptophan voraus, welche dann vom Organismus in Serotonin umgebaut werden kann. Die Aminosäure Tryptophan ist in jeder halbwegs eiweißreichen Nahrung enthalten, Tryptophanmangel spielt in unseren Breiten daher keine Rolle. Ernährt man allerdings Testpersonen über eine gewisse Zeit hinweg gezielt mit einer an Tryptophan armen Nahrung, führt dies zu einer nachweisbaren Abnahme von Serotonin. Serotonin steht dann in der bereits erwähnten »frontolimbischen Schleife« zwischen Stirnhirn und den Mandelkernen nicht mehr hinreichend als Botenstoff zur Verfügung, was zur Folge haben sollte, dass der mäßigende Einfluss der »Top Down Control« auf die Aggression vermindert ist.

Kann man Menschen schneller verärgern oder aggressiv machen, wenn sie längere Zeit eine an Tryptophan arme Nahrung genossen haben? Eine elegante Weise, dies zu testen, besteht darin, »Tryptophan-verarmte« Testpersonen das Ultimatum-Spiel spielen zu lassen[197]. Wer sich schneller als andere ärgert, sollte im Ultimatum-Spiel Angebote, die auf einer ungleichen Verteilung beruhen, die von anderen aber noch für akzeptabel gehalten werden, schneller ablehnen. Tatsächlich reagieren Personen, deren Essen längere Zeit kein Tryptophan enthielt, im Ultimatum-Spiel signifikant schneller verärgert bzw. aggressiv und weisen den ihnen vorgeschlagenen »Deal« eher zurück als »Tryptophan-gesättigte« Vergleichspersonen[198].

Beobachtungen wie im Falle eines Tryptophanmangels ließ einige Forscher weiter untersuchen, inwieweit Ernährung

Einfluss auf die menschliche Aggressivität hat. Da Tryptophan in unserer Nahrung ausreichend vorhanden ist, dürfte
diese Aminosäure in unseren Breiten kein »heißer Kandidat«
sein, der erklären könnte, warum bestimmte Jugendliche
oder Erwachsene gewalttätiger werden als andere. Wie allgemein bekannt, fehlt es vielen Menschen jedoch an einer
hinreichend mit Vitaminen, ungesättigten Fettsäuren oder
Spurenelementen angereicherten Ernährung.

Soziale Not stellt einen in Studien nachgewiesenen Einflussfaktor für die Begünstigung von Gewalt bei Jugendlichen dar. Da sich schlechter gestellte Familien oft auch qua-
litativ schlechter ernähren, ist prinzipiell vorstellbar, dass
soziale Not bei Kindern nicht nur wegen der dadurch erlebten Ausgrenzung Aggression begünstigt, sondern möglicherweise auch wegen der schlechteren Qualität ihrer Nahrung.
Bernhard Gesch von der Universität Oxford fand, dass in
einer Jugendhaftanstalt einsitzende Häftlinge mindestens
30 Prozent weniger Regelverstöße und Gewalttätigkeiten
verübten, nachdem sie über mehrere Wochen eine Nahrung
erhalten hatten, die mit Vitaminen, Spurenelementen und
ungesättigten Fettsäuren ergänzt war. Eine Kontrollgruppe,
die lediglich Placebo-Tabletten geschluckt hatte, zeigte eine
nur minimale Besserung (keiner der Jugendlichen wusste, ob
seine Tabletten Placebo oder tatsächlich ein Nahrungsergän-
zungsmittel enthalten hatten)[199]. Diese Beobachtungen wurden in einer in den Niederlanden an jungen erwachsenen
Häftlingen durchgeführten Studie kürzlich bestätigt[200].

Über welchen biologischen Mechanismus Vitamine, Spuren-
elemente und ungesättigte Fettsäuren die Gewaltbereitschaft
dämpfen, ist noch unklar. Besser zu erklären sind dagegen
Aggression begünstigende Effekte, die von zuckerreicher

Nahrung auszugehen scheinen. Eine an über 17 000 Menschen durchgeführte Studie zeigte, dass sich bei Jugendlichen, die als Kinder täglich Süßigkeiten erhalten haben, das Risiko, im Erwachsenenalter wegen Gewalttätigkeit straffällig zu werden, um das über 1,6-Fache erhöht[201]. Natürlich bedeutet dies in keiner Weise, dass jedes Kind mit täglichem Süßigkeitenkonsum später gewalttätig wird. Ebenso wenig ist garantiert, dass Kinder, die keine Süßigkeiten essen, alleine deswegen von Gewalt Abstand nehmen werden. Doch scheint kindlicher Süßigkeitenkonsum das statistische Risiko für spätere Gewaltbereitschaft zu erhöhen. Neurobiologisch lässt sich dies durchaus erklären: Süßigkeiten aktivieren die Motivations- und Belohnungssysteme des Gehirns. Kinder, die gewohnt sind, diese Systeme in kurzen Abständen permanent mit Süßigkeiten zu befriedigen, lernen nicht, einen Aufschub von Gratifikationen zu ertragen. Grundsätzlich gilt, wie Untersuchungen zeigen: Wer in frühen Kinderjahren nicht gelernt hat, die Befriedigung von Bedürfnissen aufzuschieben und – unter »Inbetriebnahme« seines Präfrontalen Cortex – Bedürfnisse aufzuschieben, der wird, sobald er den Kinderschuhen entwachsen ist, schneller aggressiv, wenn er ertragen muss, dass das Leben nicht in der Lage ist, dem jahrelang verwöhnten Motivationssystem weiterhin in kurzen Abständen den gewohnten schnellen »Kick« zu bescheren[202]. Dies scheint die Impulsivität zu erhöhen und die Gewaltbereitschaft zu begünstigen.

Alkohol und Gewalt

Auch Alkohol hat zahlreiche Effekte auf das Gehirn, was den meisten unter uns aufgrund entsprechender Selbsterfahrungen bestens bekannt sein dürfte. In niederen und mittleren Dosen erhöht Alkohol die Impulsivität, zugleich vermindert er die dämpfende »top down control« des Aggressionsapparates und beeinträchtigt die Fähigkeit, die späteren Folgen des eigenen Tuns abzuschätzen. In höheren Dosen hebt er die Steuerungsfähigkeit der Person vollständig auf. In sehr hohen Dosen hat er nur noch sedierende Effekte. Die von niederen und mittleren Dosen von Alkohol ausgehenden enthemmenden Effekte erzeugen für sich alleine gesehen noch keine Aggressionsbereitschaft, senken aber die Hemmschwelle, gewalttätig zu reagieren, wenn zugleich Auslöser vorliegen, die den Aggressionsapparat aktivieren können. Vor allem bei solchen Personen, die eine ohnehin niedere Reizschwelle haben und eine entsprechend erhöhte Aggressionsbereitschaft in sich tragen, erhöht Alkohol das Risiko, Gewalt auszuüben. Davon abgesehen, steigert Alkohol, wie Studien zeigen, zugleich auch das Risiko, Opfer von Gewalt zu werden[203].

Die Bedeutung der Erziehung

Menschliches Verhalten ereignet sich in einem neurobiologischen Rahmen, der durch *zwei Fundamentalsysteme* abgesteckt wird. Das erste ist das zentrale Trieb-, Antriebs- oder Motivationssystem. Es zielt – neben der Befriedigung von Grundbedürfnissen wie Nahrung und Bewegung – auf die Erlangung von Bindung und sozialer Akzeptanz (siehe Abbildung 1). Das zweite System, der Aggressionsapparat, dient der Abwehr von Schmerz und von sozialer Ausgrenzung (siehe Abbildung 3). *Der Aggressionsapparat steht im Dienste des Motivationssystems: Er wird aktiv, wenn durch das Antriebssystem angepeilte Triebziele gefährdet sind oder gefährdet erscheinen* (siehe Abbildungen 2 und 5). Die beiden Fundamentalsysteme sind jedoch nicht nur in gegenseitiger Dienlichkeit miteinander verschränkt. Sie können sich aufgrund des potenziell destruktiven und antisozialen Potenzials der Aggression auch in die Quere kommen. Im Konfliktfalle muss das Individuum in der Lage sein, eine Abwägung vorzunehmen und mit Blick auf das eigene Verhalten einen Kompromiss zu wählen, mit dem sich leben lässt. Eine wichtige Vermittlungsfunktion zwischen beiden Fundamentalsystemen hat das Stirnhirn, also der Präfrontale Cortex[204], der den evolutionär jüngsten Teil der Gehirns darstellt und dessen Umfang beim Menschen deutlich über das hinausgeht, was Primaten und alle anderen Säugetiere zu bieten haben.

Seine Fähigkeit, zwischen den beiden Fundamentalsystemen zu vermitteln, verdankt der Präfrontale Cortex der Tatsache, dass er durch Nervenbahnen mit beiden Systemen verbunden ist. *Wie* er vermittelt, ist keineswegs durch die Gene vorher festgelegt. Wie alle übrigen Teile des Gehirns, so unterliegen auch die Nervenzell-Netzwerke des Präfrontalen Cortex den Gesetzen der sogenannten neuronalen Plastizität: *Ob* sich die neuronalen Mikrostrukturen des Präfrontalen Cortex voll ausbilden, und *wie* seine Netzwerke gestaltet sind, ist abhängig von der Art und Weise, ob und wie sie bedient, benützt oder »in Betrieb genommen« wurden. Ähnlich wie ohne Bewegung und Training die biologischen Potenziale der Muskulatur nicht entfaltet werden, so können sich auch Nervenzellnetzwerke nur entwickeln, wenn sie benutzt und auf diese Weise eingeübt werden. Einzuüben, was die Funktionen des Präfrontalen Cortex ausmacht, nämlich zwischen den beiden Fundamentalsystemen abzuwägen, erfordert einen Prozess, den wir Erziehung nennen. *Erziehung ist die zwingende Voraussetzung für die Ausreifung des kindlichen Stirnhirns. Sie ist daher kein zur natürlichen biologischen Reifung des Kindes gegenläufiges Unternehmen, sondern eine Voraussetzung für eine gelingende menschliche Entwicklung.*

Erziehung ist ein natürliches Evolutionsprodukt. Sie ist ein facettenreicher Prozess, der beim Menschen den Schutz des wehrlosen Kindes, seine Ernährung, emotionale Zuwendung, sichere Bindungen, Identifikation mit Vorbildern und soziale Unterstützung einschließt, aber auch Kritik an nicht angepasstem, nicht sozialdienlichem Verhalten und Maßregelungen im Falle von Verstößen. Besonders wichtig ist, dass Kinder *frühzeitig* lernen, die Befriedung von Bedürfnissen aufzuschieben[205]. Erziehung wirkt auf das Gehirn in vielfältiger Weise, vor allem aber ist sie ein Trainingsprogramm für den Präfrontalen Cortex. Dieser entwickelt sich entlang der ersten Kinderjahre[206]. Sozial abgestimmte Verhaltensweisen haben zahlreiche kognitive Voraussetzungen: die Fähigkeit zur Übersicht über ein System mehrerer miteinander interagierender Menschen, die Fähigkeit, die Perspektive anderer einzunehmen, und abzuschätzen, welche Folgen das eigene Verhalten auf das Verhalten anderer haben wird. Auch bei einem optimal geförderten Kind können sich diese Fähigkeiten nur langsam, entlang eines Entwicklungs-Zeitrasters entwickeln. Kleinkinder helfen anderen gerne, auch wenn dabei kein Vorteil für sie herausspringt[207]. Solange ein Kind jedoch nicht über die notwendigen kognitiven Voraussetzungen verfügt, kann nicht erwartet werden, dass es sich in anspruchsvolleren Situationen, in denen z. B. Entscheidungen über die gerechte Verteilung von Gütern zu fällen sind, sozial verhält. Kaum sind die dafür notwendigen kognitiven Reifungsschritte aber erfolgt, verhalten sich psychisch durchschnittlich gesunde Kinder ganz überwiegend egalitär, d. h. sie verteilen Güter gleichmäßig zwischen sich und anderen[208].

Kinder und Jugendliche, die keine erzieherische Zuwendung erhalten, die vernachlässigt oder mit Gewalt traumatisiert wurden, bleiben hinter dem Entwicklungszeitplan ihres Gehirns in gefährlicher Weise zurück und entwickeln bleibende Hirnreifungsstörungen, die vor allem den Präfrontalen Cortex betreffen und derart schwerwiegend sein können, dass auch spätere Therapien oder andere Korrekturversuche nicht mehr greifen. Hier zeigt sich die fatale Seite der »Use it or lose it«-Regel der neuronalen Plastizität. Psychopathische, schwer gewalttätige Menschen zeigen nicht nur Funktionsdefizite, sondern teilweise auch Substanzeinbußen des Präfrontalen Cortex[209]. Der Mensch ist Träger eines »Social Brain«: Unsere neurobiologischen Potenziale entfalten sich nur in unterstützenden sozialen Kontexten. Menschen, die ohne solche Kontexte aufwachsen, haben später ein erhöhtes Risiko, gewalttätiges Verhalten zu entwickeln. Allerdings wird die Aggression auch dort, wo eine Gesellschaft ihren Kindern und Jugendlichen gute Bedingungen bietet, nicht verschwinden.

Wozu Aggression?

Die Aggression bliebe auch dann, wenn wir in der Lage wären, unser soziales Zusammenleben optimal zu gestalten, ein unverzichtbarer Bestandteil des menschlichen Zusammenlebens. Sie tritt regelmäßig auch dort auf, wo relativ gute soziale Bedingungen herrschen und wo neurobiologische Defizite oder psychische Störungen keine Rolle spielen. Die unverzichtbare Funktion der Aggression liegt – wie bereits dargestellt – darin, als biologisches Signal in Erscheinung zu treten, wenn die körperliche Unversehrtheit bedroht ist oder wenn Menschen sozial ausgegrenzt oder gedemütigt werden. Die Erkenntnis, die wir aus dem daraus abzuleitenden *Gesetz der Schmerzgrenze* zu ziehen haben, lautet daher: Aus Sicht des menschlichen Gehirns ist soziale Akzeptanz nicht minder überlebenswichtig wie die körperliche Unversehrtheit.

Sowohl bei physischen Bedrohungen wie auch bei sozialer Ausgrenzung wird die Schmerzgrenze tangiert, in beiden Fällen steigt das Aggressionsrisiko. Zurückweisungen oder Demütigungen durch das soziale Umfeld ereignen sich in der Familie, im Kindergarten, in der Schule, im Freundes- und Bekanntenkreis, am Arbeitsplatz oder in der Nachbarschaft. Sie vollziehen sich in der Verweigerung der persönlichen Zugewandtheit, in Schmähungen, durch Auslachen oder Verächtlichmachung, im Verbreiten von Gerüchten oder im modernen An-den-Pranger-Stellen im Internet (»Cyber-Mobbing«) oder anderen Medien. Vorgänge dieser Art bilden, wenn sie immer mehr zum »normalen« Alltagsgeschehen zu werden drohen, den Hintergrund für ein Zunehmen alltäglicher Gewalt. Wir sollten uns dessen bewusst sein.

Mit Blick auf die Schmerzgrenze besonders prekär sind Trennungserfahrungen. Die Ablösung Jugendlicher aus dem Elternhaus, Trennungen von Paaren, das Auseinanderbrechen einer Familie oder Scheitern einer Freundschaft sind unvermeidliche Ereignisse, sie sind ein Teil des Lebens. Zugleich tangieren sie in empfindlicher Weise die Schmerzgrenze und bilden, vor allem wenn sie mit Demütigungen verbunden werden, typische Auslöser für Aggression und Gewalt. Soziale Ausgrenzung und Demütigungen sind Erfahrungen, die nicht nur einzelne Menschen, sondern auch Gruppen, ja ganze Völker bzw. Nationen machen können[210].

Aggression als Signal

Die Aggression ist ein soziales Regulativ. Sie hat die Funktion, Störungen, die im sozialen Zusammenleben unvermeidlich immer wieder auftreten, zu regulieren. Dies kann jedoch nur gelingen, wenn die Aggression als ein Signal verstanden werden kann, d. h. wenn sie eine *kommunikative Funktion* erfüllt. Die entscheidende Frage ist daher nicht, ob oder wie sich die Aggression abschaffen ließe (dies zu fordern wäre nicht nur wenig erfolgversprechend, sondern auch unsinnig). Entscheidend ist vielmehr, wie sichergestellt werden kann, dass die Aggression ihrer kommunikativen Funktion gerecht wird. Kommunikative Signale können nur verstanden werden, wenn sie der Absender so aussendet, dass sie eine Chance haben, vom Empfänger verstanden zu werden. Eine ebenso wichtige Voraussetzung für einen gelingenden kommunikativen Prozess ist, dass die Empfängerseite bereit und in der Lage ist, ein eintreffendes Signal wahrzunehmen und zu verstehen. Die Verantwortung dafür, dass Kommunikation gelingt, tragen also alle Beteiligten. Das entscheidende Instrument, welches in der Lage ist, die kommunikative Funktion der Aggression sicherzustellen, ist die menschliche Sprache.

Dort, wo Kontrahenten nicht mehr miteinander sprechen, verliert die Aggression ihre kommunikative Funktion. Sie wird dann zu einem rein physischen und in der Regel ausschließlich destruktiven Geschehen. Eine letzte Rettungschance in einer solchen Situation ist die Mediation, d. h. die vermittelnde Einschaltung Dritter, die versuchen, zwischen den jeweiligen Kontrahenten zu vermitteln (Mediation ist keine spezifisch menschliche Erfindung, sie findet sich auch bei Schimpansen[211]). Wenn aggressive Handlungen nicht mehr als soziales Signal wirken, dann werden sie zum Stimulus für Gegenaggression. Auf dieser Grundlage entwickeln sich aggressive Kreisläufe, die im schlimmsten Fall erst dann enden, wenn immense Schäden angerichtet sind, alle Beteiligten aufgrund schwerster Verluste dezimiert und die Überlebenden vollkommen erschöpft sind. Zu den fatalen historischen Folgen der Darwin-Rezeption in den westlichen Ländern gehörte, dass dieser »worst case« entgleister Aggression unter der Parole »Leben heißt kämpfen« zum unvermeidlichen, »natürlichen« Geschehen erklärt wurde. Eine Variante dieser aus biologischer Sicht unzutreffenden und fatalen Einschätzung war der »Aggressionstrieb«.

4

Armut, Ungleichheit und Gewalt: Menschliche Gesellschaften an der Schmerzgrenze

Die Abschaffung der Aggression ist weder möglich noch wünschenswert. Doch ist, dem Gesetz der Schmerzgrenze folgend, eine Abnahme von Aggression zu erwarten, wo zwischenmenschliche Bindungen und gegenseitiges Vertrauen einen hohen Stellenwert haben. Mit erhöhter Gewaltbereitschaft muss dort gerechnet werden, wo Bedrohung, Ausgrenzung und Demütigung vorherrschen. Auch Armut kann, wie bereits erwähnt, Ausgrenzung bedeuten. In einer Gesellschaft, in der alle unter in etwa gleichermaßen schlechten wirtschaftlichen Bedingungen leben, fehlen jedoch die Adressaten, an welche sich die durch Armut hervorgerufene Gewaltbereitschaft richten könnte. Die Situation verändert sich jedoch, wenn ein Teil der Menschen innerhalb einer Gesellschaft von einem signifikanten Mangel an Lebenschancen und Gütern betroffen ist, während ein anderer Teil der Bevölkerung deutlich weniger oder keine Not leidet. Im Angesicht anderer, die keine Not leiden, in Armut zu leben, ist eine Ausgrenzungs- und Demütigungserfahrung mit massiver Einwirkung auf die Schmerzgrenze. In einem solchen Falle sollte daher mit einer Zunahme von Aggression und Gewalt zu rechnen sein.

Trifft dies zu? Inwieweit gilt das Gesetz der Schmerzgrenze nicht nur für Individuen, sondern auch für Gesellschaften als Ganze?

Was beeinflusst die Gewaltbereitschaft innerhalb eines Landes?

Die Gewaltbereitschaft eines Landes lässt sich objektiv erfassen, indem die Zahl der Tötungs- und Morddelikte erfasst und auf die Einwohnerzahl bezogen wird. Tötungs- und Morddelikte pro 100 000 Einwohner werden in der Fachliteratur als Homizidraten (»homicide rates«) bezeichnet. Sie zeigen zwischen verschiedenen Ländern der Erde eine erhebliche Streubreite: Die höchsten und niedrigsten Homizidraten auf dieser Erde unterscheiden sich um das bis zu über 80-Fache. Eine erste systematische Analyse aller weltweit verfügbaren Daten zur Beziehung zwischen Tötungs- und Morddelikten einerseits und Armut andererseits unternahmen 1993 die US-Forscherin Meredith Pugh und ihre taiwanesische Kollegin Ching-Chi Hsieh[212]. Die beiden Wissenschaftlerinnen fanden eine Korrelation zwischen Mord und Totschlag einerseits und dem Wohlstandsniveau eines Landes. Die Tötung- und Morddelikte korrelierten aber vor allem mit den Wohlstands*unterschieden* innerhalb eines Landes[213]: Je höher die Einkommensunterschiede eines Landes, desto häufiger sind Mord und Totschlag. Eigentumsdelikte (inklusive Raub, aber ohne Tötungen) korrelierten in der Studie von Pugh und Hsieh interessanterweise »nur« mit einem allgemein niederen Wohlstandsniveau, nicht aber mit dem Ausmaß des Wohlstands*unterschiedes*[214].

Ein Jahrzehnt später wandte sich eine weitere Gruppe von Wissenschaftlern dem Thema erneut zu[215]. Auf einer internationalen Rangliste von Ländern entlang ihrer Mord- und Totschlagsraten belegte Kolumbien mit 85 Homiziden pro 100 000 Einwohner pro Jahr den Spitzenrang. Weitere Spitzenplätze hatten Russland, Brasilien und Mexiko mit 25 bis 18 Fällen inne. Einen Mittelplatz nahmen die USA ein mit 10 Homiziden pro 100 000 pro Jahr, unmittelbar hinter Staaten wie Armenien oder Trinidad/Tobago und direkt vor Kuba (7 Fälle pro 100 000 pro Jahr). Länder wie die Schweiz, Deutschland und Japan bewegten sich im Bereich von einem Mord- oder Tötungsereignis pro 100 000 Einwohner pro Jahr und darunter. Was war der wichtigste Einflussfaktor für den Gewaltlevel innerhalb der untersuchten Länder? Über 50 Prozent der Unterschiedlichkeit (der sogenannten Varianz) der Häufigkeit von Totschlags- und Morddelikten erklärte sich durch den allgemeinen Wohlstand und durch die relative Ungleichheit des Einkommens innerhalb der betroffenen Länder.

Eine Korrelation zwischen Einkommensungleichheit und Homiziden lässt sich auch *innerhalb* großer Staaten wie den USA oder Kanada finden. Eine Analyse, in die alle US-amerikanischen Bundesstaaten und sämtlichen kanadischen Provinzen einbezogen waren, ergab eine komplett lineare Beziehung zwischen der Einkommens*ungleichheit* (wie sie innerhalb der untersuchten Bundesstaaten und Provinzen festzustellen war) und den Homizidraten[216]. Eine klare Korrelation zwischen Einkommensungleichheit und Homizidraten zeigte sich auch bei einer kürzlich durchgeführten Untersuchung, in die alle europäischen Staaten einbezogen waren[217]. Die Erklärung bildet – dies ist meine These – das Gesetz der Schmerzgrenze. »Wo größere Einkommensungleichheit herrscht«, so der britische Epidemiologe Richard Wilkinson, »dort verlieren mehr Leute ihre Jobs, ihre Einkommen, ihre Wohnung und ihre Fahrzeuge. Die *Erniedrigung durch Armut im Angesicht von Reichtum* macht Menschen verwundbar und in besonderer Weise empfindlich gegenüber dem *Gefühl, nicht geachtet zu sein.* Solche Menschen reagieren empfindlicher auf Vorfälle, die mit einem Gesichtsverlust verbunden sind.«[218] (Kursivierung durch J. B.)

Ungleichheit beeinflusst Gesundheit und Bildung

Ihren Einfluss auf die Gewaltbereitschaft übt die innerhalb eines Landes herrschende Ungleichheit von Einkommen nicht nur direkt (via Schmerzgrenze), sondern auch indirekt aus. Faktoren, welche diesen indirekten Effekt vermitteln, sind die Bereiche seelische Gesundheit und Bildung. Menschen mit seelischen Erkrankungen und fehlender Bildung sind von sozialer Ausgrenzung in besonderer Weise betroffen. Ihr Anteil an der Gesamtbevölkerung steigt, wenn Menschen unter stark ungleichen Bedingungen zusammenleben. Die Häufigkeit schwerer psychischer Störungen korreliert international gesehen nahezu linear mit der Einkommensungleichheit[219]: Länder mit einer im internationalen Vergleich relativ gering ausgeprägten Einkommensungleichheit wie Japan oder Deutschland liegen mit ihren Prozentsätzen akut psychisch erkrankter Personen bei etwa 10 Prozent und damit etwa halb so hoch wie Länder mit relativ höherer Einkommensungleichheit wie Kanada oder Neuseeland, wo die psychischen Erkrankungsraten zwischen 18 Prozent und 22 Prozent liegen. Die »Spitzengruppe« bilden Länder wie Australien,

Großbritannien und die USA, wo stark ausgeprägte Einkommensunterschiede mit hohen psychischen Erkrankungsraten um etwa 25 Prozent (!) einhergehen. Bei den Bildungschancen zeigt sich ein ähnliches Verhältnis. Die in Deutschland im internationalen Vergleich nur mittelmäßigen Schulleistungen im Bereich Mathematik und Sprachen werden interessanterweise von solchen Ländern (wie Finnland und Japan) übertroffen, die eine noch stärkere Gleichverteilung des Einkommens als hierzulande haben. Länder wie Italien, Portugal oder die USA sind uns bezüglich der Einkommensunterschiede deutlich »voraus«, weisen zugleich aber die schlechtesten durchschnittlichen Schülerleistungen aus.

Von krasser Ungleichheit zur Zerrüttung eines Landes

Menschen bedürfen – auch aus neurobiologischer Sicht – keiner Gleichheit aller. Das menschliche Gehirn sucht Herausforderungen, will sich an Aufgaben bewähren und toleriert sich daraus ergebende wirtschaftliche Unterschiede zwischen Menschen vor allem dann, wenn offensichtlich ist, dass von Einzelnen erzielte wirtschaftliche Vorteile auf einer entsprechend höheren Leistungsbereitschaft basieren. Andererseits zeigen alle vorliegenden Daten, dass eine zu große Ungleichverteilung von Vermögen und Einkommen nicht nur Gewalt fördert, sondern eine Gesellschaft insgesamt zerrüttet. Wie Untersuchungen zeigen, korrelieren Gesundheits- und Bildungsdefizite, die sich ihrerseits aus einer Ungleichverteilung von Chancen ergeben, direkt mit der Geburtenrate von Kindern sehr junger Mütter (Mädchen zwischen 15 und 19 Jahren). Die Geburtenraten jugendlicher Mütter stehen ihrerseits wiederum in einem direkten Verhältnis zu den Homizidraten[220]. Kinder, die ohne hinreichende wirtschaftliche Fürsorge, ohne stabile Bindungen und ohne Förderung heranwachsen, werden – aus den in Kapiteln 2 und 3 genannten Gründen – zu Jugendlichen und Erwachsenen mit einer besonders empfindlichen Schmerzschwelle und werden entsprechend ihren fatalen »Beitrag« zur Gewaltbereitschaft eines Landes leisten.

Die Zerrüttung einer Gesellschaft durch krasse Ungleichverteilung von Lebenschancen geht über die Bereiche Gewalt, Gesundheit und Bildung weit hinaus. Länder, die sich – unter Inkaufnahme großer Einkommensunterschiede – ein wachsendes internes Gewaltpotenzial heranziehen, haben es nicht nur mit einer wachsenden Zahl psychisch erkrankter Personen, sondern auch mit hohen Zahlen an Gefängnisinsassen zu tun. Die USA, eines der Länder mit der weltweit krassesten Ungleichverteilung von Einkommen, haben in ihren von einer »Gefängnisindustrie« betriebenen Haftanstalten knapp 600 Insassen pro 100 000 Einwohner[221] und liegen damit um das Dreifache über den Häftlingszahlen der internationalen Mittelgruppe, die von Staaten wie Israel, Großbritannien oder Neuseeland gebildet wird (mit 150 bis 200 Insassen pro 100 000 Einwohnern). Länder wie Deutschland, Schweden oder Japan bilden mit deutlich unter 100 Häftlingen pro 100 000 Einwohner das Schlusslicht dieser wenig ehrenvollen Rangliste[222]. Folgeprobleme, die sich aus der Ungleichverteilung von Lebenschancen innerhalb eines Landes ergeben, schlagen auf zahlreiche weitere Parameter des gesellschaftlichen Zusammenlebens durch, insbesondere auf den Status der Frau und auf die allgemeine (Nicht-)Beachtung von Menschenrechten[223].

Vertrauen senkt die Empfindlichkeit der Schmerzgrenze

Ein wichtiger neurobiologischer Schutzfaktor, der die menschliche Gewaltbereitschaft vermindert, ist Vertrauen. Vertrauen lässt sich als gegenseitige Vorhersehbarkeit kooperativen oder unterstützenden Verhaltens definieren, es ist ein Kernelement jeder zwischenmenschlichen Beziehung. Vertrauen steigert die Ausschüttung von Oxytozin, welches die Ansprechbarkeit des Aggressionsapparates – insbesondere die Empfindlichkeit des Angstzentrums – dämpft (siehe Kapitel 2 und 3 sowie Abbildung 3). Erlebtes Misstrauen dagegen *senkt* die Oxytozinausschüttung, erhöht den Testosteronspiegel und damit die Wahrscheinlichkeit, dass die Betroffenen ihrerseits misstrauisch oder aggressiv agieren. Vertrauen und Misstrauen sind in Experimenten testbare und insoweit auch objektivierbare Beziehungsphänomene. Anders als man intuitiv vermuten würde, spielt Vertrauen aber nicht nur im persönlichen Umfeld eine Rolle. Auch innerhalb ganzer Gesellschaften und in staatlichen Gemeinschaften herrscht ein unterschiedlich ausgeprägtes Maß an gegenseitigem Vertrauen.

Stellt man in verschiedenen Ländern unseres Globus' einer repräsentativen Stichprobe von Einwohnern die Frage »Sind Sie der Meinung, dass man den meisten Menschen vertrauen kann?«, so erhält man einen länderspezifischen Prozentsatz derer, die angeben, dies sei der Fall[224]. Die sich daraus ergebende Länder-Rangliste zeigt sehr hohe »nationale Vertrauensspiegel« (über 60 Prozent) für wohlhabende Länder wie Norwegen und Dänemark. Länder wie die USA, Deutschland und Großbritannien liegen im mittleren Bereich (mit Werten um 30 Prozent), Länder wie Südafrika, Rumänien,

Uganda und Brasilien bilden das untere Ende der Skala (mit Werten um 10 Prozent für Südafrika und Rumänien und 2 Prozent für Brasilien). Auf den ersten Blick scheint die von 29 Ländern gebildete Skala einen Zusammenhang zwischen Vertrauen und Wohlstandsniveau abzubilden. Die nähere Betrachtung zeigt jedoch Ausreißer: So zeigen Länder mit relativ geringem Wohlstand wie China und der Iran (mit ca. 50 Prozent) hohe Vertrauenslevel und liegen damit noch vor den USA und Deutschland, während ein relativ wohlhabendes Land wie Frankreich (mit ca. 20 Prozent) im unteren Drittel der internationalen Vertrauensskala rangiert. Welche Einflussfaktoren erzeugen Vertrauen? Und was ist der Grund dafür, wenn es fehlt?

Welche Faktoren beeinflussen das in einem Land herrschende Vertrauen?

Wie entsteht in einem Land Vertrauen? Diese Frage muss als derzeit noch ungeklärt betrachtet werden. Sicher spielen hier viele Einflüsse eine Rolle. Eine vom US-Forscher Paul Zak durchgeführte Analyse ergab, dass die Ernährung einen signifikanten statistischen Einfluss auf den jeweiligen »nationalen Vertrauensspiegel« hat: Je höher der Anteil an Nahrungsmitteln mit pflanzlichen Östrogenen (sogenannten Phyto-Östrogenen), desto stärker ausgeprägt scheint die Bereitschaft der Bewohner zu sein, sich gegenseitig zu vertrauen[225]. Phyto-Östrogene sind insbesondere in Sojaprodukten enthalten, aber auch in verschiedenen Gemüsearten sowie in Nüssen, Bohnen, Reis, Datteln und Tee. Östrogene erhöhen die Wirksamkeit des Vertrauenshormons Oxytozin, indem sie die Zahl der Empfängermoleküle (der sogenannten Oxytozinrezepto-ren) im Gehirn nach oben regulieren.

Ein weiterer Vertrauensbereitschaft fördernder Einfluss-faktor war merkwürdigerweise das Ausmaß der in einem Land herrschenden Umweltverschmutzung. Der Grund, so jedenfalls die Vermutung von Paul Zak, könnte die mit er-höhter Umweltbelastung durch Müll einhergehende Verbrei-tung von künstlichen Östrogenen (sogenannten Xeno-Östro-genen) sein. Wichtigste Vertreter der Xeno-Östrogene sind Pestizide (Pflanzenschutzmittel), aber auch das in sämtlichen Plastikprodukten enthaltene Bisphenol A sowie eine Reihe von Haushalts- und Industriechemikalien (Lösungsmittel etc.). Die Umstellung der Ernährung auf mehr pflanzliche Nahrungsmittel scheint also eine »vertrauensbildende Maß-nahme« zu sein. Was die Umweltbelastung betrifft, so sollte sie uns allerdings – nicht zuletzt wegen des Krebs fördernden Potenzials der erwähnten Xeno-Östrogene – weiterhin Sor-gen machen.

Gesellschaftliche Fairness: Zum soziologischen Konzept der Anerkennung

Eine Einkommens- und Vermögensungleichverteilung jen-seits der Schmerzgrenze ist mit Ausgrenzungs- und Demü-tigungserfahrungen verbunden und begünstigt die Gewalt-bereitschaft der Bevölkerung eines Landes. Von diesem Gedanken ausgehend, ergeben sich Bezüge zum Konzept der Anerkennung, wie es seit Längerem von philosophischer und soziologischer Seite vertreten wird[226]. Dass die Erlangung von Anerkennung ein zentrales Ziel gesellschaftlichen Handelns darstellt, deckt sich mit der neurobiologischen Erkenntnislage. Gesellschaftliche Anerkennung ist ein komplexes, von zahlreichen Faktoren beeinflusstes Phänomen. Der Soziologe Wilhelm Heitmeyer unterscheidet eine »positionale«, eine »moralische« sowie eine »emotionale« Form der Anerkennung[227]. »Positionale« Anerkennung meint die Teilhabe an den materiellen und kulturellen Gütern einer Gesellschaft, »moralische« Anerkennung die Möglichkeit, am politischen Diskurs teilnehmen zu können, gehört zu werden und mitentscheiden zu können. Mit »emotionaler« Anerkennung beschreibt Heitmeyer das Bedürfnis eines jeden Menschen, im persönlichen bzw. privaten Umfeld Wertschätzung zu erleben und sinnstiftende Erfahrungen machen zu können. Die drei Anerkennungsbereiche stehen untereinander in engem Zusammenhang.

Auch in unserem Land wünschen sich Menschen Anerkennung und faire Teilhabe[228]. Doch was sind die pragmatischen Konsequenzen aus der Erkenntnis, dass dieses Ziel noch nicht hinreichend eingelöst ist? »Mit der Erwartung einer gerechteren Welt ist die Welt noch nicht gerechter geworden«, wie es Bernhard Schlink treffend formulierte[229]. Das Konzept, Anerkennung für die Benachteiligten einzufordern, ist einleuchtend, doch an wen appelliert es in einem Land mit demokratischen Strukturen? Das soziologische Anerkennungskonzept entwirft implizit ein Bild, in dem sich zwei Gruppen gegenüberstehen: Auf der einen Seite Akteure, die vorhandene gesellschaftliche Güter verwalten und diese – im Falle ungerechter gesellschaftlicher Verhältnisse – zurückhalten. Auf der anderen Seite Anspruchsberechtigte in klagender Wartestellung, die nicht erhalten, was ihnen zusteht. Für Schwächere einzutreten – vor allem wenn es sich um Kinder und Jugendliche handelt – ist wichtig und richtig. Doch sollten wir darauf achten, dass das Anerkennungskonzept, indem es die sozial Schwächeren sozusagen mit moralischer Legitimation »abfüttert«, nicht eine passive Haltung verstärkt, anstatt die Betroffenen zu ermutigen, sich auf den Weg zu machen[230]. Wer soll in einem demokratischen Land die Voraussetzungen für Partizipation schaffen und berechtigte Ansprüche realisieren, wenn die Betroffenen – wir alle – nicht selbst aktiv werden?[231]

Einer Position der Verteilungsgerechtigkeit, wie sie von Wilhelm Heitmeyer und Axel Honneth vertreten wird, steht im derzeitigen öffentlichen Diskurs unseres Landes eine Gegenposition gegenüber, die u. a. von Peter Sloterdijk formuliert wurde. Er beansprucht, für jene zu sprechen, die behaupten, einen besonderen, überdurchschnittlichen Beitrag bei der Erwirtschaftung von materiellen und nichtmateriellen Gütern zu leisten und die dafür eine angemessene Gratifikation erwarten[232]. Hinter der Bühne, auf der diese beiden Positionen derzeit diskutiert werden, verbirgt sich eine tiefer gehende globale Problematik: Unsere in starker Vermehrung befindliche Spezies befindet sich in einem Wettlauf mit den Problemen, die sich ihr aufgrund eines wachsenden Ressourcenmangels entgegenstellen, und der Suche nach immer wieder neuen, intelligenten Lösungen, die wir zur Lösung eben dieser Probleme benötigen (wobei viele technisch-industrielle Lösungen inzwischen ihrerseits selbst neue Probleme verursachen). Dies bedeutet, dass parallel zur Frage der gerechten Verteilung von Gütern und Lebenschancen ein mindestens ebenso bedeutsamer eigenständiger Prozess darauf gerichtet ist, die für unser Überleben erforderlichen Ressourcen überhaupt erst bereitzustellen (bevor sie mehr oder weniger gerecht verteilt werden können). Dieser Prozess verlangt von Menschen, die demokratisch partizipieren und nicht abgekoppelt werden wollen, dass sie in der Lage und bereit sind, für den Prozess der Ressourcenerwirtschaftung mehr zu tun als das Allernötigste.

Die Mitwirkung bei der Ressourcenerwirtschaftung und der Steuerung unserer gesellschaftlichen Entwicklung bedeutet, sich erheblichen Anstrengungen und Anpassungen zu unterziehen, die deutlich über das hinausgehen, was unserer Spezies evolutionär bisher zugemutet worden war. Partizipation beinhaltet in unserer derzeitigen globalen Situation den mühsamen Weg durch lange Bildungs- und Ausbildungswege, die Bereitschaft zur Mobilität und eine bis an die Grenze der Belastbarkeit gehende Verausgabungsbereitschaft für die berufliche Arbeit. Für ein tieferes Verständnis unserer derzeitigen Situation ist es notwendig, einen Konflikt zu beschreiben, der sich daraus ergibt, dass wir als Spezies einerseits zu Kooperation und Fairness neigende neurobiologische Anlagen haben, andererseits aber in einer realen, technisch aufgerüsteten Welt der knappen Ressourcen leben, in der nicht nur die gerechte Verteilung von Gütern, sondern auch deren Bereitstellung eine immer schwierigere Aufgabe geworden ist.

5

Auf der Suche nach unseren Ursprüngen oder: Der Mensch vor und nach der neolithischen Revolution

Mythenbildungen zum Phänomen der Aggression waren nicht auf die Erfindung eines »Aggressionstriebes« beschränkt. Wer den modernen Menschen als blutrünstige Mörder- und Kriegernatur darstellen möchte, wird versuchen, dies auch anhand der Vorfahren des heutigen Menschen zu belegen. Schimpansen als unsere biologisch nächsten Verwandten werden gerne ergänzend in eine solche Argumentation einbezogen. Einer in den angloamerikanischen Ländern propagierten Theorie zufolge seien die Vorläufer des Homo sapiens evolutionär als Jäger und Krieger selektiert worden. Dies habe im Menschen eine Lust am Jagen und Töten entstehen lassen, aus der heraus sich dann auch eine gegen Angehörige der eigenen Spezies gerichtete Mordlust entwickelt habe. Diese Theorie ist reine Spekulation, sie ist durch keine belastbaren Befunde gesichert und bei den Fachleuten dieses Gebiets, den Archäologen und Paläoanthropologen, daher umstritten[233]. Auch was in den zurückliegenden Jahren zur angeblichen Aggressivität und Mordlust der Schimpansen berichtet wurde, beruht auf Berichten, die eine kritische Hinterfragung verdienen. Wie lebten die evolutionären Vorfahren des heutigen Menschen, nachdem sie vor rund 7 Millionen Jahren begonnen hatten, sich von den Vorfahren der heutigen Schimpansen getrennt zu entwickeln?

Das Bindeglied zwischen Mensch und Affe: der Australopithecus

Nachdem Charles Darwin den gemeinsamen Stammbaum zwischen Affen und Menschen erkannt hatte, machten sich Archäologen weltweit auf die Suche nach Überresten eines Wesens, welches das evolutionäre Bindeglied zwischen Affe und Mensch gewesen sein könnte. Bei diesem »missing link« musste es sich um ein Halb-Affe-halb-Mensch-Lebewesen handeln. Der Erste, dem der aufregende Fund eines solchen Wesens gelang, war Raymond Dart (1893–1988), ein aus Australien stammender Mediziner mit Interesse an Fragen der Paläoanthropologie. Dart war 1923 Professor für Anatomie an der Universität Witwatersrand in Südafrika geworden. Seine Berufung dorthin, die er zunächst verfluchte und der er nur auf Drängen seiner akademischen Lehrer gefolgt war, sollte ihn berühmt werden lassen. Immer wieder landeten auf dem Tisch seines anatomischen Instituts in Südafrika Knochen, die ihm Arbeiter aus einem Steinbruch nahe der Ortschaft Taung zuleiteten. Im Jahre 1924 hatte Dart den Schädel eines zum Todeszeitpunkt etwa drei Jahre alten Kindes vor sich, der 2,5 Millionen Jahre alt war und nach anatomischen Maßstäben weder Affe noch Mensch, sondern das lange gesuchte »missing link« war: »Das Kind von Taung« gehörte einer Spezies an, der Dart die Bezeichnung »Australopithecus africanus« gab (Australopithecus heißt zu Deutsch »südlicher Affe«)[234]. Nach Darts Entdeckung wurden zahlreiche weitere Australopitheken gefunden, darunter in Äthiopien die berühmt gewordene »Lucy«, die einer noch älteren Australopithecus-Art (»Australopithecus afarensis«) angehörte[235] (siehe Abbildung 7).

Auf der historischen Zeitachse liegen die Australopitheken »auf halber Strecke« zwischen Primaten-Affen und den ersten Vorläufern des Menschen. Sie lebten in einer Zeitspanne zwischen 4 und etwa 1,2 Millionen Jahren vor unserer Zeit[236]. Sie waren zierliche Wesen, die aufrecht gehen konnten. Sie lebten wie ihre Vorgänger, von denen auch die heutigen Schimpansen abstammen, in Gruppen. Vermutlich konnten sie Stöcke, unbehauene Steine und die Knochen von Tieren als Werkzeuge benutzen. Die Fähigkeit, sich gezielt eigene Werkzeuge herzustellen, hatten sie aber noch nicht entwickelt. Auch kontrolliertes Feuer stand ihnen nicht zur Verfügung. Ihre Körpergröße maß weniger als 1,50 Meter, ihr Körpergewicht betrug rund 30 Kilogramm. Australopithecus afarensis und A. africanus fehlten sämtliche körperlichen Merkmale einer jagenden Spezies. Insbesondere hatten sie – ähnlich dem modernen Menschen – kleine Zähne ohne starke Eckzähne, die sich in keiner Weise eigneten, rohes Fleisch vom Knochen eines größeren Tieres abzuscheren. Ähnlich wie bei den heutigen Schimpansen standen vermutlich zwar Insekten (z.B. Ameisen) und kleine Tiere als eiweißreiche Nahrungsergänzung auf dem Speiseplan. Überwiegend aber ernährten sie sich von pflanzlicher Kost. Dass den zierlichen Australopitheken sämtliche Voraussetzungen für ein Jägerdasein fehlten, hielt einige Forscher nicht davon ab, sie zu blutrünstigen Bestien zu machen.

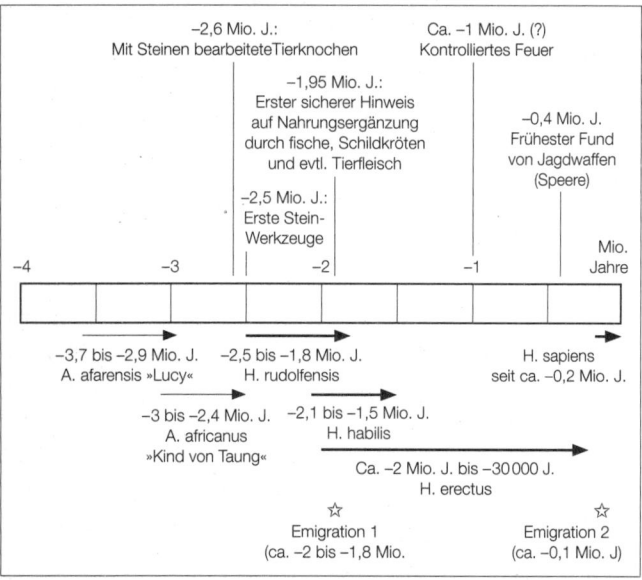

Abbildung 7: Darstellung der Zeitachse mit den Vorläufern des heutigen Homo sapiens. Auf den Australopithecus afarensis und A. africanus folgten Homo rudolfensis, Homo habilis und Homo erectus. Letzterer war der Vorgänger sowohl für den Neandertaler als auch für den Homo sapiens. Vermutet werden zwei Emigrationswellen (Sternchen) aus Afrika hinaus (Conard und Kollegen, 2009). Eine erste, auf etwa 2 bis 1,8 Millionen Jahre vor unserer Zeit datierte Welle (E1) führte zur Ausbreitung des Homo erectus. Eine zweite Emigrationswelle (E2) begann vor etwa 125 000 Jahren (Armitage und Kollegen, 2011) und führte zur globalen Ausbreitung des Homo sapiens. Im Nahen Osten lebten Neandertaler, die Afrika bereits vor dem Homo sapiens verlassen hatten, und H. sapiens zwischen 90 000 und 40 000 Jahren vor unserer Zeit friedlich zusammen. Auch in Europa gab es über mehrere Tausend Jahre eine friedliche Koexistenz. Der Neandertaler starb vor ca. 30 000 Jahren aus. Australopithecus afarensis und A. africanus ernährten sich wie Schimpansen überwiegend pflanzlich, ebenso der Homo rudolfensis. Fleisch-Beikost (vor allem Fisch und andere Wassertiere) in stärkerem Umfang wird erst für den Homo habilis angenommen. Jagd auf Wild in größerem Stil ist erst nach Beherrschung des Feuers und nach Entwicklung von Jagdwaffen anzunehmen. Die weltweit frühesten Funde von Waffen, die sich für die Jagd nach Wild eignen, sind die bei Schöningen (Landkreis Helmstedt) gefundenen Speere mit einem Alter von maximal 400 000 Jahren.

Unsere Vorfahren: Jäger oder Gejagte?

Raymond Dart, der Erstentdecker unserer zierlichen afrikanischen Vorfahren, entdeckte im weiteren Verlauf seiner Forschungen eine Fundstätte, bei der er einen Mix aus Australopithecus- und verschiedenen Tierknochen vorfand. Daraus schloss er, dass Australopitheken Jäger waren. Dass er am gleichen Fundort auch einen beschädigten Australopithecus-Schädel antraf, interpretierte er dahingehend, dass Australopitheken in ihrer Blutrünstigkeit nicht nur Tiere, sondern sich auch gegenseitig zur Strecke gebracht hätten[237]. Diese Interpretation sollte sich später in einer ironischen Wendung als definitiv falsch erweisen. Doch die Geschichte unserer blutrünstigen Vorfahren regte die Fantasie zu sehr an, als dass sie zu stoppen gewesen wäre. Robert Ardrey (1908–1986), einer der meistgelesenen US-amerikanischen Stückeschreiber und Buchautoren seiner Zeit, wurde auf Darts Publikationen aufmerksam und verfasste unter ausdrücklicher Bezugnahme auf Dart seinen Bestseller »African Genesis«, dem er zwei weitere Werke ähnlichen Inhalts folgen ließ[238]. Seine Bücher, die auch zur Grundlage einiger Filmproduktionen wurden, verkündeten, unsere evolutionären Vorfahren seien Jäger, Räuber und Mörder gewesen. So wurde diese Botschaft innerhalb kürzester Zeit weltweit – auch in der Wissenschaftsszene – zur herrschenden Meinung.

Raymond Darts und Robert Ardreys Interpretationen sollten eine Bauchlandung erleben. Der aus Südafrika stammende Wissenschaftler Charles Kimberlin Brain machte sich an eine Nachuntersuchung des Mixes aus Australopithecus- und tierischen Knochen, auf die Dart und Ardrey ihre Jäger- und Kriegerhypothese gestützt hatten. Brain wies nach, dass

Darts Fund nicht etwa der Mittagstisch Fleisch verzehrender Australopitheken war, sondern dass hier im Gegenteil einer unserer evolutionären Vorfahren wilden Tieren, vermutlich einigen Raubkatzen oder Hyänen, als kulinarische Stärkung gedient hatte[239]. Die Knochenüberreste des Australopithecus zeigten Spuren, die typisch für die »Fingerabdrücke« waren, welche Raubtiere und Aasfresser an den Knochen ihrer Opfer hinterlassen. Tatsächlich waren Australopithecus afarensis und A. africanus nicht Jäger, sondern Gejagte[240]. Doch Brains Befunde blieben lange unbeachtet, denn sie passten nicht in das bis dahin vorherrschende und lieb gewonnene Bild. Noch bevor Brain seine Analysen publizieren konnte, hatte der US-Anthropologe Sherwood Washburn (1911–2000) ein viel gelesenes Buch geschrieben, welches den Titel »Man The Hunter« (Der Mensch – ein Jäger) trug und in dem er die Thesen von Raymond Dart und Robert Ardrey nochmals in aller Breite wiederholte[241].

»Demonic Males«: Dämonische männliche Wesen

Den Höhepunkt der Mythologisierung unserer evolutionären Vorfahren als aggressive Ungeheuer bildete ein 1996 von den US-Amerikanern Richard Wrangham und Dale Peterson vorgelegter Bestseller »Demonic Males« (Dämonische männliche Wesen)[242]. Das Werk verbreitete die Theorie, Menschen und Schimpansen sei durch ihren evolutionären Werdegang eine genetisch fixierte Lust an Gewalt und am Töten angezüchtet worden. Das männliche Geschlecht kommt bei Wrangham und Peterson besonders schlecht weg: Sie erklärten, beide Spezies seien gemäß einer fixierten biologischen

Programmierung durch das jeweils männliche Geschlecht dominiert. Die von Wrangham und Peterson aufgestellten Behauptungen passten, wie die bereits erwähnten Vorgängerbücher, ausgezeichnet in eine vom amerikanischen Raubtierkapitalismus geprägte Welt.

Zum Szenario der »Demonic Males« passten die von den Biologen Edward O. Wilson und Richard Dawkins schon rund zwanzig Jahre zuvor entwickelten soziobiologischen Theorien vom angeblichen »Egoismus« der Gene. In seinem Buch »Sociobiology« erklärte Wilson, wie ein Jahr später auch Dawkins, Organismen hätten kein anderes Ziel als jenes, ihre Gene weiterzugeben[243]. Ein den Genen von Natur aus eingebauter Egoismus sei der Grund, warum spontane Aggressivität und die Errichtung von Dominanzhierarchien universale, auch beim Menschen biologisch verankerte Verhaltensmerkmale seien. Kooperatives Verhalten, so Wilson und Dawkins, habe sich nur deshalb entwickelt, insoweit es hilfreich für die Verbreitung der eigenen Gene gewesen sei. Daher gebe es Kooperation nur zwischen genetisch Verwandten oder Partnern, die sich reziprok dienlich seien. Edward Wilsons und Richard Dawkins' Theorie vom angeblichen Egoismus der Gene mitsamt den daraus abgeleiteten weiteren soziobiologischen Dogmen über die Natur des Menschen haben sich als unhaltbar erwiesen. Zentrale soziobiologische Dogmen wurden kürzlich in einer spektakulären Mitteilung unter Mitwirkung von Wilson für obsolet erklärt.[244]

Das Biotop des Australopithecus

Die Annahme einer im Menschen und Schimpansen biologisch verankerten Aggressionslust war in keiner Weise evi-
denzbasiert. Die Theorie war vor allem eine Extrapolation
der angloamerikanischen Weltsicht. Die Annahmen, die Dart,
Ardrey, Washburn, Wrangham und Peterson zu der Schluss-
folgerung kommen ließen, bei unseren evolutionären Vorfahren sei über Jahrmillionen ein Jagdfieber herangezüchtet
worden, welches beim Menschen eine spontane Aggressions-
und Tötungslust habe entstehen lassen, sind reine Spekulation[245].

Wie die meisten anderen Affenspezies, so lebten auch die
gemeinsamen Vorfahren des Menschen und der Schimpansen in den Bäumen afrikanischer Urwälder. Beginnend vor
12 Millionen Jahren bis zu einem Zeitpunkt vor rund 5 Millionen Jahren vor unserer Zeit wurde das afrikanische Klima
deutlich trockener, was zur Folge hatte, dass die Wälder
zurückgingen und eine gestrüppreiche Übergangszone zwischen Wald und dem Grasland der Savanne zurückließen.
Der Lebensraum der im Urwald lebenden Primaten
schrumpfte empfindlich. Es waren, so darf wohl angenommen werden, nicht die körperlich Stärksten, die angesichts
der zurückgehenden Waldbiotope gezwungen waren, zu
Migranten zu werden und aus den vermutlich übervölker-
ten Urwäldern in die Übergangszone auszuweichen. Die
Übergangszone bot verschiedene, teils aus dem Grasland,
teils aus der Waldzone stammende pflanzliche Nahrungsquellen. Sie war aber erheblich gefährlicher, da es keine
Schutzbereiche gab, wie sie die Baumnester im Urwald bieten konnten.

Die Jagd auf Wild war für den Australopithecus afarensis und den auf ihn folgenden Australopithecus africanus wegen fehlender körperlicher Voraussetzungen (kleine Statur, für den Verzehr von rohem Fleisch ungeeignetes Gebiss) und nicht vorhandener technischer Mittel (keine Jagdwerkzeuge, kein kontrollierter Feuergebrauch) *keine* Option[246]. Die Ernährung der Australopitheken glich weitgehend jener der heutigen Schimpansen, von deren Vorfahren die damaligen Steppensiedler abstammten. Schimpansen sind, obwohl sie ab und zu kleine Tiere jagen[247] und gerne Insekten (vor allem Ameisen) vertilgen, im Wesentlichen Vegetarier. Sie beziehen 97 Prozent ihres Kalorienbedarfs aus nichtfleischlicher Nahrung, insbesondere aus Früchten, Blättern, Blüten, Nüssen und Samen[248]. Entsprechend war auch der Speiseplan der Australopitheken ausgerichtet. Kleine Tiere ergänzten auch bei ihnen das Nahrungsangebot, den Schwerpunkt aber bildete vegetarische Kost.

Das Früchteangebot der Savanne war – verglichen mit dem des Urwaldes – allerdings erheblich reduziert. Doch unsere Vorfahren zeigten Intelligenz und erschlossen sich eine wichtige neue Nahrungsressource: Sie begannen nach nährstoff-, flüssigkeits- und kohlehydratreichen Knollen und Zwiebeln (sogenannten »plant underground storage organs«, kurz USOs) zu suchen[249]. Um diese auszugraben [250], benutzten sie vermutlich auch die Knochen, die sie sich von den Skeletten von Tierkadavern besorgten[251]. Der Gebrauch von Knochenwerkzeugen zur Gewinnung von »pflanzlichen Überdauerungsorganen« (so die charmante, aber korrekte deutsche Bezeichnung für USOs) sollte sich in späteren Phasen der Evolution fortsetzen und findet sich bei einigen afrikanischen Jägern und Sammlern noch heute[252].

Nichts spricht dafür, dass unsere vormenschlichen Vorfahren, die Australopitheken, blutrünstige Jäger waren oder sich gegenseitig nach dem Leben trachteten. Fleischverzehr spielte, wie bereits erwähnt, nur eine geringe Rolle[253]. Großes Aufsehen erregte ein kürzlich publizierter Bericht, wonach sich an zwei 3,4 Millionen Jahre alten, also aus der Zeit des Australopithecus afarensis stammenden Tierknochen Kratzspuren fanden, die belegen sollten, dass der Australopithecus afarensis Huftiere gejagt und Fleisch verzehrt habe[254]. Die angebliche Sensation erwies sich als Fantasieprodukt: Die Kratzspuren an den tierischen Knochen zeugten nicht, wie behauptet, von einer Bearbeitung mit Werkzeugen, sondern waren Zufallsartefakte[255].

Selbst wenn sich der Befund nicht als Irrtum erwiesen hätte, wäre er nicht in der Lage gewesen, Jagdverhalten oder Fleischverzehr zu beweisen. Denn von Raubtieren zurückgelassene, ausgeweidete Tierkadaver dürften für unsere findigen Vorfahren wegen des wertvollen Knochenmarks eventuell eine interessante Nahrungsquelle gewesen sein. Außerdem konnte man die Knochen als (unbearbeitete) Werkzeuge benutzen. Früheste Hinweise, die einen Verzehr von Fleisch größerer Tiere durch Australopitheken als möglich erscheinen lassen, datieren auf 2,6 Millionen Jahre vor unserer Zeit (kurze Zeit später wurde der Australopithecus afarensis durch den Homo rudolfensis abgelöst): In einer äthiopischen Ausgrabungsstätte fanden sich Knochen von Huftieren, die – in diesem Falle konnten Zufallsartefakte ausgeschlossen werden – tatsächlich mit Steinen bearbeitet worden waren, um Fleisch abzulösen[256].

Homo rudolfensis: Werkzeugmacher betreten die Bühne

Das Auftauchen eines ersten menschenartigen Wesens, welches sich durch entsprechende Bearbeitung gezielt Werkzeuge aus Stein herstellte, bedeutete eine Zäsur: 2,5 Millionen Jahre vor unserer Zeit betrat der Homo rudolfensis die afrikanische Bühne. Ihm folgte, beginnend 2,1 Millionen Jahre vor unserer Zeit, der Homo habilis und vor 1,8 Millionen Jahre schließlich der Homo erectus (letzterer war die erste Homo-Spezies, die Afrika verließ und sich bis nach Europa und Asien ausbreitete).

Der durch die Werkzeugherstellung markierte Entwicklungsschritt bedeutete allerdings nicht die Verwandlung unserer evolutionären Ahnen von friedlichen Gemeinschaftswesen in Schrecken verbreitende »Demonic Males«. Die Jagd spielte weiterhin noch keine herausragende Rolle. Der Homo rudolfensis ernährte sich, soweit derzeit bekannt, überwiegend pflanzlich. Der Übergang zum Homo habilis war jedoch von einer deutlichen Zunahme des Anteils von Nahrung tierischer Herkunft begleitet. Vor allem Wassertiere scheinen für die Ernährung jetzt eine besondere Rolle gespielt zu haben. Ein kürzlich entdeckter 1,95 Millionen Jahre alter Fundort in Kenia, der als ein am Wasser gelegener prähistorischer Verarbeitungsplatz von Tieren identifiziert werden konnte, brachte Reste von Fischen, Schildkröten und Reptilien ans Licht[257]. Auch Knochen verschiedener Landtiere (u.a. von Antilopen) wurden gefunden. Als ein eindeutiger Beweis für Jagdverhalten konnte aber selbst dieser Befund nicht herhalten[258].

Voraussetzungen für die Jagd in größerem Stil:
Feuer und Jagdwaffen

Eine der beiden Voraussetzungen, welche die Jagd nach größeren Tieren zu einem erfolgversprechenden und lohnenden Unterfangen machte, lag erst vor, nachdem es dem Homo erectus erstmals gelungen war, Feuer unter seine Kontrolle zu bringen. Für unsere evolutionären Vorfahren galt, was auch für heutige Menschen gilt: Erst die vorherige Garung durch Erhitzung machte Muskelfleisch zu einer interessanten Nahrungsquelle im größeren Stil. Allerdings ist die Frage, seit wann der Homo erectus in der Lage war, Feuer zu kontrollieren, unter Fachleuten bis heute umstritten. Eine sichere Bewertung von Hinweisen (Feuerstellen etc.) scheint schwierig zu sein. Viele angebliche Funde werden innerhalb der Fachwelt angezweifelt. Die Datierungen schwanken zwischen Zeitpunkten von 1,4 Millionen Jahren und 400 000 Jahren vor unserer Zeit[259]. Eine zweite Voraussetzung für eine erfolgversprechende Wildjagd sind Jagdwaffen. Große Landbeutetiere sind schnelle Läufer und in der Regel nur mit Speeren oder Pfeilen zu erlegen. Die weltweit frühesten Funde von Jagdwaffen sind – nach derzeitigem Kenntnisstand – Speere, die auf einen maximal 400 000 Jahre zurückliegenden Zeitraum datieren[260].

Das evolutionäre Erfolgsrezept des Menschen: Zusammenhalt und Intelligenz

Die Jagd, die unsere menschlichen Vorfahren nach Meinung einiger Mythenbildner zu einem aggressiven, von Mordlust getriebenen »man the hunter« (»Der Mensch – ein Jäger«) gemacht haben soll, dürfte – bei kritischer Betrachtung der belastbaren Beweise – frühestens in den letzten etwa 400 000 Jahren in größerem Umfang stattgefunden haben[261]. Bis dahin jedenfalls waren unsere Ahnen – über mehrere Millionen Jahre hinweg – nicht »man the hunter«, sondern »man the hunted«: Also nicht *nicht Jäger, sondern Gejagte.*

Das evolutionäre Erfolgsrezept des Menschen war weder Kraft noch Mordlust, sondern Intelligenz und Kooperation. Eine über Jahrmillionen verankerte Ausrichtung auf sozialen Zusammenhalt kann nicht innerhalb weniger Hunderttausend Jahre ins komplette neurobiologische Gegenteil gedreht werden. Im Übrigen bestand dazu – jedenfalls vor dem Beginn der zivilisatorischen Entwicklung vor rund 12 000 Jahren – auch kein Grund. Tatsächliche Hinweise darauf, dass die Jagd den präzivilisatorischen Menschen zu einem besonders gewalttätigen Wesen gemacht hätte, fehlen jedenfalls vollständig. Eine entscheidende, tiefe Zäsur, was die Beziehung des Menschen zur Gewalt betrifft, war jedoch die sogenannte neolithische Revolution, die den Beginn der zivilisatorischen Entwicklung der Menschheit markieren sollte und der wir uns am Ende dieses Kapitels zuwenden werden.

Schimpansen, eine aggressive Spezies?

Was ist von Theorien zu halten, die sich in den letzten Jahren um das angebliche aggressive Verhalten von Schimpansen entwickelt haben? Immer wieder wurde und wird über eine angeblich natürliche spontane Aggressivität der Schimpansen berichtet. Auch dies sollte als Argument für eine evolutionär begründete, primär aggressive Natur des Menschen dienen. Ein aggressives Szenario in Schimpansen-Biotopen beschreiben insbesondere Richard Wrangham und Dale Peterson in ihrem bereits erwähnten Werk »Demonic Males«. Als Begründung dienten ihnen Berichte aus afrikanischen Schimpansenreservaten, die unter enger menschlicher Beobachtung und Betreuung stehen.

Robert Sussman und Joshua Marshack wiesen kürzlich darauf hin, dass einige, wenn nicht gar die meisten in »Demonic Males« geschilderten Vorfälle von den Autoren offenbar fabriziert wurden[262]: So wurde ein tot aufgefundener, unverletzter Schimpanse von Wrangham und Peterson zu einem Mordopfer erklärt, ohne zu berücksichtigen, dass es sich um ein außerordentlich altes Tier handelte, das mit seinen 35 Jahren schon jenseits der durchschnittlichen Lebenserwartung eines Schimpansen von etwa 33 Jahren lag und vermutlich eines natürlichen Todes gestorben war. Ein weiteres tot aufgefundenes Tier wurde von ihnen zum Opfer eines »big fight« erklärt, eines Kampfes also, den jedoch niemand gesehen hatte. Sechs aus einem Reservat verschwundene männliche Tiere wurden von Wrangham und Peterson kurzerhand als getötet erklärt, obwohl keinerlei Hinweise darauf vorlagen und eines der Tiere später an einem anderen Ort lebend gesichtet wurde.

Die Tendenz zu Übertreibungen, die einen biologisch verankerten Aggressionstrieb bei der uns am nächsten stehenden Spezies belegen sollen, ist auffallend. So wurde die Tatsache, dass es in einem etwa 40 Quadratkilometer großen
Areal eines Reservats – innerhalb eines Zeitraums von insgesamt 10 Jahren – zu insgesamt gerade einmal 18 Vorfällen
kam, in denen Tiere ihre Artgenossen schwer verletzt oder
getötet hatten, als Hinweis auf eine allgemeine Tendenz zur
tödlichen Aggression zwischen unterschiedlichen Gruppen
von Schimpansen interpretiert[263]. Eine Analyse von Robert
Sussman und Joshua Marshack ergab, dass sich innerhalb
von Reservaten während insgesamt 215 aufaddierten Beob-
achterjahren etwa 12 Fälle von Tötungen durch Artgenossen
ereignet haben, was unter Berücksichtigung der Gesamtzahl
der Tiere statistisch bedeutet, dass ein einzelnes Tier alle 7,5
Jahre einen Artgenossen tötet[264]. Völlig unklar ist zudem,
welche Rolle die Tatsache spielt, dass die Tiere unter menschlicher Obhut stehen.

Die Frage, inwieweit die sich zwischen Menschen und
Schimpansen in Reservaten abspielenden Interaktionen einen
Beitrag zu aggressiverem Verhalten von Schimpansen leisten,
wurde in einem lesenswerten Buch von Margaret Power[265]
reflektiert. Jane Goodall, die durch ihre Arbeit im afrikanischen Schimpansen-Reservat Gombe international bekannt
wurde, hat beim Verhalten der von ihr beobachteten Tiere im
Verlauf der Zeit einen Wandel festgestellt, der zu denken geben sollte. In den Anfangsjahren ihrer Forschungstätigkeit, so
schrieb sie 1986, seien die Tiere ausgesprochen friedlich gewesen, »weit friedfertiger als Menschen«[266]. Dies entspricht
auch den Schilderungen anderer Autoren. In dieser frühen
Zeit wurde sogar beobachtet, dass sich Tiere getrennt leben-

der Gruppen zu friedlichen Zusammenkünften trafen und dabei regelrechte Grußrituale austauschten[267]. In späteren Jahren jedoch – inzwischen hatte Jane Goodall in Gombe mit einer kontrollierten und rationierten Fütterung der Tiere begonnen – habe deren Verhalten, so Goodall, ein völlig anderes Bild geboten: »Die konstante Fütterung der Schimpansen hatte einen markanten Effekt auf deren Verhalten. Sie begannen jetzt weit öfter als früher in großen Gruppen umherzuziehen. Am schlimmsten aber war, dass die erwachsenen Männchen zunehmend aggressiv wurden«[268].

Wild lebende Schimpansen sind Gemeinschaftstiere und zeigen in erheblichem Umfang selbstloses und kooperatives Verhalten[269]. Die Regeln, nach denen Schimpansen aggressives Verhalten einsetzen, sind leider wenig erforscht. Die Lektüre einer amüsanten Schilderung von Charles Darwin, der von einem im Zoo gehaltenen Primatenweibchen berichtete, das wütend reagierte, wenn sich ihr männlicher Wärter zu sehr mit anderen Weibchen der Gruppe beschäftigte[270], lässt vermuten, dass die Aggressionsauslöser bei diesen Tieren von denen des Menschen nicht weit entfernt sind. In dem von Darwin berichteten Falle war der Auslöser Eifersucht, also die subjektiv erlebte Gefährdung einer Bindung[271]. Auch bei den von Jane Goodall beobachteten Schimpansen von Gombe spielten Interaktionen zwischen Mensch und Tieren ganz offensichtlich eine wichtige Rolle für die Veränderung ihres ursprünglich eher friedlichen Verhaltens.

Evolutionär angekommen: der Homo sapiens

Die evolutionäre Entwicklungsstufe des Homo sapiens war vor etwa 200 000 Jahren (möglicherweise auch etwas später) erreicht. Das Auftauchen der Gattung Homo außerhalb ihrer evolutionären Geburtsstätte Afrika geht auf mindestens zwei Auswanderungswellen zurück, die vermutlich durch Hitzeperioden ausgelöst wurden[272]: Eine erste Migrationswelle von Vertretern des Homo erectus verließ den Schwarzen Kontinent vor etwa 2 bis 1,8 Millionen Jahren (u. a. in Richtung Asien, wo früheste Funde des Homo erectus auf 1,8 Millionen Jahre vor unserer Zeit datieren). Eine letzte Auswanderungswelle setzte vor etwa 125 000 Jahren vor unserer Zeit ein, als der »moderne« Typ des Homo sapiens begann, sich außerhalb Afrikas auszubreiten[273], um schließlich die ganze Welt zu besiedeln (auf die Tatsache, dass Homo sapiens sowohl im Nahen Osten als auch in Europa über Tausende von Jahren mit dem vor ca. 30 000 Jahren ausgestorbenen Neandertaler friedlich zusammenlebte, gehe ich hier nicht weiter ein; der Neandertaler hatte sich lange vor dem Homo sapiens außerhalb Afrikas ausgebreitet, der Zeitpunkt ist unsicher).

Wie gestaltete sich das Leben früher menschlicher Gemeinschaften? In Europa hatte vor ca. 110 000 Jahren die letzte große Eiszeit, die sogenannte »Würm-Eiszeit« eingesetzt, die eine von den Alpen bis weit in den Norden reichende Gletscherdecke zur Folge hatte[274], während sich der skandinavische Eisschild zugleich weit in Richtung Süden ausdehnte. Bis zur Wiedererwärmung der Erde vor etwa 12 000 Jahren herrschten hier für den Menschen raue Lebensbedingungen. Trotzdem entwickelten sich in einer von Spanien über Süddeutschland bis zum Ural reichenden, von einigen Autoren als »Statuetten-Horizont« bezeichneten Zone frühe menschliche Kulturen, von denen Funde zahlreicher kleiner Figuren (sogenannter Statuetten), Gravuren und Höhlenmalereien zeugen. Statuetten mit männlichen Motiven aus dieser Zeit sind ausgesprochen selten, sie nehmen erst gegen Ende der Eiszeit zu. Das auffallend einheitliche Vorherrschen weiblicher Motive – oft mit besonderer Heraushebung der weiblichen Geschlechtsmerkmale – im gesamten Gebiet des »Statuetten-Horizonts« lässt auf eine Werteordnung schließen, in der die Frau als Trägerin der Fruchtbarkeit und Quelle des Lebens eine angesehene gesellschaftliche Stellung hatte[275]. Nichts spricht jedenfalls dafür, dass in Europa während einer über Zehntausende von Jahren gehenden, bis zum Ende der Eiszeit vor ca. 12 000 Jahren reichenden Epoche Mord und Totschlag das menschliche Zusammenleben geprägt hätten[276].

Wie lebten vorzivilisatorische Jäger und Sammler?

Archäologische Quellen wie jene aus dem »Statuetten-Horizont« sind nicht die einzige Möglichkeit, Informationen über die Lebensweise vorzivilisatorischer »Jäger und Sammler« zu gewinnen. Eine andere Möglichkeit besteht darin, heute noch existierende »primitive« Stämme zu erforschen, deren Lebensbedingungen denjenigen unserer vorzivilisatorischen Vorfahren gleichen[277]. Fast alle Sammler- und Jägerkulturen (auch »Freibeuter« genannt[278]), die sich heute noch auffinden lassen, zeigen drei herausstechende Merkmale: das Gleichheitsprinzip, das Teilen von Ressourcen und die Gleichrangigkeit von Mann und Frau[279]. Auffallend ist vor allem das Fehlen von Dominanzstrukturen[280]. Bei den meisten dieser »primitiven« Stämme gibt es keine Anführer, sondern im Gegenteil aktive, spontan einsetzende soziale Dominanz-Verhinderungs-Mechanismen, ein als »Counter-Dominance« bezeichnetes Phänomen: Sobald ein Mitglied der Gruppe zu sehr in den Vordergrund tritt, sich dominant verhält oder sich wichtig macht, reagiert die Gemeinschaft mit einer spontanen, gegenläufigen Reaktion. Der »Wichtigtuer« wird verspottet oder zur Adresse von Neid- und Eifersuchtsreaktionen bis hin zu offener Feindseligkeit. In Einzelfällen werden Individuen mit nicht zu bremsendem Dominanzanspruch getötet. Zwar genießen Stammesmitglieder mit bemerkenswerten Fähigkeiten oder großem Wissen innerhalb der Gemeinschaft besonderen Respekt und werden bei schwierigen Entscheidungsfindungen auch vornehmlich gehört, die Entscheidung selbst wird aber konsensuell in der Gruppe getroffen (wobei es vorkommen kann, dass die »Experten« überstimmt werden)[281].

Keiner hungert, wenn nicht alle hungern

Auch das Teilen der Ressourcen, insbesondere der Nahrung, gehört zu den Prinzipien vorzivilisatorischer Sammler und Jäger[282]. Dies gilt auch dann, wenn die Ressourcen knapp sind: Keiner hungert, wenn nicht alle hungern. Verwandtschaftliche Beziehungen oder Rangfolgen spielen für die Verteilung nur eine geringe Rolle. Täuschungsmanöver und Diebstähle sind selten, kommen aber vor. Das Prinzip der gleichen Verteilung entspricht, worauf David Erdal und Andrew Whiten ausdrücklich hinweisen, keinem rationalen, auf überlegtem reziprokem Geben und Nehmen beruhenden Kalkül. Als solches hätte es sich in diesen Gemeinschaften kaum halten können, denn die »Schlechten« unter den Jägern bringen konstant wenig oder nichts nach Hause, während das Drittel jener, die am besten jagen, konstant mehr als die Hälfte der Fleischnahrung beschafft. Trotzdem wird, eher einer Intuition als einem Kalkül folgend, nach dem Gleichheitsprinzip geteilt.

Die besten Jäger genießen in der Regel einen Vorteil bei der weiblichen Partnerwahl, haben ansonsten aber keinen Chefstatus. Das Prinzip gleichen Teilens ist sinnvoll in »primitiven« Gesellschaften, in denen direkt oder indirekt jeder auf jeden angewiesen ist, denn es verteilt die Lebensrisiken auf alle und reduziert sie dadurch für den Einzelnen. Kennzeichnend für diese Jäger- und Sammlerkulturen ist eine starke Identifikation des Einzelnen mit der Gruppe. Ein letztes, bereits erwähntes Kennzeichen der meisten Jäger- und Sammlerkulturen ist, dass Männer und Frauen gleichrangig sind[283]. Oft haben einzelne, insbesondere ältere Frauen innerhalb der Gruppe einen herausgehobenen Status als respektierte und verehrte Autorität.

Jäger und Sammler im Visier der Neuroökonomen

Noch existierende Jäger- und Sammlerkulturen lassen sich nicht nur beobachten und beschreiben. Mit etwas Geschick kann man auch Menschen »primitiver« Freibeuter-Stämme dazu bringen, an Verhaltensexperimenten teilzunehmen, mit denen sich die Kooperations- und Vertrauensbereitschaft messen lässt. Experimente dieser Art waren ein wichtiges Instrument, um wissenschaftlich zu untersuchen, welchen Prinzipien das Verhalten heute lebender moderner Menschen folgt[284]. Eine internationale Forschergruppe untersuchte Kulturen aus vier Kontinenten (Afrika, Südamerika, Nordamerika und Asien), darunter mehrere Jäger- und Sammlerkulturen. Zum Einsatz kamen drei Verhaltensexperimente. Im »Diktator-Spiel« kann jeweils ein Partner (der Geber) ein ihm übertragenes Guthaben nach eigenem Gutdünken zwischen sich und seinem Gegenüber (dem Empfänger) aufteilen. Das »Ultimatum-Spiel« folgt dem Vorgehen des Diktator-Spiels, die beiden Partner dürfen ihre jeweiligen Beträge jedoch nur dann behalten, wenn der Empfänger dem vom Geber gewählten Verteilungsmodus zugestimmt hat. Beim »Gemeinwohl-Spiel« erhalten vier bis sechs Teilnehmer jeweils ein kleines Guthaben, von dem sie einen frei gewählten Anteil in einen gemeinsamen Topf geben können. Der dort gepoolte Betrag wird vom Untersuchungsleiter verdoppelt oder verdreifacht und, unabhängig vom eingezahlten Beitrag zu gleichen Teilen an alle Teilnehmer verteilt.

Alle drei eingesetzten Verhaltensexperimente messen Fairness und Kooperationsbereitschaft, beim Ultimatum- und Gemeinwohl-Spiel zusätzlich auch die Bereitschaft, anderen zu vertrauen. Die vom Forscherkonsortium durchgeführten Studien belegen, dass Menschen weltweit kooperatives Verhalten zeigen[285]. Im Diktator-Spiel hat eine Weigerung, sein Guthaben zu teilen, keinerlei negative Konsequenzen für den Geber; der Geber hat hier die Möglichkeit, mit dem vollen Betrag ungestraft von dannen zu ziehen. Trotzdem gaben die Teilnehmer aus unterschiedlichen Kulturen durchschnittlich zwischen 20 Prozent und 35 Prozent ihres Guthabens an den Partner ab. Im Ultimatum-Spiel lagen die vom Geber seinem Gegenüber angebotenen Anteile im exakt gleichen Be-

145

reich. Im Gemeinwohl-Experiment haben die Teilnehmer die Möglichkeit, durch Einzahlung beides, Solidarität und Vertrauensbereitschaft zu zeigen, können sich aber auch als Trittbrettfahrer betätigen, indem sie wenig oder gar nichts einzahlen, dessen ungeachtet aber von der anschließenden Verteilung des Pools profitieren. Die durchschnittlich eingezahlten Anteile lagen weltweit zwischen 20 Prozent und 65 Prozent des eigenen Guthabens. Trittbrettfahrer waren, von einer US-amerikanischen und einer indianischen Gruppe abgesehen, marginal. Bemerkenswert war, dass sich das Kooperationsverhalten derjenigen Teilnehmer, die primitiven Jäger- und Sammlerkulturen angehörten, voll im Mittelfeld der übrigen Teilnehmer bewegte. Angehörige der Hazda, einer in Tansania abgeschieden zwischen Wald und Savanne lebenden Population von insgesamt etwa 700 bis 1 000 Menschen, zeigten im Diktator- und im Ultimatum-Spiel eine Bereitschaft zu teilen, die um 30 Prozent über derjenigen US-amerikanischer College-Studenten lag[286].

Alle Befunde über derzeit noch existierende vorzivilisatorische menschliche Kulturen stehen in krassem Gegensatz zu all jenen »Demonic Male«-Horrorszenarien, die sowohl über das Leben unserer evolutionären Vorläufer als auch über das Leben des Menschen in der Steinzeit entworfen wurden. Die Daten widersprechen diametral jenem immer wieder gerne gezeichneten Bild menschlichen Zusammenlebens, bei dem ein Keulen schwingender autoritärer Anführer den Rest der Gemeinschaft in Angst und Schrecken hält und wo in permanentem internem Wettstreit austariert wird, wer in der Gemeinschaft stark genug sein wird, die Führungsfigur herauszufordern oder zu töten, um dann selbst an die Spitze des Stammes zu rücken. Tatsächlich handelte (und handelt) es sich bei diesen Darstellungen um Projektionen der patriarchalischen und durch ein hohes Maß an Aggressivität gezeichneten Verhältnisse, wie sie erst nach der neolithischen Revolution, im klassischen Altertum, im Mittelalter, in der bürgerlichen Epoche oder im derzeitigen Raubtierkapitalismus anzutreffen sind. Nicht »Demonic Males« und »man the hunter«, sondern Intelligenz, Kooperation, weitgehender Egalitarismus, Geschlechterparität und kreativer Erfindungsreichtum waren das evolutionäre Erfolgsmodell des Menschen[287].

Gebärmutter der Zivilisation: der »fruchtbare Halbmond«

Nicht überall lebten Steinzeitmenschen, solange die letzte Eiszeit anhielt, tatsächlich in der Kälte. Während Europa einem Kühlschrank glich, bot das Leben in südlicheren Breiten einige Biotope, in denen Bedingungen fast wie in einem Paradies herrschten. Ein solches Biotop war ein ausgedehntes halbmondförmiges Gebiet, welches sich vom Jordantal aus in einem Bogen nach Nordosten in Richtung eines Hochlandes erstreckte, welches heute dem Südstreifen der östlichen Türkei sowie dem Norden von Syrien und Irak entspricht. Hier, im sogenannten Obermesopotamien, befinden sich die Quellgebiete von Euphrat und Tigris. Anders als heute war das Gebiet dieses »fruchtbaren Halbmondes« vor rund 12 000 Jahren eine Mischung aus Wäldern und wasserreichem, mit Gras, Palmen und anderen Bäumen bewachsenem Gartenland. Ein solches Gelände war nicht nur ein Biotop für gewaltige Wildbestände, sondern ein geradezu paradiesischer Platz für den Menschen. Wenn man die später entstandenen ersten sumerischen Stadtkulturen des Zweistromlandes heute mit Recht die »Wiege unserer Zivilisation« nennt, dann könnte man die davor liegende Zeit des »fruchtbaren Halbmondes« als die dazugehörige »Schwangerschaftsperiode der Zivilisation« bezeichnen.

Die Zeit des fruchtbaren Halbmondes markiert den Beginn der Sesshaftigkeit des modernen Menschen[288]. Das Interesse an dieser Zeit im Zusammenhang mit dem Thema dieses Buches ist durch die gewaltigen Wirkungen begründet, die sich aus der Sesshaftigkeit für die Entwicklung menschlicher Gewalt ergeben sollten. Früheste archäologische Spuren, die vom Leben menschlicher Gemeinschaften im Bereich des fruchtbaren Halbmondes künden, finden sich zwischen östlicher Mittelmeerküste und Jordantal. Sie gehen auf eine Zeitspanne zwischen etwa 13 000 v. Chr. und 10 000 v. Chr. zurück[289]. Wie in den Jahrhunderttausenden zuvor an vielen Orten des Globus, so lebten menschliche Gruppen auch hier zunächst friedlich in kleinen Gruppen zusammen. Den Beginn der Sesshaftigkeit dokumentieren aufgefundene Reste von Rundbauten mit Steinfundament. Abgesehen von gejagten Gazellen ernährte man sich von Wildgetreide, wobei man Ähren selektierte, deren Körner wie bei unseren heutigen Getreidesorten fest in der Spindel der Ähre saßen. Das Gelände, welches man, ausgehend von kleinen Siedlungsstützpunkten, durchstreifte, gehörte allen[290]. Eigentum gab es nicht. Das Zusammenleben basierte auf friedlicher Kooperation, gegenseitiger Hilfeleistung und dem Gleichheitsprinzip.

Ein plötzlich einsetzender, einige Jahrhunderte andauernder klimatischer Kälteeinbruch, der mit Trockenheit und Dürre verbunden war[291], führte ca. 10 700 v. Chr. zu einem vorübergehenden Abbruch dieses allerersten Siedlungsexperiments. Doch kaum hatte sich ca. 9 600 v. Chr. wieder wärmeres Klima eingestellt, wurde das Experiment fortgesetzt. Gebaut wurde diesmal in deutlich größerem Stil, sowohl was die Art der Bauten als auch die Ausbreitung des Siedlungsgebietes anging. Siedlungen finden sich jetzt nicht nur zwischen Jordantal und östlicher Mittelmeerküste, sondern im gesamten »fruchtbaren Halbmond«, also auch im Gebiet des Oberlaufs von Euphrat und Tigris[292]. Das Bauwesen erreichte jetzt eine neue Blüte. Es entstanden regelrechte Dörfer, wobei neben Rundbauten erstmals große Rechteckgebäude errichtet wurden. Deren Steinarchitekturen überdachte man mit Holzkonstruktionen. Die Siedlungen, zu deren berühmtesten Vertretern u. a. Jericho, Nevali Cori und Göbekli Tepe[293] zählen, zeugen von grandiosen Gemeinschaftsleistungen. Es entstanden eindrucksvolle Kultstätten, die für den sozialen Zusammenhalt vermutlich eine besonders wichtige Rolle spielten. Das Zusammenleben innerhalb der zunächst noch überschaubaren Gemeinschaften war friedlich und basierte weiterhin auf dem Prinzip der gegenseitigen Hilfeleistung und der Gleichheit aller.

Ein letzter Siedlungsschub, von dem erneut der gesamte »fruchtbare Halbmond« erfasst war, setzte ca. 8 600 v. Chr. ein und sollte etwa 2 000 weitere Jahre andauern[294]. Diese Phase markierte, was die Entwicklung der Sesshaftigkeit des Menschen betrifft, eine Art »point of no return«: Erstmals hatte es unsere Spezies jetzt geschafft, systematisch Ackerbau zu betreiben und Tiere zu domestizieren und davon zu leben. Die Bautätigkeit nahm massiv zu. Haustiere zogen in menschliche Siedlungen ein. Die Produktion von handwerklichen Steinprodukten, insbesondere von allen möglichen Behältnissen wie Töpfen sowie von Werkzeugen, nahm einen enormen Aufschwung (nur die Technik, Ton zu brennen, war noch nicht entwickelt).

An einigen Orten zwischen Jordantal und Mittelmeer entstanden regelrechte »Megadörfer«. Manche Siedlungen beherbergten viele Hundert Menschen und waren jetzt zu Zentren großer Geschäftigkeit und Hektik angewachsen. Die Bauweise einiger Kultstätten in Obermesopotamien war derart aufwendig, dass angenommen werden muss, dass es sich bei ihnen um Zentren handelte, in deren Umkreis Hunderte von Menschen lebten. Das friedliche Zusammenleben war jetzt offenbar erstmals ernsten Belastungsproben ausgesetzt, wovon u.a. aufgefundene eingeschlagene Schädel zeugen. Vor allem im Gebiet zwischen Jordantal und Mittelmeerküste deutet einiges darauf hin, dass inzwischen nicht nur eine erhebliche Umweltbelastung (vor allem durch Abholzungen), sondern erste schwerwiegende soziale Konflikte auftraten[295].

Erstmals in der Geschichte der Menschheit standen die Pioniere des »fruchtbaren Halbmonds« vor der Herausforderung, das Zusammenleben einer Gesellschaft zu organisieren, in der in großem Stile produziert wurde: Es wurden Wohn- und Gemeinschaftsstätten gebaut, es wurden Steinwerkzeuge und Pfeilspitzen für die Jagd hergestellt, Weizen angebaut und verarbeitet, Ziegen und Schafe wurden gezüchtet. Doch schien der mit der Sesshaftigkeit verbundene technologische Fortschritt seinen Preis zu fordern. Die Regeln des Zusammenlebens, die sich evolutionär über Millionen von Jahren entwickelt und bewährt hatten, schienen unter den neuen Bedingungen nun offenbar an die Grenze ihrer Brauchbarkeit zu stoßen. Während sich die Situation der Pioniere durch Übervölkerung und Raubbau an den natürlichen Ressourcen zuspitzte, erwärmte sich zugleich das Klima und verschärfte so zusätzlich die Lage[296]. Was folgte, war »das Event«.

Das »Event« oder: das Ende des »fruchtbaren Halbmondes«

Innerhalb weniger Hundert Jahre, zwischen 7 500 v. Chr. und 6 200 v. Chr. erfolgte der Exodus aus dem Paradies des »fruchtbaren Halbmondes«. Warum, ist nicht restlos geklärt. Schriftliche Aufzeichnungen aus dieser Zeit existieren nicht, denn die erste Schrift der Menschheit, die Keilschrift, sollte erst 3 000 Jahre später entstehen. Hinweise auf eine Vertreibung durch Fremde fehlen ebenso wie archäologische Belege für Metzeleien größeren Stils oder gar Kriege[297]. Im Gegenteil: Die auffallend sorgfältige und vollständige Zuschüttung einiger ausgedehnter obermesopotamischer Anlagen mitsamt ihren Heiligtümern durch herangeschaffte Erdmassen spricht für einen geordneten Rückzug[298].

Warum verließen die Pioniere des »fruchtbaren Halbmondes« ihr gelobtes Land? Was löste das »Event«, wie Archäologen diese zivilisatorische Zäsur nennen, aus? Vermutlich waren die Ressourcen des »Paradieses« erschöpft. Ein Überleben scheint hier nicht mehr möglich gewesen zu sein. Wieder einmal wurde der Mensch zum Migranten: Ein Teil der Auswanderer machte sich in Richtung Balkan, Süd- und Mitteleuropa auf (wo sich daraufhin der Ackerbau ausbreitete), ein anderer Teil aber zog hinab in die Ebenen des Zweistromlands. Dort, am Unterlauf von Euphrat und Tigris, war das Klima zwar nicht weniger heiß und trocken, doch hier konnten die Ankömmlinge Bewässerungsanlagen für ihre Felder anlegen und so auch weiterhin Ackerbau und Viehzucht betreiben. Doch dabei blieb es nicht. Sie begannen, Produkte aus Ton (und später Keramiken) herzustellen, der Werkzeugbau machte riesige Fortschritte (4 500 v. Chr. wurde u. a. der Pflug erfunden). Vor allem aber wurde gebaut: Es entstanden die ersten Städte der Menschheit[299].

Das Ende des egalitären Lebens

Niemand hatte die Pioniere des »fruchtbaren Halbmondes« aus ihrem einstigen Paradies, in dem sie nach den Regeln einer egalitären Gemeinschaft zusammengelebt hatten, vertrieben. Aber sie *fühlten* sich offenbar vertrieben. Diese Annahme ist naheliegend, weil die Betroffenen offenbar noch Jahrtausende später versuchten, sich einen Reim auf die Gründe zu machen, die den Exodus erzwungen hatten. Die »Vertreibung« aus dem »fruchtbaren Halbmond« dürfte den realen Hintergrund für die Entstehung der Paradieslegende bilden, die nicht nur in den frühesten jüdischen Überlieferungen, sondern in mesopotamischen Legendensammlungen mehrfach auftaucht. Nur sehr schwere, einschneidende Erfahrungen haben das Potenzial, zum Stoff für derartig langfristig tradierte Mythen und Legenden zu werden. Das »Trauma« der »Vertreibung aus dem Paradies« dürfte jedoch keineswegs nur von der Abwanderung als solcher verursacht worden sein, schließlich war Migration seit Tausenden von Jahren das ewige Schicksal der Spezies Mensch. Das wirkliche Trauma war: Die Zeit des friedlichen Zusammenlebens in egalitären Gemeinschaften war unwiederbringlich vorbei.

Ressourcenmangel, die Erfindung des Eigentums und der Einzug des ökonomischen Prinzips

Der Exodus aus dem »fruchtbaren Halbmond« markiert den Verlust einer Welt, die einst genügend tierische und pflanzliche Ressourcen geboten hatte, um ein Leben zwischen Jagen, Sammeln, Gartenbau und friedlichen rituellen Zusammenkünften zu ermöglichen. Stattdessen machte der jetzt herrschende *Ressourcenmangel* nicht nur harte Feldarbeit, sondern eine spezialisierte Arbeitsteilung in einer »produzierenden Wirtschaft« notwendig. Das egalitäre Prinzip in seiner bisherigen, intuitiv gelebten Form hatte ausgedient. Eine Weltneuheit trat auf den Plan: Die Menschheit erfand das Eigentum. Denn wer von nun an Tag für Tag schweißtreibend arbeiten musste, für den wurde mit einem Male wichtig, *wofür* man eigentlich arbeitete. Und damit wurde es zur zentralen Frage, wem was gehörte. Neid, Eifersucht und Aggression waren mit Sicherheit keine Erfindung der neolithischen Revolution, sie spielten eine Rolle, seitdem es menschliche Gemeinschaften gibt. Neu war jedoch, dass Neid und Aggression eine völlig neue Dynamik entwickelten, nachdem das ökonomische Prinzip zum beherrschenden Paradigma des Zusammenlebens geworden war[300]. Was sich innerhalb von nur 5 000 Jahren zwischen 9 000 und 4 000 Jahren vor unserer Zeit abspielte, war die »brutalste Veränderung, die der Homo sapiens bis dahin durchlaufen hatte«[301].

Worüber berichten die nahöstlichen Paradieslegenden?

Interessanterweise thematisiert die biblische Paradieslegende, die vermutlich über Tausende von Jahren mündlich weitergegeben und ca. 1000 v. Chr. erstmals aufgezeichnet wurde, fast alle wesentlichen Veränderungen, die der Ressourcenmangel und der damit verbundene Einbruch des ökonomischen Prinzips in das Zusammenleben mit sich brachten. Nichts spricht dafür, dass die Unterordnung der Frau unter den Mann vor der neolithischen Revolution eine besondere Rolle spielte, im Gegenteil[302]. Welche Rolle sollte in egalitären Gemeinschaften, die zuvor über Hunderttausende von Jahren das Leben des Menschen bestimmten, die Frage gespielt haben, wem – abgesehen von der leiblichen Mutter – welche Kinder »gehören«[303]? Nach der neolithischen Revolution wurden die Karten jedoch neu gemischt: Die harten neuen Arbeitsbedingungen (insbesondere Feldarbeit) brachten Frauen aufgrund von Schwangerschaften oder Anbindung an ihre Kinder gegenüber Männern ins Hintertreffen. Doch damit nicht genug: Für den zum Patriarchen avancierten Mann war es jetzt auch wichtig zu wissen, wer »sein« Nachwuchs war und von dem profitieren würde, was er hinterließ. Die Frau war nun – hier liegt die erste Botschaft der Paradieslegende – dem Mann fest bei- und untergeordnet[304].

Ein weiteres Thema der Paradieslegende betrifft die Gewalt. Die Kombination von Ressourcenmangel und Erfindung des Eigentums brachte erhebliche soziale Ungleichheit mit sich. Der Abschied vom egalitären Prinzip konnte sich nicht nur durch ungleiche Verteilung von Ressourcen, Besitz oder Vermögen bemerkbar machen, sondern auch durch unterschiedliche Grade der sozialen Anerkennung. Wer in einem der beiden Bereiche größere Nachteile erlitt, erlebte seine Situation als soziale Ausgrenzung und machte Bekanntschaft mit dem Gesetz der Schmerzgrenze: Ausgrenzungserfahrungen stimulieren den Aggressionsapparat und erhöhen die Wahrscheinlichkeit von Aggression.

In der Paradieslegende geraten zwei Brüder, ein Schäfer und ein Bauer, miteinander in Streit. Nachdem die vom Bauern als Opfer dargebrachten »Früchte vom Felde« weniger Anerkennung finden als das vom Schäfer als Opfer bereitgestellte Fett seiner erstgeborenen Jungtiere, reagiert der Bauer mit Neid und Ärger und bringt seinen Bruder ums Leben[305]. Dass Eifersucht und Neid allgegenwärtig sind und Hass erzeugen können, erscheint uns heute als Banalität. Wäre dies bereits damals banal gewesen, wäre es kaum zu einem Element eines Mythos geworden. Das im Gefolge der neolithischen Revolution massiv angestiegene zwischenmenschliche Gewaltpotenzial dürfte die Verfasser der Paradieslegende und ihre Zeitgenossen in hohem Maße schockiert und aus diesem Grunde veranlasst haben, über die Gründe nachzudenken und diese in einer Geschichte zu beschreiben.

Aus heutiger Sicht erscheint die Paradieslegende wie der Versuch, aus den verwirrenden Entwicklungen nach dem Verlust des zum »Paradies« stilisierten »fruchtbaren Halbmondes« eine sinnstiftende Geschichte zu machen. Dazu reichte es nicht aus, die Entfremdung des Menschen von sich selbst zu beschreiben, wie sie angesichts des Übergangs von egalitären, friedlichen Gemeinschaften in eine Welt der harten Arbeit, des Eigentums, des Neides und des Hasses sichtbar wurde. Diese Geschichte musste auch eine Theorie über die Ursachen der »Vertreibung« entwickeln. Es ist ein typisches Merkmal menschlichen Verhaltens (und beruht auf einer Grundeigenschaft unseres Gehirns), für plötzlich eingetretene ungünstige Ereignisse umgehend einen Erklärungszusammenhang zu suchen. Selbst eine irrationale Erklärung befreit von der Angst des Unerklärlichen und gibt uns das Gefühl, wir könnten etwas gegen die Wiederholung eines negativen Ereignisses tun. Wenn Außenstehende nicht als Schuldige dienen können, bringen Menschen gerne die eigene Schuld ins Spiel. Diesem Muster folgt auch die Paradieslegende, wobei es – wie im damals aufziehenden Zeitalter des Patriarchats nicht anders zu erwarten – die Frau ist, der die Schuld in die Schuhe geschoben wird[306]. Die Geschichte von Evas Griff nach dem verbotenen Apfel beruht allerdings auf einem Übersetzungsirrtum[307]. Die verbotene und deshalb mit der Verweisung aus dem »Paradies« bestrafte Tat war nicht der Griff nach einer verbotenen Frucht, sondern das *gewaltsame* Handanlegen an einen Baum[308]. Sollten die Autoren der Paradieslegende den Verdacht gehabt haben, das massive Abholzen der Wälder des »fruchtbaren Halbmondes« habe einen Beitrag zur Zerstörung ihres Paradieses geleistet?

Die Ereignise der neolithischen Revolution markieren den Beginn eines Zivilisationsprozesses, der uns heute nicht weniger hart trifft und herausfordert als unsere mesopotamischen Vorfahren: Ressourcenmangel, ein sich daraus ergebender verschärfter Arbeits- und Konkurrenzdruck, damit einhergehend vermehrte soziale Ungleichheit und Spaltung und eine massive Zunahme von Aggression und Gewalt beschreiben eine Sequenz, welche bis heute unser Leben bestimmt[309]. Verantwortlich für diese Sequenz ist der unvermeidliche Einbruch des ökonomischen Prinzips in die Geschichte unserer Spezies. Die durch den zivilisatorischen Prozess angestoßene

Aggressionsdynamik ist die Folge seiner vielfältigen auf den Menschen einwirkenden Stressoren. Mit einem biologisch in uns verankerten »Aggressionstrieb« hat sie nichts zu tun. Der immer wieder gemachte Versuch, die Aggressionsdynamik umzudeuten und zu einem Ausdruck eines primär aggressiven menschlichen Wesens zu erklären, ist nicht nur in der Sache unhaltbar, sondern ein Beitrag zur Verschärfung der Probleme. Eine der Aufgaben, der wir uns im unumkehrbaren Zivilisationsprozess stellen müssen, besteht gerade darin, die durch vermehrte reaktive Aggressionsdynamiken erzeugten destruktiven Potenziale zu begrenzen, anstatt sie mit pseudobiologischen Theorien zu legitimieren.

Die zwei Seiten der zivilisatorischen Medaille

Für den Menschen als ein biologisch auf sichere Bindung, soziale Akzeptanz und Wertschätzung ausgerichtetes Wesen war der mit der neolithischen Revolution losgetretene Zivilisationsprozess sowohl eine Chance als auch eine Zerreißprobe. Eine vollständige Rückkehr in den ursprünglichen natürlichen Zustand – dies war bereits den Autoren der Paradieslegende klar – ist Illusion, auch wenn dieser Traum verständlicherweise immer wieder von Neuem geträumt wird. Die vom neolithischen Menschen ergriffene Chance bestand darin, dem natürlichen Ressourcenmangel die Potenziale des menschlichen Erfindergeistes und der menschlichen Arbeit entgegenzusetzen. *Die neolithische Revolution ist also genau betrachtet ein bis heute anhaltender Prozess*: Die Situation unserer Spezies ist seither gekennzeichnet durch einen Wettlauf zwischen den Problemen, die sich uns in einer Welt der knappen Ressourcen entgegenstellen einerseits, und den von uns hervorgebrachten, immer wieder neuen intelligenten Lösungen andererseits. Die dem Einzelnen dadurch gegebene Möglichkeit, sich gegenüber seinesgleichen durch Erfindergeist, durch produktive Arbeit, durch soziale Dienstleistungen oder kulturelle Beiträge auszuzeichnen und so Wertschätzung zu gewinnen, entspricht neurobiologisch gesehen ohne Frage dem, was wir auch aus unserer natürlichen Veranlagung heraus anstreben. Doch dies ist nur die eine Seite der Medaille.

Auf der Kehrseite der »Zivilisationsmedaille« sehen wir eine tief greifende Irritation und vielfältige Beeinträchtigung des egalitären gemeinschaftlichen Zusammenlebens, welches sich evolutionär über Jahrmillionen entwickelt hatte: Nachdem das Überleben unter den Bedingungen des Ressourcenmangels von zivilisatorischen Anstrengungen, insbesondere von Arbeit, abhing, geriet auch die bisher als selbstverständlich vorausgesetzte Daseinsberechtigung des Einzelnen unter den Vorbehalt des Leistungsprinzips. Dies bedeutete einen fundamentalen Bruch des bisher geltenden egalitären Prinzips. Und der Mensch konnte jetzt selbst zur Ware – und damit zum Besitz – werden. Dies zeigte sich nicht nur an der einsetzenden Zuordnung der Frau und ihrer Kinder zu einem Ernährer, sondern wurde auch politisch sichtbar: Die Verschleppung und Versklavung von Menschen, ja von ganzen Völkern ist keine Erfindung unseres Zeitalters[310], sie war in den frühen, nachneolithischen mesopotamischen Reichen eine häufige Praxis, und sie blieb auch im klassischen Altertum Methode. Der natürliche Ressourcenmangel war sozusagen auf den Menschen durchgeschlagen: Auch Menschen konnten jetzt als billige Arbeitskräfte zu einer Ressource werden. Das vorzivilisatorische gesellschaftliche Prinzip der natürlichen gegenseitigen Verbundenheit wurde abgelöst durch das Prinzip der Verfügungsgewalt. Es begann das Zeitalter der Macht von Menschen über Menschen. Unter diesem Vorzeichen hatten jetzt auch Kriege erstmals in der menschlichen Geschichte »Sinn«.

Der Einbruch des ökonomischen Prinzips in die menschliche Gemeinschaft bedeutete eine Neudefinition der Gerechtigkeit. Basierte sie in vorzivilisatorischen Gemeinschaften auf der natürlichen, unreflektierten Einhaltung des Prinzips der Egalität – keiner hungerte, wenn nicht alle hungerten –, mussten nun völlig neue Aspekte einbezogen werden: Wer sich durch Leistung verausgabte, erwartete mit Recht eine Gratifikation. Dies bedeutete, dass die von verschiedenen Mitgliedern der jeweiligen Gesellschaft eingebrachten Beiträge einer Bewertung unterzogen wurden, die sehr verschieden ausfallen konnte. Dies musste eine massive Zunahme von Neid, Eifersucht und Streit zur Folge haben[311]. Ein weiterer wichtiger Aspekt des unter den neuen Bedingungen fundamental veränderten Zusammenlebens war, dass der prinzipielle Zwang zur Arbeit die natürlichen, biologisch verankerten primären Bindungs- und Gemeinschaftsbedürfnisse des Menschen beeinträchtigte: Wer auf dem Feld, in Werkstätten, im Steinbruch oder am Bau arbeitete, war für diese Zeit nicht mehr mit jenen zusammen, mit denen er (oder sie) emotional verbunden war und die seine (oder ihre) »natürliche« Gemeinschaft darstellten. Dies bedeutete: *Mit Einsetzen des zivilisatorischen Prozesses wurden auch zwischenmenschliche Bindungen zu einer knappen Ressource.* Die Angst, Bindungen zu verlieren, Eifersucht und das mit ihr vielfach verbundene aggressive Potenzial wurde zum Dauerbegleiter des postneolithischen Menschen.

Gewalt als Folge des zivilisatorischen Prozesses

Der zivilisatorische Prozess ist das unumkehrbare Schicksal unserer Spezies. Die Vorderseite der »zivilisatorischen Medaille« ist: Menschen lieben Herausforderungen. Das menschliche Gehirn ist ein Organ, das sich geradezu danach sehnt, Probleme zu lösen. Mehrere Millionen Jahre war es seine Aufgabe, seinem Besitzer – »man the hunted«, den gejagten Menschen – immer wieder aus gefährlichen Situationen herauszuhelfen. Mit den Herausforderungen der neolithischen Revolution und dem Eintritt in das zivilisatorische Zeitalter hatte das menschliche Gehirn ein Betätigungsfeld gefunden, das unerschöpflich war. Intelligenz, Einfallsreichtum und Kreativität hatten jetzt freie Bahn. Doch auch die Kehrseite der Medaille ist beachtlich: In summa bedeutete sie für den nachneolithischen Menschen vor allem eines: Entfremdung, Stress und eine massive Aufladung der gesellschaftlichen Situation mit Reizen, die nach dem Gesetz der Schmerzgrenze Aggression fördern. Leistungsprinzip statt einer egalitär definierten Gerechtigkeit, Bindungsarmut und Individualisierung anstatt Gemeinschaft, Konkurrenzneid anstatt Kooperation, Ausgrenzungserfahrungen anstatt bedingungsloser sozialer Akzeptanz, der Mensch als Ware anstatt vorbehaltlose Daseinsberechtigung, Machtausübung anstatt Reziprozität. Alle diese fundamentalen Veränderungen standen und stehen konträr zur neurobiologischen Konstruktion des menschlichen Gehirns.

Der mit der neolithischen Revolution einsetzende zivilisatorische Prozess war der Beginn eines bis heute andauernden Zeitalters der Gewalt. Der Einbruch der Prinzipien der ökonomischen Rationalität in alle menschlichen Lebensbereiche war unvermeidlich. Er musste die evolutionär entstandene, biologisch verankerte, im Wesentlichen friedliche und egalitäre zwischenmenschliche Ordnung jedoch schwer erschüttern[312]. Zurückgehende zwischenmenschliche Bindungen, die »Vermessung« des Menschen nach seiner Leistung, die Einführung des Konkurrenzprinzips, vielfältige Ausgrenzungserfahrungen und Traumatisierungen durch ausgeübte Macht begünstigten die soziale Desintegration des Menschen, sie tangierten die Schmerzgrenze und waren klassische Begünstigungsfaktoren für die Entstehung von Gewalt.

Eine weitere wichtige Erfindung des zivilisatorischen Menschen war das Geld. Geld scheint, wie interessante neuere Experimente zeigen, im Menschen psychologische Reflexe auszulösen, die mit der problematischen Rückseite der zivilisatorischen Medaille im Zusammenhang stehen: Personen, die – ohne sich dessen bewusst zu sein – Hinweisreizen auf Geld ausgesetzt werden (z.B. durch ein an der Wand hängendes Bildmotiv mit Geldscheinen oder durch einen Geldscheine darstellenden Bildschirmschoner), verhalten sich weniger hilfsbereit, nehmen ihrerseits weniger Hilfe in Anspruch, zeigen eine signifikant verminderte Spendenbereitschaft und vermeiden soziale Nähe[313].

Das Erschrecken über all diese Veränderungen beschäftigte nicht nur den neolithischen Menschen, es beschäftigt uns bis heute. So wie der Gegensatz zwischen natürlichem Ressourcenmangel und dem Willen zu überleben die Geburtsstunde von Ackerbau, fortgeschrittenen Werkzeugtechniken und einer arbeitsteiligen Gesellschaft war, so wurde der Gegensatz zwischen primären menschlichen Bedürfnissen und dem Aufkommen zunehmender Gewalt im Zuge der zivilisatorischen Entfremdung des Menschen die Geburtsstunde von Moralsystemen.

6

Gegenpole zur Dynamik der Aggression: die Entstehung von Moralsystemen, Religion und Recht

Die Auflösung natürlich zusammenlebender Gemeinschaften, die Zwänge einer arbeitsteiligen Erwerbswirtschaft, das Konkurrenzprinzip als neue Grundlage des sozialen Zusammenlebens und die Ausgrenzung derer, die weniger oder nichts besaßen, dies alles sind klassische Reizauslöser der Schmerzgrenze. Die Folge war eine massive Entfesselung der Dynamik der menschlichen Aggression und eine über die postneolithischen Gesellschaften hereinbrechende Gewaltwelle. Die Gewalt fand nicht nur in mesopotamischen Legenden ihren Niederschlag. Mord und Totschlag, Kriege und Massendeportationen kennzeichneten das Geschehen in den sich entwickelnden mesopotamischen Kulturen. Gewalt wurde zum Markenzeichen der Menschheitsgeschichte der letzten 10 000 Jahre.

Ich möchte zeigen, dass die Entwicklung von Moralsystemen ein Reflex auf die durch den zivilisatorischen Prozess erzeugte Entfremdung des Menschen war. Moralsystemen kommt eine Garantenfunktion zu, angesichts der zivilisatorischen Entfremdung unsere eigentliche menschliche Bestimmung nicht zu vergessen.

Die Erforschung der Moral

Warum machen sich Menschen Moralsysteme? Warum sind sie ein fester Bestandteil in allen zivilisatorischen Kulturen des Menschen? Diese Frage ist Gegenstand des noch relativ jungen Forschungsgebietes der Neuroethik. Anstatt Moralsysteme und Religionen als grundsätzlich gegen die Vernunft und gegen die menschliche Natur gerichtete Konstruktionen zu denunzieren und abzulehnen, macht sich die neuroethische Forschung zur Aufgabe zu überprüfen, inwieweit es sich bei beidem um einen Ausdruck der »Natur des Menschen« handelt. Bei der neurowissenschaftlichen Beschäftigung mit der Moral geht es nicht um das Pro und Contra verschiedener Moralsysteme, sondern alleine darum, den Kern dessen zu beschreiben, was Moral ist, und ihre Funktionen im menschlichen Zusammenleben zu erforschen.

Empathie als »Grundstein« der Moral (Charles Darwin)

Die Erforschung von Moralsystemen ist relativ neu[314]. Eine der sich dabei stellenden Aufgaben ist, menschliches Verhalten in moralisch relevanten Testsituationen, die realen Alltagssituationen analog sind, wissenschaftlich zu untersuchen. Wichtige zusätzliche Erkenntnisse können dadurch gewonnen werden, dass man dabei auch die neurobiologischen Begleitprozesse abbildet, wenn Menschen in moralisch relevanten Entscheidungssituationen stehen[315]. Dass die Moral eine natürliche, biologisch angelegte menschliche Kompetenz ist, erkannte bereits Charles Darwin. Er bezeichnete die zwischenmenschliche Zuneigung und die Fähigkeit, sich in andere einzufühlen, als den zentralen Trieb (»instinct«) des Menschen. Für Darwin war die natürliche Fähigkeit des Menschen zur Empathie der Grundstein (»foundation-stone«) der Moral[316]. *Moral und Moralsysteme sind also nicht die Ursache, sondern die Folge der menschlichen Fähigkeit zu Kooperation und Empathie.* Sie sind, was ihre prinzipielle Entstehung angeht, keine von ideologischen oder religiösen Eiferern entworfene Konstrukte (auch wenn sich Eiferer und Moralapostel hier reichlich betätigen), sondern ein natürliches, zur realen Welt gehörendes Phänomen.

Vom Zweck der Moral

Wozu Moral? Die Antwort formulierte der US-Neuroethiker Jonathan Haidt: »Moral thinking is for social doing« (Moralisches Denken steht im Dienste sozialen Handelns)[317]. Moral besteht aus einem »Satz von Werten, Praktiken, Institutionen und psychologischen Mechanismen, die soziales Zusammenleben möglich machen«[318]. Den Kern der Moral bilden zwei Elemente. Das eine ist die Fürsorge, die wir anderen zuteil werden lassen, das andere ist Fairness und Gerechtigkeit[319]. Zu diesen beiden Kerntugenden gesellen sich in den meisten tatsächlich existierenden Moralsystemen drei weitere, kulturell erworbene bzw. »gelernte« Elemente hinzu: Loyalität gegenüber der eigenen sozialen Gruppe, Respekt gegenüber Autoritäten und die Vorstellung von etwas Reinen oder Heiligen[320]. Die beiden zuerst genannten, den Kern des Moralischen bildenden Elemente lassen sich bereits bei Säuglingen und Kleinkindern nachweisen, was die biologische Fundierung unterstreicht. Sechs und zehn Monate alte Säuglinge zeigen eine eindeutige Präferenz für kooperatives Verhalten[321]. Dreijährige haben eine natürliche Tendenz, anderen zu helfen. Sie lehnen es aber ab, Menschen zu helfen, die sich gegenüber Dritten absichtlich schädlich verhalten haben. Personen, die Dritten unabsichtlich, also nur aufgrund eines Versehens geschadet haben, verlieren die Gunst der Kleinen jedoch nicht[322]. Sinn und Zweck der Moral ist es, Kooperation zu stärken und Trittbrettfahrer zu bestrafen, die sich auf Kosten der Gemeinschaft Vorteile verschaffen wollen.

Neurobiologie der Moral: intuitive Reaktion und intellektuelle Einschätzung

Wo Menschen moralische Positionen beziehen oder beziehen müssen, lässt sich eine schnelle und spontane bzw. intuitive Reaktion von einer langsameren, gedanklichen bzw. intellektuellen Einschätzung unterscheiden[323]. Die Basis jeder moralischen Reaktion bildet die schnelle affektive Einschätzung. Sie erfolgt durch die Angstzentren (Mandelkerne), durch im Bereich der sogenannten Insula liegende Präferenzzentren, welche »gute« oder aversive Körpergefühle auslösen, sowie durch Nervenzell-Netzwerke des Stirnhirns (des sogenannten Präfrontalen Cortex), welches unsere Handlungen und das Verhalten anderer auf ihre soziale Verträglichkeit hin überprüft[324]. Personen, die vom unfairen Verhalten anderer betroffen sind, reagieren u. a. mit einer Aktivierung der in der Insula sitzenden Ekelzentren[325]. Neurobiologische Studien zeigen außerdem: Wer beobachtet, dass sich eine Person gegenüber Dritten unfair verhalten hat, reagiert dann, wenn dem unfairen Akteur daraufhin Schmerzen zugefügt werden, mit einer stark verminderten Empathiereaktion. Mehr noch: In einem solchen Falle werden beim Beobachter des Geschehens sogar die Glückszentren des Gehirns aktiv[326]. Personen, bei denen das Stirnhirn eine Schädigung erlitten hat, verhalten sich wie Psychopathen, also konsequent amoralisch[327].

Bei der gedanklich-intellektuellen, reflektierten Einschätzung moralischer Fragen handelt es sich um einen sekundären, sich an das affektiv-intuitive moralische Urteil anschließenden Folgeprozess[328]. Untersuchungen zeigen, dass die intellektuelle Bearbeitung moralischer Fragen offenbar nur sehr selten einen wirklich neuen, eigenständigen Erkenntnisbeitrag leistet. Es mag eine bedrückende, desillusionierende Erkenntnis sein: Aber in den meisten Fällen scheint sich die (sekundäre) gedankliche Reflexion moralischer Fragen darauf zu beschränken, das zu rechtfertigen oder zu verwerfen, was in der (primären) affektiven Sofortreaktion bereits entschieden wurde. Testpersonen, denen man im Rahmen einer Hypnose suggeriert hatte, ein bestimmtes neutrales Wort (z. B. das Wort »oft«) sei ekelerregend, beurteilten anschließend (nach Beendigung der Hypnose) den Akteur einer ihnen vorgelesenen völlig harmlosen Geschichte, in der mehrere Male das Wort »oft« vorkam, als unsympathisch. Nach dem Grund befragt, waren die Testkandidaten ratlos und begannen in ihrer Not, post hoc aberwitzige, pseudorationale Verdachtsmomente gegen den Akteur der Geschichte zu konstruieren, um ihre intuitive Abneigung zu rechtfertigen[328]. Kants kategorischer Imperativ, der im angloamerikanischen Sprachraum unter der Bezeichnung »golden rule« geführt wird[330], wäre im Grunde also die intellektuelle Aufbereitung eines tief in allen Menschen verankerten intuitiven Wissens.

Der »freie Wille« – Sind Menschen für ihre Handlungen moralisch verantwortlich?

Wer die Moral ins Feld führt, setzt in der Regel voraus, dass Menschen in der Lage sind, eine eigene (»freie«) Entscheidung zu treffen. Haben Menschen überhaupt eine Wahl, sich ethisch oder unethisch zu entscheiden, oder leben wir in einer durch innere und äußere Ursachen determinierten Welt? Können Menschen überhaupt moralisch zur Verantwortung gezogen werden?

Stellen wir uns zwei Alternativen vor: In einem »Universum A« sei alles uneingeschränkt durch jeweils vorangegangene Vorgänge verursacht und daher determiniert. In einem »Universum B« dagegen sei zwar ebenfalls alles durch jeweilige vorangegangene Ursachen vorherbestimmt, davon ausgenommen seien aber menschliche Entscheidungsfindungen. Nehmen wir an, wir befänden uns in Universum A (uneingeschränkte Determination) und fragen uns nun, ob Menschen in einer solchen Welt für ihre Taten verantwortlich zu machen sind. In einer von Shaun Nichols und Joshua Knobe von der Princeton University durchgeführten Befragung verneinten dies 86 Prozent der Teilnehmer. Allerdings äußerten mehr als 90 Prozent der Teilnehmer, »Universum B« gleiche unserer Realität mehr als »Universum A«[331]. Nichts scheint leichter zu sein, als Menschen, die derartige Urteile abgeben, in Widersprüche zu verwickeln.

Die Princeton-Professoren Nichols und Knobe baten die Teilnehmer ihrer Umfrage, sich in einem uneingeschränkt determinierten »Universum A« bitte folgende Situation vorzustellen: Ein Vorgesetzter fühlt sich an seinem Arbeitsplatz von einer Mitarbeiterin angezogen und meint, die einzige

Möglichkeit, sein Ziel zu erreichen, bestehe darin, seine Frau und seine drei Kinder zu töten. Kurz vor der Abreise zu einer Dienstfahrt installiert er im Keller seines Hauses eine Vorrichtung, die das Haus nachts entzündet und die Familie tötet. Obwohl 86 Prozent der Befragten zuvor angegeben hatten, ein »Universum A« entbinde von moralischer Verantwortung, bejahten jetzt 72 Prozent die Frage, ob dieser Mann – in einem komplett determinierten »Universum A«! – für seine Tat moralisch verantwortlich sei. Noch merkwürdiger allerdings war: Unter der Annahme, der Täter habe – im gleichen »Universum A« – keinen Mord begangen, sondern lediglich Steuern hinterzogen, sahen plötzlich nur noch 23 Prozent der Befragten eine Verantwortung des Missetäters gegeben. Wie sind solche Widersprüche zu erklären? Was geht in unserem Gehirn hier vor? Es scheint für unsere ethischen Einschätzungen einen erheblichen Unterschied zu machen, ob es sich um einen Vorgang handelt, der »nahe am Menschen« ist oder nicht.

Glücklicherweise bleibt es uns erspart, abstrakte hypothetische Grundsatzfragen wie jene beantworten zu müssen, ob wir in einer vollständig determinierten Welt leben oder ob Menschen zur Verantwortung gezogen werden können. Alle Gesellschaften haben diese Frage, da sie a priori gar nicht zu beantworten ist, rein pragmatisch entschieden: Dass sich Menschen für ihre Handlungen gegenseitig zur Verantwortung ziehen, dass wir uns gegenseitig insoweit also einen »freien Willen« unterstellen, beruht nicht auf höherer Eingebung zu der Frage, ob die Welt determiniert ist oder nicht, sondern ist einzig und alleine das Ergebnis eines pragmatischen gesellschaftlichen Konsenses[332]. Damit schließt sich der Kreis zum eingangs erwähnten Statement des Neuroethikers

Jonathan Haidt. »Moral thinking is for social doing«: Moralisches Denken steht im Dienste des sozialen Zusammenlebens. Aus diesem Grund haben frühe menschliche Gesellschaften vor einigen Tausend Jahren begonnen, Moral- und Rechtssysteme zu entwickeln, nachdem sie im Gefolge der neolithischen Revolution entdecken mussten, dass die bisherigen, evolutionär entstandenen und neurobiologisch verankerten sozialen Intuitionen nicht mehr ausreichten, um ein friedliches Zusammenleben zu gewährleisten.

Wenn eine »richtige« Entscheidung nicht möglich ist: moralische Dilemmata

Moralische Einschätzungen sind ein kompliziertes Geschäft. Nur wenige Vorgänge, über die wir im Alltag ethische Entscheidungen zu fällen haben, lassen sich ohne Weiteres als »richtig« oder »falsch«, als »gut« oder »böse« qualifizieren. Dies zeigt sich nicht nur im persönlichen, sondern auch im gesellschaftlichen und politischen Feld. Zwei Geschwister geraten in Streit, der ältere Bruder versetzt seiner Schwester einen Hieb. Der Tätlichkeit voraus ging, dass die kleine Dame ihn gezielt verbal provoziert hatte und ihn – darauf rechnend, dass ihn die Strafe der Eltern ereilen würde – in die »Gewaltfalle« laufen ließ. Wie ist der Hieb des Bruders zu bewerten? Schüler beschweren sich über einen Lehrer, weil er einige Zöglinge als »kriminelles Pack« bezeichnet hat. Die Empörung ist groß, doch hatten die vom Lehrer attackierten Halbwüchsigen kurz zuvor eine Mitschülerin herumgestoßen und zum Weinen gebracht. Durfte der Lehrer so reagieren? Ein Diktator vernichtet die ethnische Minderheit innerhalb seines Landes. Ist es gerechtfertigt, dass ein anderes Land deshalb einen Krieg beginnt, bei dem weitere Menschen sterben? Fast alle moralischen Entscheidungssituationen – vom Geschwisterkrieg bis zum Krieg der Nationen – sind Dilemmasituationen.

Die Moralforschung sollte klären, nach welchen fundamentalen, über den Einzelfall hinausweisenden Kriterien Menschen zu moralischen Bewertungen kommen. Dazu muss sie versuchen, ethische Dilemmata, die uns im realen Alltag begegnen, in Testsituationen abzubilden. Moralforscher und Neuroethiker haben eine Reihe von »Standard-Dilemmata« entwickelt. Drei Dilemmavarianten werden unterschieden: Menschen können 1. nichtmoralischen, 2. unpersönlich-moralischen und 3. persönlich-moralischen Dilemmasituationen gegenüberstehen[333]. Wer beim Gärtner eine größere Zahl von Pflanzen gekauft hat, die nicht alle in den Laderaum des eigenen Fahrzeugs passen, muss entscheiden, ob er die überzähligen Töpfe voll feuchter Erde auf die mit Leder überzogene Rückbank seines Fahrzeugs stellt oder stattdessen ein zweites Mal anfährt, um die restlichen Pflanzen abzuholen. Er steht vor einem nichtmoralischen Dilemma (zu einem moralischen Dilemma – vom unpersönlichen Typ – würde die Angelegenheit erst dadurch werden, dass es sich nicht um das eigene Fahrzeug handelt). Nichtmoralische Dilemmata stellen für psychisch gesunde Personen in der Regel kein Problem dar[334].

Ein inzwischen berühmt gewordener Klassiker für eine unpersönlich-moralische Entscheidungssituation (»impersonal moral dilemma«) ist die Standardversion des sogenannten Waggon-Dilemmas (»Standard Trolley Dilemma«): Eine Person steht in leicht abschüssigem Gelände zufällig an der

Weiche eines sich verzweigenden Gleises. Von oben rollt ein führerloser Waggon auf die Weiche zu. Weiter unterhalb stehen auf dem einen der beiden sich verzweigenden Gleise fünf Arbeiter, auf dem anderen befindet sich nur einer. Wegen des Lärms einer nahe gelegenen Fabrik besteht keine Möglichkeit, die Arbeiter zu warnen. Die Weiche ist auf das Gleis mit den fünf Arbeitern gestellt. Soll bzw. darf die Person die Weiche umstellen, um fünf Personen zulasten des Todes einer Person zu retten? Zu einem *persönlich*-moralischen Dilemma wird die Situation für eine Person, die zusammen mit einem übergewichtigen Fremden auf einer Fußgängerüberführung steht und wiederum einen führerlosen Waggon von oben heranrollen sieht. Weiter unten auf dem Gleis befinden sich fünf Arbeiter, die nicht gewarnt werden können. Die einzige Möglichkeit, den Waggon aufzuhalten, bestünde darin, den übergewichtigen Fremden von der Brücke auf die Gleise zu stoßen. Darf man bzw. sollte man das tun?

In beiden zuletzt genannten Dilemmasituationen geht es, rein »sachlich«, »mathematisch« oder »ökonomisch« gesehen, um die Opferung eines Menschen zugunsten von fünf anderen. Während die Mehrheit aller Menschen der Meinung ist, man dürfe, um die fünf zu retten, die Weiche umstellen, lehnen es die meisten jedoch ab, den Fremden von der Brücke zu stoßen. Obwohl das Ergebnis, »objektiv« betrachtet, in beiden Fällen das gleiche ist, gibt uns unsere moralische Intuition zwei sehr verschiedene Auskünfte. Der Grund ist: Je persönlicher Menschen an einer moralischen Entscheidung beteiligt sind, die einem anderen einen Schaden zumutet (um damit einen noch größeren Schaden zu vermeiden), desto geringer ist die Bereitschaft, einen solchen Schaden zuzufügen. Dass es sich hier nicht um akademische Haarspaltereien handelt, zeigt die Debatte um die Rechtmäßigkeit des Abschusses eines von Terroristen entführten Flugzeuges, welches möglicherweise in ein Atomkraftwerk stürzen könnte. Ganz ähnlich ist die Situation bei der Organtransplantation. Während chirurgische Fachgesellschaften, Transplantations-Vermittlungsorganisationen und viele Publizisten die Organentnahme bei sogenannten hirntoten Menschen nicht nur befürworten, sondern sogar für ein moralisches Gebot halten, stellt sich die Situation für die unmittelbaren Betroffenen (z. B. für Ehepartner, Eltern oder Pflegekräfte, die den potenziellen Spender seit Wochen betreuen) weit schwieriger dar. Der Grund ist, dass Chirurgen und Publizisten »nur« vor einem unpersönlich-moralischen Dilemma stehen. Angehörige und Pflegekräfte sehen sich jedoch einer persönlich-moralischen Entscheidung gegenüber.

Der Verlust der moralischen Unschuld

In den meisten moralischen Dilemmasituationen begegnet uns ein Konflikt zwischen dem bereits erwähnten ökonomischen Prinzip (»Wie viele Menschen dürfen für welchen Zweck geopfert werden?«) und unserer evolutionären, auf persönliche Anteilnahme, Egalität und Kooperation ausgerichteten Intuition (»Menschen dürfen grundsätzlich nicht geopfert werden«). Zweifelsohne spielten ökonomische Überlegungen für den Menschen auch vor Beginn der zivilisatorischen Phase, die mit der neolithischen Revolution einsetzte, eine gewisse Rolle. Definitiv war die Ökonomie bis dahin aber nicht das beherrschende Prinzip des Zusammenlebens. Mit Einsetzen der zivilisatorischen Epoche sollte sich die Situation grundlegend verändern (siehe Kapitel 5). Ursache für die Bedeutung, die dem ökonomischen Prinzip jetzt zuwachsen sollte, war die Notwendigkeit, sich mit verschärftem Ressourcenmangel auseinandersetzen und diesen durch Arbeit und sparsamen Umgang mit knappen Ressourcen überwinden zu müssen. Es war der Widerspruch zwischen den Folgeerscheinungen des zivilisatorischen Prozesses (soziale Desintegration, Machtstrukturen und Gewalt) und unserer primären sozialen Intuition, der Moralsysteme entstehen ließ. Anders als in den Jahrhunderttausenden zuvor war die Frage, was »das Gute« und was »das Böse« sei, jetzt nicht mehr intuitiv zu lösen. Fragen nach »gut« und »böse« hatten sich bis dahin vermutlich kaum gestellt, sie waren vermutlich pragmatisch reguliert und gelöst worden.

Die neolithische Revolution und der mit ihr losbrechende Prozess der Zivilisation bedeuteten die »Geburt des Bösen«. Allerdings nicht in jenem naiven, bis heute weitverbreiteten Verständnis, dass der zivilisatorische Prozess »das Böse« sei. *Die »Geburt des Bösen« bestand vielmehr darin, dass es mit Einsetzen der zivilisatorischen Epoche nichts mehr gab, was moralisch unproblematisch war.* Der zivilisatorische Prozess stand und steht im Dienste der Überwindung des mittlerweile globalen Ressourcenmangels. Er stand und steht im Dienste des gemeinsamen Überlebens unserer Spezies. Aus diesem Grunde ist er keineswegs »böse«. Er ließ aber Widersprüche entstehen, die uns permanent vor moralische Dilemmata stellen. Kennzeichen moralischer Dilemmasituationen ist, dass »Gut« und »Böse« Mischungen eingehen, die uns nicht nur Kopfzerbrechen bereiten, sondern auch krank werden lassen können. Wie viel Menschlichkeit darf im Dienste des ökonomischen Überlebens, zugleich aber zulasten primärer menschlicher Bedürfnisse geopfert werden? So zeigt die Zunahme von Burn-out-Erkrankungen, dass immer weniger Menschen einen Ausweg aus dem Dilemma zwischen Arbeitsdruck und ihren persönlichen Bedürfnissen finden. Was bedeutet »gut« und »böse«, wenn Menschen sich am Arbeitsplatz verausgaben, dabei aber private Beziehungen zu Bruch gehen oder Kinder wegen fehlender elterlicher Fürsorge Verhaltensstörungen entwickeln? Ein »falsches« gesellschaftliches System, auf das wir gerne die Schuld schieben, mag dabei einen Beitrag leisten. Doch hinter jedem, auch dem gerechtesten System steht die Conditio humana schlechthin, der wir nicht entkommen können: der Ressourcenmangel.

Zivilisatorische Stressoren gegen soziale Instinkte

Die Annahme, dass es der Widerspruch zwischen zivilisatorischen Stressoren und der primären sozialen Intuition des Menschen ist, der moralische Dilemmata erzeugt oder zumindest verstärkt, wird durch zahlreiche Experimente bestätigt. Lärm, Zeitnot und allgemeiner Stress vermindern in einem geradezu erschreckenden Ausmaß die Bereitschaft von Testpersonen, in Not befindlichen anderen Menschen zu helfen. Studien zeigen, dass sich etwa zwei Drittel der Passanten, wenn sie nicht unter Zeitdruck stehen, spontan um einen stöhnenden, am Straßenrand liegenden verwahrlosten Mann kümmern. Setzt man die gleichen Testpersonen unter Zeitdruck, indem man ihnen vorher sagt, sie würden an einem Zielort dringend erwartet, leisten nur noch 10 Prozent der Teilnehmer Hilfe. Einen ganz ähnlichen Effekt hat ein weiteres Merkmal der zivilisatorischen Lebensweise, die

Anonymität: Sobald andere, uns *unbekannte* Menschen die Szene bevölkern, geht die Bereitschaft, Hilfe zu leisten, drastisch zurück: ein als »Bystander-Effekt« bekannt gewordenes Phänomen (die Anwesenheit von *persönlichen Bekannten* hat keinen negativen Effekt auf die Hilfsbereitschaft)[335]. Eine signifikante Abnahme der Hilfsbereitschaft zeigt sich, wie schon erwähnt, auch dann, wenn man Testpersonen – ohne dass ihnen dies bewusst ist – dazu bringt, sich gedanklich mit Geld, einem weiteren typischen Zivilisationsmerkmal, zu beschäftigen[336]. Eine Verstärkung von Hilfsbereitschaft lässt sich dagegen dort beobachten, wo Menschen Gutes widerfährt. Bereits kleine Geschenke oder angenehme Gerüche erhöhen die Bereitschaft, hilfreich zu sein[337]. Als besonders wirksam erweist sich in Experimenten, Testpersonen beobachten zu lassen, wie andere helfen[338]. Sobald wir uns in angenehmer Gesellschaft und damit sozusagen in einem »präzivilisatorischen sozialen Milieu« befinden, steigt auch unsere Hilfsbereitschaft.

Ein besonderes Moralsystem: die Religion

Religionen sind eine besondere, mit spezifischen Ritualen und kosmologischen Vorstellungen verbundene Form von Moralsystemen[339]. Sie markieren die gemeinsame Identität einer Gruppe. Eine ihrer entscheidenden Funktionen liegt darin, dass sie auch dann für sozialen Zusammenhalt sorgen, wenn die Zugehörigkeit Einzelner zu einer Gemeinschaft aufgrund gewachsener Gruppengröße nicht mehr durch direkte persönliche Kontakte garantiert werden kann[340]. Auch die Entstehung von Religionen war – wie die Entstehung von

Moralsystemen ganz allgemein – ein Reflex auf die bedrohlichen Veränderungen der Conditio humana, die sich im Gefolge der neolithischen Revolution einstellten. Religionen sind Garantiesysteme für eine bestimmte Ordnung des Zusammenlebens, sie sind das Antidot bzw. Gegengift gegen die durch den zivilisatorischen Prozess erzeugte soziale Desintegration, insbesondere gegen das durch diesen Prozess erzeugte Gewaltpotenzial.

»Moral thinking is for social doing«: Was Jonathan Haidt über Moralsysteme sagte, gilt uneingeschränkt auch für religiöse Glaubenssysteme. Diese Erkenntnis inspirierte Voltaire (1694–1778), den französischen Philosophen der Aufklärung und Wegbereiter der Französischen Revolution, zu seinem berühmten Satz »Wenn es keinen Gott gäbe, dann müsste man ihn erfinden«[341]. Insoweit Religionen im oben genannten Sinne Garantiesysteme für sozialen Zusammenhalt darstellen, wäre Gott der letztinstanzliche Garant dieses Systems[342]. Was die Realität eines Gottes betrifft, so ist mit diesen Überlegungen weder eine negative noch eine positive Aussage verbunden[343].

Gläubige und Gottlose im Testlabor

Dass Religionen Systeme darstellen, die sozialem Zusammenhalt und Kooperation dienen können, ist mehr als ein intuitiv gewonnener Eindruck. Experimente sind in der Lage, diese Feststellung wissenschaftlich abzusichern. An der Viadrina-Universität in Frankfurt an der Oder ließ man Versuchspersonen das bereits an früherer Stelle erwähnte Vertrauens-Spiel durchspielen[344], um zu untersuchen, welchen Einfluss die religiöse Bindung eines Menschen auf das kooperative oder nichtkooperative Verhalten hat. Die Forscher der Viadrina ließen die beteiligten Testpersonen vor Durchführung des Experiments einen Fragebogen ausfüllen, mit dem deren allgemeine Religiosität bestimmt wurde. Bevor jeweils zwei Teilnehmer einem der Experimente zugeordnet wurden, erhielten beide Auskunft über die Religiosität ihres Gegenübers. Die Ergebnisse zeigten interessante Effekte: Zunächst fiel auf, dass die Höhe des Betrages, den der Treugeber (»proposer«) seinem Partner anvertraute, mit dem Ausmaß seiner Religiosität korrelierte. Einfluss auf den Transfer des Treugebers hatte jedoch nicht nur dessen eigene Religiosität, sondern auch die des Treuhänders (»responder«), allerdings nur bei religiösen Treugebern! Im Gegensatz zu nichtreligiösen Treugebern, auf deren Verhalten die Religiosität ihres Gegenübers keinen Einfluss hatte, übertrugen religiöse Treugeber ihrem Treuhänder einen umso größeren Anteil ihres Guthabens, je größer die (ihnen zuvor mitgeteilte) Religiosität des Treuhänders war. Treuhänder ihrerseits gaben einen umso größeren Betrag zurück (und erwiderten damit das ihnen entgegengebrachte Vertrauen umso stärker), je religiöser sie waren.

Religion als »solidarisches System«

Dass Religion ein »solidarisches System« ist[345], dieses Statement des jüdisch-französischen Soziologen Émile Durkheim scheinen auch Experimente zu bestätigen, die mit nichtreligiösen und religiösen Mitgliedern eines Kibbuz in Israel durchgeführt wurden. Als Testsystem wurde eine abgewandelte

Form des Vertrauens-Spiels eingesetzt: Jeweils zwei einander zugeordnete Teilnehmer konnten jeder für sich einem jeweils mit 100 Schekel gefüllten Umschlag einen beliebigen Betrag zwischen null und 100 entnehmen. Sie waren dahingehend instruiert worden, dass ihnen alles Geld wieder abgenommen werden würde, wenn der von beiden entnommene Betrag zusammengezählt mehr als 100 Schekel betrage. Falls im Umschlag jedoch ein Betrag zurückbleibe, werde dieser vom Untersuchungsleiter um das 1,5-Fache aufgestockt und zu gleichen Teilen an beide Teilnehmer verteilt. Beide könnten dann das Geld behalten. Vertrauen und Kooperation erweisen sich in diesem Test also dadurch, dass beide Teilnehmer dem Umschlag einen möglichst geringen Betrag entnehmen in der Hoffnung, dass der jeweils andere das ebenfalls tut. Dies hätte dann zur Folge, dass sich beide am Ende eines größeren Guthabens erfreuen können. Wenn stark religiöse Kibbuzim im Experiment miteinander zu tun hatten, entnahmen sie dem Umschlag einen signifikant kleineren Betrag als ihre weniger bzw. nichtreligiösen Kollegen[346].

Die Kehrseite der moralischen Medaille

Moralsysteme haben eine Garantiefunktion. Sie machen den Menschen aber nicht »gut«[347]. Doch indem sie eine Befriedigung unserer emotionalen Urbedürfnisse, insbesondere gewaltfreies Zusammenleben und gegenseitige Hilfeleistung einfordern und garantieren, dienen sie dem unter den Bedingungen des zivilisatorischen Drucks von sich selbst entfremdeten Menschen als Selbstvergewisserung. Sie haben die Funktion, uns an unsere eigentliche, neurobiologisch verankerte Bestimmung zu erinnern. Doch Moralsysteme haben eine Kehrseite, deren Dynamik in der Lage ist, genau das zu zerstören, was durch die Moral eigentlich bewahrt werden soll. Allerdings sollte man nicht der wenig intelligenten, aber weit verbreiteten Logik folgen, dass Moralsysteme insgesamt zu verwerfen seien, nur weil sie eine problematische Kehrseite haben. Diese zeigt sich an zwei interessanten Phänomenen, zum einen am »moralischen Freibrief« (»moral licensing«), zum anderen an der »Freund-Feind-Doppelmoral« (»ingroup-outgroup-bias«).

Moralischer Freibrief für Scheinheilige

Moralsysteme bieten dem Menschen nicht nur die Möglichkeit, sich durch ein Bekenntnis als zur jeweiligen Gemeinschaft »zugehörig« auszuweisen. Es scheint eine reizvolle Versuchung zu sein, das ökonomische Prinzip – sozusagen durch die Hintertür – in den Bereich der Moral einzuführen und sich durch ein explizites oder markantes moralisches Bekenntnis bei anderen eine entsprechend besondere Anerkennung zu verschaffen. Interessanterweise bleibt ein solches explizites Bekenntnis zur Moral nicht ohne Folgen für das tatsächliche moralische Verhalten – allerdings nicht in dem Sinne, in dem man es erwarten sollte.

Vordergründig zu erwarten wäre, dass bekennende Christen christlicher handeln als andere, erklärte Marxisten keine unmenschlichen Herrschaftsverhältnisse rechtfertigen oder erklärte Antirassisten Schwarze nicht benachteiligen. Politiker, die dem Frieden das Wort reden, sollten keine Kriege herbeiführen, erklärte Atheisten frei von quasireligiösem

Fanatismus sein und bekennende »Grüne« kein umwelt-schädliches Verhalten zeigen. Dass die allgemeine Lebenser-fahrung dies nicht bestätigt, könnte auf Einzelfällen und Ausnahmen beruhen, die es immer und überall gibt. Doch die Angelegenheit verhält sich schlimmer, denn Studien zu-folge hat sie Methode: Menschen, die sich explizit zu einem Moralsystem bekennen, zeigen regelhaft eine Tendenz, das abgegebene Bekenntnis als »Guthaben«, als eine Art »Li-zenz« zu betrachten, sich daraufhin unmoralischer zu ver-halten.

»Moral licensing«, das Prinzip des moralischen Freibriefs, ist aus dem Alltag bestens bekannt[348], doch seine Bedeutung reicht weit darüber hinaus. Experimentelle Untersuchungen, die sich diesem Thema widmen, sind zweistufig aufgebaut: Zunächst erhalten die Testpersonen die Möglichkeit, in ei-nem Fragebogen oder mithilfe eines interaktiven Computer-programms ihre persönliche Einschätzung zu einem mora-lisch relevanten Thema kundzutun (Phase 1). Unmittelbar anschließend bringt der zweite Teil des Experiments die Kan-didaten in eine Handlungssituation, die Aufschlüsse über ihr tatsächliches Verhalten gibt (Phase 2). Entscheidend ist, dass die Testpersonen nicht die geringste Ahnung von dem tat-sächlichen Zweck des Experiments haben, sondern aufgrund einer glaubhaft wirkenden, aber falschen Erklärung völlig naiv und unreflektiert handeln.

Der Heiligenschein im Testlabor

US-Amerikaner, welche sich per Fragebogen zunächst besonders deutlich zur Gleichheit von Menschen schwarzer und weißer Hautfarben bekannt hatten (Phase 1), tendierten anschließend bei einer Entscheidung über die Besetzung einer Sheriffstelle (Phase 2) signifikant häufiger dazu, einem weißen Kandidaten den Vorzug vor seinem schwarzen Mitbewerber zu geben. Auf der gleichen Linie lagen die Ergebnisse von Studien, bei denen Wähler untersucht wurden, die sich vor der amerikanischen Präsidentenwahl für oder gegen den schwarzen Kandidaten Barack Obama ausgesprochen hatten. Verglichen wurde das reale Diskriminierungsverhalten von Testpersonen vor und nach der Wahl am 5. November 2008. Wer sich vor der Wahl für den schwarzen Kandidaten ausgesprochen hatte (Phase 1), zeigte nach der Wahl (Phase 2) eine stärkere Tendenz, eine zu vergebende Arbeitsstelle mit einem weißen anstatt mit einem schwarzen Bewerber zu besetzen. Wenn nicht über eine Stellenbesetzung, sondern darüber zu entscheiden war, ob ein Geldbetrag einer Wohltätigkeitsstiftung für Weiße oder einer für Schwarze zugutekommen solle, neigten Personen, die sich vor der Wahl für Obama ausgesprochen hatten (Phase 1), nach der Wahl (Phase 2) eher dazu, einer Stiftung für die Belange von Weißen den Vorzug zu geben. Der negative Effekt auf das moralische Verhalten war spezifisch, denn er blieb aus, wenn Testpersonen sich vor der Wahl zwar nicht für Obama ausgesprochen, dessen ungeachtet aber zur Demokratischen Partei Obamas gehörende weiße Wahlmänner gewählt hatten[349].

Das Pharisäerprinzip des »moral licensing« ist ein globales anthropologisches Phänomen[350]. Menschen, welche die Gelegenheit haben, ihre »gute« Gesinnung zur Schau zu stellen, erliegen besonders leicht der Versuchung, sich an anderer Stelle in moralischen Dingen größere Freiheiten herauszunehmen.

In einer amüsanten Studie ging es um den Kauf von Bioprodukten. Zunächst ließ man Testpersonen einschätzen, was sie von Menschen halten, die Bioprodukte kaufen. Da die Teilnehmer »grüne« Käufer als signifikant kooperativer, selbstloser und ethisch verantwortungsvoller einschätzten, war sichergestellt, dass die Versuchspersonen es als moralisch »gut« ansahen, biologisch einzukaufen[351]. Dann begann das eigentliche Experiment: Man bat die Befragten, an einem Bildschirm auf einer zuvor extra produzierten Einkaufs-Website für einen bestimmten Betrag verschiedene Produkte – darunter Produkte mit und ohne Biosiegel – auszuwählen und in einen Warenkorb zu werfen. Anschließend durften die Versuchspersonen am PC an einem anspruchslosen Aufmerksamkeitsspiel teilnehmen, bei dem Geld zu gewinnen war. Das Spiel in Phase 2 war so konstruiert, dass man den Gewinn durch Unehrlichkeit erhöhen konnte. Den Teilnehmern hatte man gesagt, sie seien bei dieser zweiten Aufgabe unbeaufsichtigt, es sei für das Experiment allerdings sehr wichtig, dass sie sich korrekt verhalten. Das Ergebnis war, dass Personen, die zuvor überwiegend »grün« eingekauft hatten (Phase 1), anschließend hochsignifikant häufiger Betrugsverhalten zeigten (Phase 2).

Zerknirschung macht den Menschen »gut«

Was ist die Moral der Geschichte? *Wer Menschen dazu bringen will, sich moralisch zu verhalten, darf ihnen wenig Gelegenheit geben, sich moralisch gut zu fühlen.* Moralisch scheinen sich paradoxerweise vor allem solche Menschen zu verhalten, welche die ethische Misere ihres Daseins klar vor Augen haben: Testpersonen wurden gebeten, einen kurzen Text über die eigene Person zu schreiben, wobei verlangt wurde, in den Text neun Wörter einzubauen, die den Testpersonen an die Hand gegeben wurden. Die Liste gab es in *drei* Versionen. Jeder Teilnehmer bekam jedoch nur *eine* der drei Listen zugeteilt. Die »neutrale Liste« enthielt Begriffe wie »Buch«, »Haus« oder »Schlüssel«. Auf der »positiven Liste« fanden sich Wörter wie »fürsorglich«, großzügig« oder »freundlich«. Auf der »negativen Liste« waren Adjektive wie »illoyal«, »gemein« oder »egoistisch« aufgeführt.

Aus jeder der drei Listen ergab sich ein unvermeidlicher Effekt auf die Art und Weise, wie die Teilnehmer bei der Abfassung ihrer Selbstbeschreibungen über sich dachten (Phase 1). Nach Fertigstellung ihres Textes erhielten die Testpersonen ihr Honorar, wobei sie beiläufig gefragt wurden, ob sie einen kleinen Teil davon für einen wohltätigen Zweck spenden wollten (Phase 2, Version A). Alternativ wurden sie gebeten, eine Einschätzung darüber abzugeben, in welchem Umfang sie als Fabrikmanager bereit wären, Kosteneinbußen in Kauf zu nehmen, die sich durch den Einbau eines Filters ergeben, der umweltbelastende Giftstoffe zurückhalte (Phase 2, Version B)

Moralische Zerknirschung scheint Menschen gut zu machen: Wer eine »negative Liste« erhalten hatte und dadurch gezwungen worden war, über die moralisch schlechten Seiten der eigenen Person nachzudenken, spendete anschließend mehr als 50 Prozent seines Honorars und damit fünf Mal mehr als diejenigen, die im Lichte einer »positiven Liste« über sich selbst reflektiert hatten (Letztere hatten lediglich 10 Prozent ihres Honorars gespendet; wer eine »neutrale Liste« als Vorlage erhalten hatte, spendete knapp 30 Prozent seines Honorars) [352]. Der tendenziell gleiche Effekt zeigte sich, wenn es (in Phase 2, Version B) darum ging, welche Kosten man als Fabrikmanager in Kauf nehmen würde, um die Umwelt zu schützen. Wer gezwungen worden war, über sich selbst zunächst im Angesicht einer »negativen Liste« nachzudenken, war anschließend bereit, einen um 50 Prozent höheren Kostenaufwand für den Umweltschutz in Kauf zu nehmen als jene Teilnehmer, die ihre Selbstbeschreibung zuvor anhand einer »positiven Liste« komponiert hatten. Was lernen wir? Wer sich moralisch schlecht fühlt, verhält sicher besser! Dieser Mechanismus lässt sich ausnutzen: Bei anderen Schuldgefühle zu erzeugen, Katastrophen an die Wand zu malen oder den baldigen Untergang der Menschheit zu prophezeien, war und ist eine beliebte und bewährte Methode, andere für die eigenen, angeblich moralischen Ziele einzuspannen.

Was uns als Menschen zu moralischen Wesen macht, ist ganz offensichtlich nicht unsere Tendenz, uns ausdrücklich zur Moral zu bekennen, im Gegenteil. Wer besondere Opfer im Dienste der Moral erbracht hat oder sich in herausgehobener Weise zur Moral bekennt, unterliegt einem besonders hohen Risiko, sich an anderer Stelle in einer umso unmoralischeren Weise schadlos zu halten. Welch ein ironischer Sieg des egalitären Prinzips! Dies gilt, wie die Erfahrung zeigt, nicht nur für einzelne Personen, sondern auch für Institutionen. Beispiele dafür bieten nicht nur die Kirchen und karitative sowie humanitäre Einrichtungen, sondern vor allem auch politische Parteien. Moralisch werden Menschen und Institutionen nicht durch Bekenntnisse.

Was uns alles Nachdenken über die Moral lehren sollte, ist vor allem eines: Moralisch zu entscheiden bedeutet nicht, eine Wahl zwischen eindeutig »gut« und eindeutig »böse« treffen zu müssen. Vielmehr stellt jede moralische Entscheidung eine Dilemmasituation dar. Wenn wir in der Lage sind, die Spannungen zu ertragen, die sich aus moralischen Dilemmasituationen ergeben, und der Versuchung widerstehen, uns selbst oder andere einer eindeutig moralischen oder unmoralischen Position zuzuordnen, dann sind wir dem Kern dessen, worum es bei der Moral tatsächlich geht, vermutlich am nächsten. Dies wird nochmals deutlich, wenn wir einen Blick auf das zweite Phänomen werfen, welches zur problematischen Kehrseite der Moral zu zählen ist: Die »Freund-Feind-Doppelmoral«.

»Wir« und »die anderen«: Moralsysteme als Ursache von Gewalt

Moralsysteme sind, wie bereits erwähnt, als Garantiesysteme für Zusammenhalt, Kooperation und gegenseitige Hilfeleistung entstanden. Paradoxerweise haben sie zugleich das Potenzial zur Erzeugung von Feindschaft und Gewalt. Über die längste Zeit der Evolution des Menschen lebten Gruppen in Horden von nicht mehr als etwa 120 bis 150 Mitgliedern zusammen. Wurden Gruppen größer, dann trennten sich Teile der Horde vom Verband, um eine eigene Kolonie zu gründen. Die Begrenzung auf maximal etwa 120 bis 150 Mitglieder hatte einen natürlichen Grund: Solange jeder jedem persönlich bekannt sein konnte (dieses ist bei Gruppen jenseits von etwa 120 bis 150 Mitgliedern nicht mehr möglich), war der Zusammenhalt der Gruppen durch direkte, unmittelbare Gegenseitigkeit gesichert.

Unter vorzivilisatorischen Bedingungen bedurfte es keines expliziten Moralsystems, denn Moral wurde innerhalb der Gruppe implizit gelebt. Im Verlauf der neolithischen Revolution begannen Menschen jedoch, Projekte in Angriff zu nehmen, die durch Kleingruppen von lediglich 150 Personen nicht bewältigt werden konnten: Die Bewirtschaftung von Land, die Haltung von Tierherden, der Bau von festen Wohnanlagen, die Entwicklung von Handwerk und der nun beginnende Handel erforderten die Kooperation weit größerer Verbände. Die Zeit war vorbei, in der jeder jeden persönlich kennen konnte, dennoch war es notwendig, eng verbunden zu bleiben und zu kooperieren.

Moralsysteme beschreiben die Regeln, nach denen größere Verbände von Menschen ihr Zusammenleben regeln. Sie sind Teil dessen, was man als »corporate identity«, als das Identität stiftende Erkennungsmerkmal einer Organisation bezeichnet. Wer Lebensgewohnheiten miteinander teilt, miteinander Rituale und Feste feiert[353] und gemeinsame Regeln des Zusammenlebens beachtet, befindet sich im unsichtbaren Geltungsbereich eines Moralsystems, auch dann, wenn sich innerhalb dieser Zone nicht alle persönlich kennen. Moralsysteme markieren die Grenze zwischen dem eigenen Kulturkreis, dem »wir«, und »denen«, also jenen, die einer unbekannten Außenwelt zuzurechnen sind.

»Ingroup« versus »outgroup«

Alle, die sich jenseits der Demarkationslinie zwischen »wir« und »den anderen« befinden, sind zwar nicht notwendigerweise Feinde, aber Fremde, deren Gepflogenheiten und Absichten man nicht kennt und die in einer Welt der knappen Ressourcen daher nicht nur als potenziell bedrohlich erlebt werden, sondern es auch tatsächlich werden können. Gerade weil sie nach innen Verbundenheit und Kooperation garantieren, markieren Moralsysteme nach außen eine Grenze, an der sich Feindseligkeit und Gewalt entzünden kann. Diese Demarkationslinie definiert die Grenze zwischen »ingroup« und »outgroup«. Da die Aggression im Dienste der Bindung steht, bedeutet dies, dass das Risiko von Gewalt vor allem immer dann steigt, wenn der Zusammenhalt einer »ingroup« – sei es aus inneren oder aus äußeren Gründen[354] – bedroht ist.

Die gleichen Moralsysteme, die den Zusammenhalt einer »ingroup« garantieren, können bei einer Bedrohung von außen (oder im Falle einer »ingroup«-Krise) auch als Legitimation für Diskriminierung, Aggression und Gewalt gegenüber einer »outgroup« dienen[355]. Um Feindseligkeit abzurufen, ist es allerdings erforderlich, die primär auf Kooperation zielenden neuronalen Systeme des Menschen selektiv außer Funktion zu setzen[356]. Dies ist z. B. dann möglich, wenn die zur »Outgroup« Gehörenden – wie es in der Geschichte vielfach der Fall war – extrem fremdartig wirken und daher die neuronalen Empathiesysteme nicht in Aktion treten[357]. Wo der Mechanismus der Fremdartigkeit für sich alleine nicht greift, stehen weitere Mechanismen zur Verfügung: Eine Möglichkeit besteht darin, die zur »outgroup« Gehörenden durch eine entsprechende Propaganda zu gefährlichen, die Schmerzgrenze tangierenden Aggressoren zu erklären[358]. Eine weitere Option ist, Mitglieder der »outgroup« ihres Mitmensch-Seins zu berauben und sie graduell oder gänzlich zu dehumanisieren, also zu entmenschlichen[359]. Eine dritte Möglichkeit ist, dass die »outgroup« sich tatsächlich aggressiv oder demütigend verhält und damit nach dem Gesetz der Schmerzgrenze auf der Gegenseite Aggression hervorruft.

»Ingroup«- versus »outgroup«-Spaltungen finden sich überall. Sie können Familien ebenso treffen wie Teams am Arbeitsplatz. Sie spielen beim Sport (insbesondere beim Fußball) ebenso eine Rolle wie bei politischen Gruppen und Parteien. Sie prägen aber auch das internationale Geschehen und spielen eine bedeutende Rolle bei der Entstehung von Konflikten und im Vorfeld von Kriegen. Nicht zuletzt spielten und spielen sie eine herausragende Rolle bei Religionen, wobei die diskriminierte »outgroup« vorzugsweise durch Nichtgläubige gebildet wurde bzw. wird. Interessant und fatal ist, dass Menschen, die als »outgroup« ausgegrenzt oder gar verfolgt waren, nach einer gewissen Zeit oft nach dem gleichen fanatischen Schema agieren und ihrerseits andere als »outgroup« moralisch diskriminieren. So zeigen, worauf der Neuroethiker Jonathan Haidt mit Recht hinweist, heute einige atheistische Fanatiker aus dem Bereich der Evolutionsbiologie gegenüber Gläubigen teilweise eine Intoleranz, die an jene erinnert, unter der Atheisten und Evolutionsbiologen selbst zu leiden hatten[360].

»Ingroups« in der Krise: Rettung durch Erzeugung einer »outgroup«

Nicht immer ist die Bildung von »outgroups« ein *sekundäres*, also ein auf die Formation einer »ingroup« *nachfolgendes* Phänomen. Oft ist die Reihenfolge umgekehrt. Wie bereits festgestellt, gehören auch zwischenmenschliche Bindungen zu den knappen Ressourcen. Der Mangel an natürlichen Ressourcen, der vor 12000 Jahren zum Ausgangspunkt der zivilisatorischen Epoche wurde, hatte auch einen prekären Mangel an emotionalen Ressourcen zur Folge. Wenn es innerhalb einer Gemeinschaft an Bindungen, Zusammenhalt oder einem sinnstiftenden moralischen Konsens fehlt, kann die Konstruktion einer »outgroup« Abhilfe schaffen: Wo ein starkes, möglichst bedrohlich wirkendes gemeinsames Feindbild an die Wand projiziert wird, dort kann der gemeinsame Hass auf das ausgegrenzte »Böse« ein Gefühl gegenseitiger Verbundenheit herstellen, welches man ansonsten schmerzlich vermisst hätte. Die »outgroup«, das »Böse«, wird dabei keineswegs immer nur außerhalb des eigenen Lebensraumes gesucht. Die Ausgrenzung kann sich ebenso gegen Personen oder Menschengruppen richten, mit denen man bisher das Leben geteilt hat. »Outgroups« werden also häufig erst erzeugt, damit sich diejenigen, denen es an Bindung und gemeinsamen Zielen fehlt, in einer »ingroup« zusammenfinden können[361].

7

Alltägliche und globale Gewalt verstehen und begrenzen lernen

>*So lasst uns nach der Welt streben, die sein sollte –
nach dem göttlichen Funken, der sich immer noch
in unserer Seele regt!*«

>(Barack H. Obama, Nobelpreisrede 2009)

Aggression und Gewalt werden den Menschen auch weiter begleiten. Das Ziel dieses Buches war es nicht, Vorschläge zur Abschaffung der Aggression zu unterbreiten. Angesichts ihrer Bedeutung als soziales Regulativ wäre dies weder wünschenswert noch realistisch. Woran uns aber nachdrücklich gelegen sein muss, ist eine Begrenzung und deutliche Zurückführung destruktiver und selbstzerstörerischer Gewalt. Dies kann nur gelingen, wenn wir die Aggression von den Mythenbildungen befreien, von denen sie umgeben ist, und ihre Ursachen verstehen. Das nachfolgende Resümee soll einige Erkenntnisse nochmals zusammenfassen und in den Kontext unserer realen Welt stellen. Dabei sollte erkennbar werden, wie wir alltägliche und globale Gewalt verstehen und begrenzen können.

Zum Wesen der Aggression

Aggression ist ein evolutionär entstandenes, neurobiologisch verankertes Verhaltensprogramm, welches den Menschen in die Lage versetzen soll, seine körperliche Unversehrtheit zu bewahren und Schmerz abzuwehren. Die neurobiologischen Schmerzzentren des menschlichen Gehirns reagieren jedoch nicht nur auf körperlichen Schmerz, sondern werden auch dann aktiv, wenn Menschen ausgegrenzt oder gedemütigt werden. Nach dem Gesetz der Schmerzgrenze wird Aggression nicht nur durch willkürlich zugefügten Schmerz, sondern auch durch soziale Ausgrenzung hervorgerufen.

Nicht ausgegrenzt zu sein, sondern befriedigende Beziehungen zu anderen zu pflegen, zählt zu den menschlichen Grundmotivationen. Wer Menschen von Beziehungen abschneidet, indem er sie ausgrenzt und demütigt, tangiert die physische und psychische Schmerzgrenze und wird Aggression ernten. Der Aggressionsapparat erweist sich damit als Hilfssystem des neurobiologischen Motivationssystems, welches auf soziale Akzeptanz ausgerichtet ist. Aggression wird erzeugt, wenn wichtige zwischenmenschliche Bindungen fehlen oder bedroht sind. Die Grundregeln der Aggressionserzeugung gelten nicht nur für einzelne Personen, sondern auch für Menschengruppen oder Nationen.

Ein Hauptgrund dafür, dass Aggression oder Gewalt häufig völlig unbegründet und unverständlich erscheint, ist das Phänomen der Verschiebung: In einem Menschen entstandene Aggressionsbereitschaft kann vom Gehirn in einem »Aggressionsgedächtnis« gespeichert werden. Dies kann einerseits zur Folge haben, dass sich das aufgestaute Aggressionspotenzial nicht gegen diejenige Person richtet, welche die Aggression provoziert hatte, sondern an eine andere Adresse. Andererseits besteht die Möglichkeit, dass sich ein entstandenes Potenzial erst mit erheblicher zeitlicher Verzögerung entlädt. Verschiebungsphänomene zeigen sich nicht nur bei Einzelpersonen, sondern wiederum auch bei Gruppen oder Nationen.

Verschiebungsphänomene sind besonders fatal, weil sie plötzliche Aggression bei anderen unverständlich und unbegründet erscheinen lassen und darüber hinaus der zentralen Funktion der Aggression entgegenstehen, ein soziales Regulativ zu sein. Aus dem Blickwinkel ihrer evolutionären Entstehungsgeschichte betrachtet, ist die Aggression ein kommunikatives Signal, welches der Umwelt eines Individuums ein Zeichen geben soll, dass ein nicht akzeptabler körperlicher oder sozialer Schmerz empfunden wird. Wenn die Aggression ihre kommunikative Funktion des Aufmerksammachens behält, ist sie konstruktiv. Wenn sie diese Funktion eingebüßt hat, wird sie destruktiv und zum Auslöser von Gewaltkreisläufen.

Aggression und Gewalttätigkeit finden sich bei beiden Geschlechtern, zeigen sich jedoch in unterschiedlicher Akzentuierung. Gene sind per se, das heißt aus sich alleine heraus, nicht in der Lage, aggressives Verhalten zu verursachen. Sie beeinflussen aber die Empfindlichkeit der Schmerzgrenze und können – allerdings nur im Zusammenspiel mit Aggression provozierenden Faktoren – die aggressive Reaktionsbereitschaft verändern. Psychopathen repräsentieren in keiner Weise einen »Prototyp« menschlicher Aggression, sondern sind Kranke, die markante neurobiologische Abweichungen aufweisen. Die Gemeinschaft muss vor ihnen geschützt werden.

Gewalttätigkeit ist kein Mysterium, vor dem wir andächtig oder fatalistisch verweilen sollten. Aggressives Verhalten folgt immer Regeln. Aggression ist kein spontan auftretendes menschliches Grundbedürfnis, ein »Aggressionstrieb« existiert nicht. Insofern ist der UNESCO-Erklärung von Sevilla[362] (Titel: »Gewalt ist kein Naturgesetz«) aus neurobiologischer Sicht voll zuzustimmen (»Wissenschaftlich nicht haltbar ist die Annahme, Krieg oder anderes gewalttätiges Verhalten sei beim Menschen genetisch vorprogrammiert. ... Wissenschaftlich nicht haltbar ist die Annahme, Krieg sei verursacht durch einen ›Trieb‹ oder ›Instinkt‹«).

Perspektiven des Alltags

Soziale Ausgrenzungen und Demütigungen ereignen sich in der Familie, in Kindergarten und Schule sowie im beruflichen Alltag. Die Austragung von Konflikten ist in allen drei Lebensbereichen nicht nur unausweichlich, sondern ein absolutes Erfordernis. Nicht erforderlich ist jedoch, dies mit Demütigungen zu verbinden, die ein gefährlicher Auslöser für Gewalt sein können. Wir sollten uns daher eine grundsätzliche Achtsamkeit zu eigen machen und auf entwürdigendes Verhalten verzichten. Dies gilt vor allem dann, wenn wir eine Konfrontation durchzustehen haben.

Viele Familien sind, ohne sich dessen bewusst zu sein und ohne dies zu wollen, Brutstätten für eine spätere Gewaltbereitschaft der in ihnen lebenden Kinder. Kinder, die keine zuverlässigen Bindungen zu ihren Bezugspersonen haben, um die sich kaum jemand kümmert und für die niemand Zeit hat, leben im Zustand der Ausgrenzung. Eine geradezu erdrü-

ckende wissenschaftliche Datenlage zeigt, dass vernachlässigte oder von Gewalterfahrung betroffene Kinder in späteren
Jahren eine massiv erhöhte Gewaltbereitschaft zeigen und ein
massiv erhöhtes Risiko haben, kriminell zu werden. Zur guten Erziehung eines Kindes gehören liebevolle Zuwendung,
klare Regeln und das gemeinsame Einüben, dass Bedürfnis-
befriedigung aufgeschoben und Frustrationen ertragen werden können[363].

Auch Kindergärten und Schulen sind Orte, in denen Spielarten von Ausgrenzungen und Demütigungen stattfinden.
Dies betrifft vor allem den Umgang der Kinder untereinander und zeigt sich in einem Spektrum zwischen entwürdigen-
den Hänseleien bis hin zum Cyber-Mobbing. Auch Kindergärten und Schulen sind Orte, wo Konflikte fair ausgetragen
werden müssen. Es ist jedoch eine bisher zu wenig wahr-
genommene Aufgabe von Eltern und von Pädagogen, gemeinsam (!) darauf zu dringen, dass dies fair und ohne Ausgrenzungen und Demütigungen passiert. Eine diesbezügliche
Achtsamkeit ist die beste Prävention gegen Gewalt (einschließlich Amokläufen).

Wie in Familie und Ausbildungseinrichtungen, so sollte die
soziale Akzeptanz auch am Arbeitsplatz einen hohen Stellenwert haben. Hier sind vor allem Vorgesetzte und Füh-
rungskräfte gefordert. Sie sollten darauf verzichten, in den
von ihnen geführten Teams Spaltungen zu erzeugen. Insbesondere die Ausgrenzung Einzelner durch Mobbing sollte ge-
ächtet sein. Wer innerhalb eines Teams definitiv nicht tragbar
ist, sollte ohne Demütigung veranlasst werden, auszuschei-
den. Eine wichtige Hilfe für die Herstellung und Bewahrung
einer kollegialen Beziehungskultur am Arbeitsplatz sind re-
gelmäßige Supervisionen.

Zu den wichtigen Funktionen der Aggression gehört die Verteidigung von zwischenmenschlichen Bindungen. Mädchen und Frauen schützen Bindungen vor allem durch Fürsorge und Empathie. Jungen und Männer wollen nach außen beschützen. Dies ist der Grund, warum Jungen sich danach sehnen, ihren Mut und ihre Kräfte zu erproben. Sie wollen lernen, gute Beschützer zu sein. Dabei sollten ihnen vor allem die Väter helfen. Nachdem für Jungen immer weniger Gelegenheiten zur Verfügung stehen, sich z.B. in Sportvereinen, auf dem Fußballplatz oder bei Unternehmungen mit Abenteuercharakter als Beschützer auszuprobieren, spielen die virtuellen Ersatzwelten der Videospiele eine immer größere Rolle. Was die Jungen hier »lernen«, sind allerdings häufig keine Hilfen bei der Reifung zum Mann, sondern Trainingsprogramme für Brutalität und Sadismus.

Der Verlust von Bindungen (Ablösung aus dem Elternhaus, Trennung von Partnerschaften, Entlassung am Arbeitsplatz) ist ein unvermeidlicher Teil des Lebens, Bindungsverluste machen einen Menschen zugleich aber auch besonders verletzlich. Drohende oder tatsächliche Trennungen, die einem Menschen gegen den eigenen Willen widerfahren, sind ein erstrangiger Auslöser für Aggression bis hin zu schweren Gewalttaten. Deshalb sollte allen Beteiligten eines Trennungsprozesses daran gelegen sein, begleitende Demütigungen zu vermeiden und alles zu tun, was den Trennungsschmerz abmildern kann.

Die Aggression ist ein soziales Regulativ, sie soll uns zur Verfügung stehen, wenn wir uns wehren müssen. Die Rolle als Korrekturfaktor zur Beseitigung einer Störung kann die Aggression jedoch nur dann spielen, wenn sie ihre Aufgabe als kommunikatives Signal erfüllt. Dies bedeutet, sie muss für den Adressaten verständlich sein. Eine Voraussetzung dafür ist, dass sie sich verbaler Mittel bedient. Aggression, die ihren kommunikativen Auftrag erfüllt, ist konstruktiv, andernfalls ist sie destruktiv und begünstigt das Entstehen von Gewaltkreisläufen.

Wer körperliche oder seelische Verletzungen durch andere erlitten hat, sollte für sich keine Opferrolle kultivieren, sondern eine Reaktion zeigen und sich der fälligen Auseinandersetzung stellen (dabei kann die vermittelnde Hilfe Dritter notwendig sein). Dort, wo Konflikte zu einem destruktiven Aggressionskreislauf zu werden drohen, hilft oft nur eine frei gewählte Trennung vom Gegner. Ein weiterer, bedeutender Ausweg aus nicht lösbar erscheinenden Konflikten ist die Vergebung[364] (sie ist jedoch eine nicht allen geschenkte Fähigkeit).

Politische Perspektiven

Eine Reflexion der politischen Bedeutung dessen, was Neurobiologen zur Aggression zu sagen wissen, bedeutet keine illegitime Invasion der Biologie in politisches Terrain. Diese Invasion hat schon lange stattgefunden. Rassistische Konzepte, die Unterscheidung von Menschen mit »guten« und weniger guten Genen, »Aggressionstrieb« und »egoistische Gene«: Diese seit Beginn des 20. Jahrhunderts nach und nach aus der Biologie in die Politik getragenen Konzepte hatten immense politische Auswirkungen. »Aggressionstrieb« und »egoistische Gene« sind Theorien, die – obgleich sachlich unhaltbar[365] – perfekt in das derzeitige globale Wirtschaftssystem eines ungebremsten Raubtierkapitalismus passen.

Ausgrenzungserfahrungen sind nicht nur im privaten Umfeld möglich, sie können auch Teil des gesellschaftlichen Zusammenlebens sein. Länder ohne demokratische Strukturen grenzen bereits durch diesen Mangel große Teile ihrer Bevölkerung aus. Aber auch in Demokratien kann es, z. B. wenn sie ausschließlich repräsentativ funktionieren wie in Deutschland, zu einem Mangel an Partizipation kommen. Besonders starke Ausgrenzungserfahrungen ergeben sich in einem Land jedoch aus der konkreten Ungleichverteilung von Chancen. Insbesondere Armut im Angesicht von Wohlstand anderer ist eine Ausgrenzungserfahrung ersten Ranges.

Dem Gesetz der Schmerzgrenze folgt nicht nur das Verhalten einzelner Personen, sondern auch das »Verhalten« einer Gesellschaft als Ganzes. Arme Länder zeigen höhere Gewaltspiegel. Vor allem korreliert die Ungleichverteilung von Vermögen und Einkommen innerhalb eines Landes mit der Gewaltbereitschaft seiner Bevölkerung. Länder mit hoher Ungleichverteilung haben nicht nur höhere Homizidraten, auch die Gesundheit der Bevölkerung ist hier stärker beeinträchtigt. Gerechtigkeit ist für eine Gesellschaft die beste Gewaltprävention.

Der wichtigste Ausweg aus innergesellschaftlicher Benachteiligung ist die Bildung. Bessere Bildung ist zugleich Gewaltprävention[366]. Die Solidargemeinschaft eines Landes sollte größte Anstrengungen unternehmen, Bildungsangebote bereitzustellen, die auch von »bildungsfernen« Milieus genutzt werden können. Doch auch die Benachteiligten selbst sind gefordert. Keine Gesellschaft hat die Ressourcen, jeder bildungsfernen Familie einen Sozialarbeiter an die Seite zu stellen. Daher sollte die Solidargemeinschaft ein starkes Signal an diejenigen senden, die aufgefordert sind, vorhandene

Bildungsangebote zu benutzen und sich den Anstrengungen langer Bildungswege zu unterziehen. Erziehung ihrer Kinder zur Bildungsbereitschaft sollte den Eltern in allen gesellschaftlichen Schichten ein erstrangiges Anliegen sein.

Internationale Perspektiven

Zu den wichtigsten Reizen für Gewalt und kriegerische Auseinandersetzungen auf der internationalen Bühne zählen Armut und der Kampf um knappe Ressourcen[367]. Mehr als 75 Prozent der aktuellen Kriege werden in der Dritten Welt geführt[368]. Häufig findet sich zwischen den Regionen eines ohnehin sehr armen Landes eine Ungleichverteilung von potenziellen Ressourcen (meistens in Form von zu erschließenden Bodenschätzen). Die Folge sind Bürgerkriege bzw. sogenannte »Neue Kriege« (Kriege, bei denen Warlords, kriminelle Banden oder ausländische Interessenten die Fäden ziehen). Zunehmend werden bei diesen Konflikten auch Kindersoldaten eingesetzt[369]. Kriege sind meistens beides: die Folge einer Armutsmisere und Ursache weiterer, noch größeren Elends[370].

Große Bedeutung für die Erzeugung gewaltsamer Konflikte auf der internationalen Bühne haben neben Armut auch Demütigungen. Sie spielten und spielen eine zentrale Rolle für den fundamentalen Konflikt zwischen der islamischen und der westlichen Welt. Ein Beispiel für die Demütigungsproblematik sind Vorgänge, wie sie sich 2003 und 2004 in Abu Ghuraib im Irak ereigneten[371]. Ein besonderer Schauplatz in diesem Zusammenhang ist seit Jahren der Nahe Osten. Es kann kein Zweifel darüber bestehen, dass ein in seiner Existenz von seinen Nachbarn bedrohtes Land das Recht hat, sich zu verteidigen. Fatal ist, wenn dies mit einer nicht abreißenden Serie von unzähligen alltäglichen Demütigungen verbunden ist, die zu einem endlosen Kreislauf des Hasses und der Gewalt beitragen.

Eine »neolithische Revolution im globalen Maßstab«?

Bei einem Blick auf die derzeitige, durch absehbar begrenzte Ressourcen und enorme technologische Anstrengungen charakterisierte globale Situation erscheint ein Vergleich mit der neolithischen Revolution alles andere als abwegig. Man könnte metaphorisch davon sprechen, dass wir derzeit eine »neolithische Revolution im globalen Maßstab« erleben. Auch Länder, die sich bis vor Kurzem noch eines relativ beschaulichen Daseins erfreuen konnten, wurden in den letzten Jahren von der Globalisierung erfasst und gerieten ins Getriebe einer Weltwirtschaft, die dabei ist, sich auf der Suche nach Ressourcen und Renditen die letzten noch verbliebenen Biotope zu erschließen.

Ähnlich wie die Menschen vor 10 000 Jahren, erleben wir auch heute einen neuen, massiven Einbruch des ökonomischen Prinzips in alle Lebensbereiche. Wie damals, so bedrohen auch heute Leistungsdruck, soziale Desintegration und Gewalt ein menschenwürdiges Zusammenleben. Wir spüren die gefährlichen Folgen des als »Ökonomismus«[372] bezeichneten Versuchs, die Herrschaft des ökonomischen Prinzips über das »Prinzip Menschlichkeit« zu stellen.

Interessanterweise erleben wir als Antwort auf das mit Macht und im globalen Maßstab hereinbrechende ökonomische Prinzip auch heute wieder jenen Reflex, der sich schon im Gefolge der neolithischen Revolution einstellte: das Aufkommen von Moralsystemen. Moralsysteme haben eine Garantiefunktion: Ihre Aufgabe ist die Bewahrung einer Vision eines menschlichen Zusammenlebens unter dem Vorzeichen von Zusammenhalt, sozialer Akzeptanz und Gerechtigkeit. Im Westen, wo man derzeit noch vergleichsweise angenehm leben kann, zeigt sich dieser moralische Reflex – von einer vermehrten spirituellen Suche und einer verstärkten Nachfrage nach vorzugsweise buddhistischen Angeboten einmal abgesehen – noch nicht sehr deutlich. Außerhalb des Westens ist er jedoch nicht zu übersehen. Es ist kein Zufall, dass der Islam überall dort auf dem Globus den stärksten Zuspruch findet, wo sich Menschen in besonderer Weise als ausgegrenzt und gedemütigt erleben.

Moralsysteme bzw. Religionen werden, gerade angesichts der durch starke ökonomische Zwänge charakterisierten globalen Situation, ihre Bedeutung behalten. Sie bilden aus der Sicht ihrer Anhänger und ihrer Repräsentanten einen Gegenpol zur entfesselten Dynamik des ökonomischen Prinzips. Je stärker dieses sich als eine Art Ersatzreligion aufführt und versucht, den Menschen und dessen Bedürfnisse bedingungslos seinen Ansprüchen unterzuordnen, desto massiver und radikaler wird sich eine Religion dieser Tendenz entgegenstellen. Was wir derzeit vor diesem Hintergrund beobachten, ist ein immer brisanterer Konflikt zwischen einer »ingroup« (Islam) und einer »outgroup« (Westen). Auf beiden Seiten kommt dabei eine »bewährte« Methode zur Anwendung, die erwiesenermaßen geeignet ist, die Hemmschwellen für eine gewaltsame Auseinandersetzung zu senken: die Dehumanisierung des jeweiligen Gegners.

In jedem Falle wird der sich weiter verschärfende globale Ressourcenmangel die Gefahr der Ausgrenzung von Teilen der Menschheit und damit das Risiko gewaltsamer Auseinandersetzungen erhöhen. Die Vorstellung von einer absoluten Gleichheit aller Menschen ist auch aus neurobiologischer Sicht keine sinnvolle Forderung. Doch die Schere der materiellen Ungleichheit darf sich nicht zu weit öffnen. Das menschliche Gehirn verfügt über einen neurobiologisch verankerten Sinn für Gerechtigkeit. Verstöße gegen die Fairness tangieren die Schmerzgrenze und werden Aggression nach sich ziehen. Daher sollten wir – in Anlehnung an das Zitat Barack Obamas – »nicht nachlassen, nach der Welt zu streben, die sein sollte«.

Danksagung

Ich danke Karin Graf und Dr. Rebekka Göpfert, die die Entstehung dieses Buches begleitet haben, und Tilo Eckardt für sein Lektorat.

Anmerkungen

1 Dutton, Boyanowsky und Bond (2004).

2 Washburn und Lancaster (1968).

3 Dawkins (1976/2004).

4 Mit dieser Formulierung versuchte ein Kommentator zu erklären, warum Amokläufe in Schulen ein unergründliches und letztlich kaum zu vermeidendes Phänomen seien. Ich werde auf die wissenschaftliche Erforschung der Hintergründe von Amokläufen an späterer Stelle noch ausführlich eingehen.

5 Dart und Craig (1959), Washburn und Lancaster (1968), Wilson (1975), Ardrey (1976), Wrangham und Peterson (1996).

6 Sussman und Hart (2006, 2008), Sussman und Marshack (2010).

7 Erdal und Whiten (1994, 1996), Henrich und Kollegen (2005), Barr und Kollegen (2009).

8 Eisenegger und Kollegen (2010).

9 Verona und Sullivan (2008).

10 Verona und Kilmer (2007), Verona und Sullivan (2008). Experimente zeigen, dass kathartische Aggressionsrituale die Betroffenen anschließend nicht – wie bei einer Katharsis zu erwarten wäre – weniger, sondern deutlich stärker aggressiv machen.

11 Das Theorem geht auf den US-Soziologen William Isaac Thomas (1863–1947) zurück (»Wenn Menschen Situationen als wirklich definieren, sind sie in ihren Konsequenzen wirklich«).

12 Ich habe das in meinem Buch »Prinzip Menschlichkeit« (2006) ausführlich dargestellt und mit vielen Beispielen belegt.

13 Eine führende Rolle im Rahmen dieser fatalen Entwicklung spielte in Deutschland die 1905 gegründete »Deutsche Gesellschaft für Rassenhygiene«, der große Teile der akademischen Elite aus allen wissenschaftlichen Disziplinen angehörten. Ihr Ehrenmitglied war der Biologe und Mediziner Ernst Haeckel, der den Euthanasiegedanken popularisierte. Nach seinem Tode wurden Haeckels Anschauungen – zusammen mit den Konzepten weiterer prominenter Akademiker – zur Grundlage der nationalsozialistischen Ras-

sentheorie. Eine ausführliche Übersicht über den Einfluss der Biologie auf das politische Denken in der ersten Hälfte des 20. Jahrhunderts findet sich in meinem Buch »Prinzip Menschlichkeit« (2004), Kapitel 4.

14 Freud war österreichischer Jude. Dass viele jüdische Österreicher und Deutsche im Ersten Weltkrieg als Soldaten auf deutsch-österreichischer Seite kämpften und ihr Leben ließen, Juden in beiden Ländern wenige Jahre später dessen ungeachtet aufs Schlimmste verfolgt wurden, ist ein besonders tragischer Aspekt der nationalsozialistischen Verbrechen.

15 Zum Einfluss des Konzepts der natürlichen Auslese auf die Anbahnung beider Weltkriege siehe nochmals mein Buch »Prinzip Menschlichkeit« (2004), Kapitel 4.

16 Die erstmalige Erwähnung eines Aggressionstriebes findet sich unter dem Namen »Todestrieb« in Freuds 1920 erschienener Schrift »Jenseits des Lustprinzips«. Der »Todestrieb« könne sich, so Freud, entweder gegen die Person selbst oder – als sichtbares destruktives Verhalten bzw. Aggression – gegen andere Menschen richten. In seiner 1930 erschienenen Schrift »Das Unbehagen in der Kultur« nimmt Freud die Gedanken aus »Jenseits des Lustprinzips« wieder auf und erwähnt die seiner Meinung nach »[...] angeborene Neigung des Menschen zum ›Bösen‹, zur Aggression, Destruktion und damit auch zur Grausamkeit [...]«. In seinem Brief an Albert Einstein aus dem Jahre 1932 (»Warum Krieg?«) bezeichnete Freud seine Erfindung ausdrücklich als »Aggressionstrieb«.

17 Einführend beschrieb Freud in »Jenseits des Lustprinzips« seine Gedanken als »Spekulation, oft weitausholende Spekulation«. Am Ende dieses Textes schrieb er: »Man könnte mich fragen, ob und inwieweit ich selbst von den hier entwickelten Annahmen überzeugt bin. Meine Antwort würde lauten, [...]: Ich weiß [es] nicht, [...]. Man kann sich doch einem Gedankengang hingeben, nur aus wissenschaftlicher Neugierde oder, wenn man will, als advocatus diaboli, der sich darum doch nicht dem Teufel selbst verschreibt«.

18 »Wir [gemeint ist Albert Einstein und er selbst] sind Pazifisten [...]«, schreibt er 1932 in seinem Brief an Einstein.

19 Einstein (1932).

20 Freud (1932).

21 Ein großer Teil der zeitgenössischen Psychoanalytiker/innen lehnt das Konzept des Aggressionstriebes heute ab. Auf Ablehnung stieß das Konzept auch in der Logotherapie Viktor Frankls bzw. in der existenzanalytischen Schule (Längle, 2003). Der umstrittenen Schule von Melanie Klein folgende Psychoanalytiker halten jedoch am Aggressionstrieb fest.

22 »Zeichen der Wut sind wahrscheinlich zum großen Teile, und einige von ihnen scheinen es gänzlich zu sein, Folgen der direkten Einwirkung des erregten Sensoriums. Tiere aller Arten und früher ihre Vorfahren haben, wenn sie von einem Feinde angegriffen oder bedroht wurden, ihre Kräfte bis zum Äußersten im Kämpfen und im Verteidigen angestrengt.« (Darwin, 1872; S. 84). Als Auslöser menschlicher Aggression sah Darwin die Gefährdung geliebter anderer sowie Kampf um Ressourcen bzw. Neid, Kränkungen, Eifersucht und Angst (Darwin, 1872; S. 89, 90, 93, 153, 154, 263, 273, 274).

23 Ausführungen Darwins zur Psychologie des Menschen finden sich in seinem 1872 publizierten, äußerst lesenswerten Werk »Der Ausdruck der Gemütsbewegungen bei dem Menschen und den Tieren«, außerdem in seiner Autobiografie (Darwin, 1887).

24 Darwin (1887), S. 98, 99.

25 Darwin (1872), S. 236, 237.

26 Darwin (1872), S. 92. Dessen ungeachtet sah Darwin den Menschen sowohl als Individuum als auch als Spezies (d.h. als Art) den Prinzipien der natürlichen Auslese, d.h. einem Überlebenskampf ausgesetzt. Die natürliche Selektion sei, so Darwin, der zentrale Einflussfaktor für die Entwicklung »höherer« aus »niedereren« Lebewesen: »Wie jedes andere Lebewesen ist auch der Mensch ohne Zweifel auf seinen gegenwärtigen hohen Zustand durch einen Kampf um die Existenz in Folge seiner rapiden Vervielfältigung gelangt« (Darwin 1871, S. 699, 700). Daher war Darwin durchaus der Meinung, dass »wenn er [der Mensch] noch höher fortschreiten soll, so muss er einem heftigen Kampfe ausgesetzt bleiben« (Darwin 1871, S. 699, 700). Einen Aggressionstrieb,

also ein Vergnügen oder eine Lust an der Gewalt, sah Darwin dabei jedoch definitiv nicht am Werke. Zu einem sich hier möglicherweise ergebenden inneren Widerspruch der darwinschen Theorie siehe Bauer (2010), Seite 159.

27 Das Zitat entstammt der Rede von Julia Voss bei der Entgegennahme des Sigmund-Freud-Preises für wissenschaftliche Prosa der Deutsche Akademie für Sprache und Dichtung (abgedruckt in der »Frankfurter Allgemeinen Zeitung« vom 02. November 2009).

28 In seinem Aufnahmeantrag in die NSDAP empfahl sich Lorenz u.a. mit den Sätzen »Schon lange vor dem Umbruch war es mir gelungen, sozialistischen Studenten die biologische Unmöglichkeit des Marxismus zu beweisen und sie zum Nationalsozialismus zu bekehren. Auf meinen vielen Kongress- und Vortragsreisen habe ich immer und überall mit aller Macht getrachtet, den Lügen der jüdisch-internationalen Presse ... entgegenzutreten« (Föger und Taschwer, 2003, S. 84). In anderen Schriften äußerte er sein entschiedenes Engagement für »Rassenpflege« und für die »Ausmerzung ethisch Minderwertiger« (Föger und Taschwer, 2003, S. 91). Konrad Lorenz blieb auch nach dem Kriege seinen sozialdarwinistischen Ansichten treu. »Genetische Verfallserscheinungen« u.Ä. beschäftigten ihn auch in den Jahrzehnten nach dem Kriege immer wieder.

29 Lorenz (1963).

30 »Vor allem aber ist es mehr als wahrscheinlich, dass das verderbliche Maß an Aggressionstrieb, das uns Menschen heute noch in den Knochen sitzt, durch einen Vorgang der intraspezifischen Selektion verursacht wurde, der durch mehrere Jahrzehntausende, nämlich durch die ganze Frühsteinzeit, auf unsere Ahnen eingewirkt hat. ... Der Auslese treibende Faktor war der Krieg« (Lorenz, 1963/1995, S. 59). Auf die Situation des prähistorischen Menschen, die sich tatsächlich weitgehend anders darstellt, werde ich an späterer Stelle eingehen.

31 Lorenz (1963/1995), S. 279.

32 Lorenz (1963/1995), S. 165, 177, 248.

33 Siehe die Kritik der Bonner Zoologin und Verhaltensforscherin Hanna-Maria Zippelius (1992).

34 Auch das von Richard Dawkins entworfene Konzept »egoistischer« Gene (Dawkins, 1976/2004) verdankt seine Popularität nicht etwa biologischen Tatsachen, sondern der Legitimation eines dazu passenden Gesellschaftsmodells, siehe dazu Bauer (2010).

35 Welzer (2006). Die nachfolgenden Zitate stammen aus dem Schlusskapitel mit der Überschrift »Alles ist möglich«, S. 246–268.

36 Milgram (1963, 1965), siehe auch Lemov (2005), S. 222–228.

37 Welzer (2006), S. 258.

38 Für die als »Lehrer« fungierenden Probanden war nicht erkennbar, dass die Schocks nicht tatsächlich appliziert wurden, auch nicht, dass die zu hörenden Schmerzlaute nur gespielt waren.

39 Wenn das Experiment nicht im Ehrfurcht gebietenden Gebäude der Yale University, stattdessen in einer weniger imposanten Adresse (mit einem außen angebrachten Schild »Research Associates of Bridgeport«) durchgeführt wurde, sank der Anteil derer, die sich drängen ließen, immer stärkere Schocks zu applizieren, auf 48 Prozent.

40 Lemov (2005), S. 227.

41 Philip Zimbardos Experimente sind noch weniger als jene von Milgram geeignet, eine Lust an der Gewalt zu beweisen. Zimbardos Experimente wurden bis zum heutigen Tage in keiner begutachteten wissenschaftlichen Zeitschrift präzise beschrieben und publiziert – eine besonders interessante Art, sich als Autor ethisch fragwürdiger Studien dann auch noch die alleinige Deutungshoheit zu sichern. Zimbardo ließ zwei Gruppen von Studenten aufeinandertreffen. Die erste Gruppe (Gefangenengruppe) unterschrieb eine Erklärung, in naher Zukunft an einem Experiment teilzunehmen, bei dem sie Gefangene eines Gefängnisses sein würden. Mit ihrer Unterschrift willigten die Betroffenen ein, für die Zeit des Experiments auf ihre Grundrechte zu verzichten (!). Die zweite Gruppe (Gefängniswärtergruppe) wurde instruiert, sie würden demnächst für ein Experiment rekrutiert, in welchem sie Kriminelle in einem Gefängnis zu beaufsichtigen hätten. Einige Zeit später wurden diejenigen, die sich bereit erklärt hatten, als Gefangene zu dienen, unerwartet von »echter« Polizei« verhaftet und in ein Gefängnisverlies gebracht, welches Zimbardo im Keller

seines Instituts an der Stanford University hatte herrichten lassen. Die »Gefangenen« wurden einer demütigenden Prozedur unterzogen, die sie so nicht erwartet hatten: Es wurden ihnen die Haare rasiert, sie wurden entkleidet, nackt desinfiziert, in Gefängniskleidung gesteckt und in nebeneinander gelegenen Kellerzellen einzeln eingesperrt. Daraufhin wurden die »Gefängniswärter«, die meinten, es mit echten Kriminellen zu tun zu haben, ins Spiel gebracht und mit der Aufgabe betraut, die Gefangenengruppe zu überwachen. Es kam zu Widerstand der gedemütigten »Gefangenen«. Die »Gefängniswärter« hatten den Auftrag, die »Gefangenen« unter Kontrolle zu halten. Die Situation, die von allen Beteiligten als hoch gefährlich erlebt wurde und mit der beide Seiten völlig überfordert waren, eskalierte. Es kam zu massiver Gewalt auf beiden Seiten. Unklar ist bis heute, was Zimbardo mit diesem »Abu-Ghuraib-Experiment« eigentlich beweisen wollte (im Gefangenenlager Abu Ghuraib im Irak misshandelten 2003 und 2004 US-amerikanische Soldaten irakische Häftlinge). Eine Lust an der Gewalt beweist es jedenfalls nicht. Es ist allenfalls ein Nachweis dafür, dass Gedemütigte (die »Gefangenen«) und Menschen in großer Angst (die »Wärter«) Aggression entwickeln. Würde ein Wissenschaftler die Experimente von Zimbardo heute in einem zivilisierten Land außerhalb der USA wiederholen, fände er sich wohl umgehend vor einem Strafgericht wieder.

42 Dutton, Boyanowsky und Bond (2005).

43 Arbeitsgemeinschaft Kriegsursachenforschung (AKUF) der Universität Hamburg (2010); Konfliktbarometer 2010.

44 Derzeit sind weltweit ca. 300 000 Kindersoldaten im Einsatz. Zum Thema Kriege »neuen Typs« und Kindersoldaten siehe Elbert und Kollegen (2006, 2009); Schauer und Elbert (2010); Elbert, Weierstall und Schauer (2010).

45 De Dreu und Kollegen (2010).

46 Sievers (2008).

47 Langman (2009).

48 Das Konzept der »Erbsünde« wurde von Augustinus in die Kirchenlehre eingeführt (Geerlings, 2004). Die »Erbsünde« war vor Augustinus kein genuin christliches Dogma.

49 Dies bedeutet nicht, dass ich einem sozialistischen System das Wort rede. Sozialistische Systeme brachten, wo sie realisiert wurden, regelmäßig gravierende, aus verschiedenen (auch aus neurobiologischen) Gründen nicht hinnehmbare Einschränkungen der individuellen Freiheit und der menschlichen Kreativität mit sich.

50 Siehe Kapitel 2 und 3.

51 Siehe – neben vielen weiteren – u. a. einen lesenswerten Beitrag von Wilson und Wilson (2007).

52 Übersicht bei Bauer (2002/2010).

53 Dies gilt nicht nur für höhere Säugetiere wie den Menschen. Ein eindrucksvolles Beispiel für den fließenden Übergang zwischen »sozial erworben« und »biologisch fixiert« ist die Bienenkönigin und die Arbeitsbiene. Beide haben einen völlig identischen genetischen Apparat, also das vollkommen gleiche Erbgut! Die Fütterung mit Gelee Royal während einer bestimmten Wachstumsphase (ein in die Sparte »sozial erworben« gehörender Umstand) führt jedoch zur spezifischen Aktivierung eines besonderen epigenetischen Programms und hat zur Folge, dass sich (»biologisch fixiert«) eine Bienenkönigin entwickelt (Lyko und Kollegen, 2010). Die Natur kennt viele solche Beispiele, sie finden sich von den Fischen bis zum Menschen. Was wir erleben, verändert unseren Körper.

54 So ging man bei zahlreichen Tierspezies davon aus, dass die Weibchen sich bevorzugt mit dem jeweils aggressivsten Männchen ihrer Umgebung paaren. Tatsächlich entspricht, wie genauere Untersuchungen bei bestimmten Spezies zeigen (siehe z. B. Eldakar und Kollegen, 2009), die regelhafte Paarung mit aggressiven Männchen keineswegs immer der »natürlichen«, triebhaften Vorliebe der Weibchen, sondern war bzw. ist das Ergebnis der Versuchsbedingungen (Weibchen und alle infrage kommenden Männchen in einem Raum). Trennt man bei bestimmten Spezies vor der Paarung nicht aggressive und aggressive Männchen und gibt den Weibchen die Möglichkeit, nun eine freie Wahl zu treffen, entscheiden sie sich eher für die friedlichen Männchen.

55 Menschen in ihrer heutigen biologischen Konstitution gibt es seit etwa 100 000 bis 200 000 Jahren. Für die evolutionäre Entwick-

lung des Menschen aus den gemeinsamen Vorfahren, die uns mit den Schimpansen verbinden, sind weitere etwa 6,5 Millionen Jahre zu veranschlagen.

56 Siehe u. a. Barrot und Kollegen (2005) sowie Holt-Lunstadt, Smith und Layton (2010). Eine Übersicht über weitere dazu vorliegende wissenschaftliche Untersuchungen findet sich bei Bauer (2008).

57 Eine Darstellung dazu findet sich bei Bauer (2008), Kapitel 4, insbesondere S. 116.

58 Freud erkannte sehr wohl, dass die Tatsache, dass manche Menschen spontan Angst entwickeln, ohne gefährdet zu sein, keinen Beleg für einen natürlichen »Angsttrieb« darstellt, sondern dass hier eine krankhafte Störung (eine Neurose oder eine Wahnerkrankung) vorliegt.

59 Die Entdeckung dieses Systems, bei dem es sich konkret um ein Netzwerk von miteinander verschalteten Nervenzellen handelt, erfolgte im Rahmen der Suchtforschung, weshalb es zunächst als »Suchtsystem« bezeichnet wurde. Heute wird es als »Motivationssystem« oder »Belohnungssystem«, in der Laienpresse oft auch als »Glückssystem« bezeichnet.

60 Die vom Motivationssystem produzierten Wohlfühl-Botenstoffe sind Dopamin und köpereigene Opioide. Ein an das Motivationssystem angehängtes Zusatzsystem produziert darüber hinaus ein Hormon, welches für die Herstellung von Vertrauen und zwischenmenschlichen Bindungen unersetzlich ist: Oxytozin (Letzteres darf ebenfalls zu den Botenstoffen des Motivationssystems gezählt werden, es wird im Hypothalamus produziert). Oxytozin erhöht die Kooperationsbereitschaft. Wo allerdings eine »ingroup« einer »outgroup« gegenübersteht, stärkt Oxytozin selektiv den Zusammenhalt der »ingroup« (De Dreu und Kollegen, 2011). In keiner Weise führt es jedoch zu erhöhter spontaner Feindseligkeit, weshalb eine Pressemeldung (»Das Ende des Kuschelhormons«) irreführend war.

61 Das später Sigmund Freud zugeschriebene »Lust-Unlust-Prinzip« wurde bereits durch Charles Darwin formuliert: »[…] Überlegungen lassen uns […] glauben«, so schrieb Darwin 1887, »dass alle fühlenden Wesen dazu gemacht sind, in der Regel Glück zu erle-

ben.« Er fährt fort: »Man ist jetzt davon überzeugt, dass die meisten oder alle fühlenden Wesen sich [...] dergestalt entwickelt haben, dass sie sich gewöhnlich von angenehmen Empfindungen leiten lassen« (Darwin 1887, S. 93 ff.). Charles Darwins psychologische Schriften sind ein noch heute lesenswerter Fundus (Darwin, 1872/2000), eine Zusammenfassung dazu findet sich bei Bauer (2010) im Kapitel 9.

62 Diesbezügliche Untersuchungen am Menschen werden heute vor allem mit der funktionellen Kernspintomografie (»f-NMR« oder »f-MRI« abgekürzt) durchgeführt.

63 Diese fundamentale Feststellung gilt, weil – gemäß dem bereits erwähnten, erstmals von Darwin erkannten Lust-Unlust-Prinzip – Lebewesen sich bevorzugt solchen Erlebnissen aussetzen oder bevorzugt solchen Strebungen nachgehen werden, welche angenehme Empfindungen oder Lust bereiten. Eine andere neurobiologische Quelle für Lustempfindungen – abgesehen von den vom Motivationssystem ausgeschütteten Botenstoffen einschließlich Oxytozin – existiert nicht.

64 Um menschliches Verhalten im Spannungsfeld zwischen Aggression und Kooperation, zwischen Egoismus und Fairness sowie zwischen Misstrauen und Vertrauen wissenschaftlich untersuchen zu können, ließen sich Forscher eine Reihe von Verhaltensexperimenten einfallen, die in der amerikanischen Literatur als »Games« (Spiele) bezeichnet werden. Da die Experimente – wenn die Teilnehmer einen Bildschirm, eine Sprechanlage und einen Joystick oder eine Tastatur zur Verfügung haben – auch in der Röhre eines Kernspintomografen durchgespielt werden können, kann nicht nur untersucht werden, wie sich die Teilnehmer in bestimmten Momenten subjektiv fühlen, sondern auch, welche Hirnaktivitäten sich in spezifischen Situationen beobachten lassen. Die nachfolgend vorgestellte Auswahl berücksichtigt einige der aktuellen bzw. der am meisten eingesetzten Tests:

Der Armuts-Reichtums-Test. Dieser von Elizabeth Tricomi und Kollegen (2010) eingesetzte Test hat noch keinen »offiziellen« Namen, die Namensgebung stammt daher von mir. Er wird von zwei Personen gespielt. Beide erhalten zu Beginn ein gleich hohes

Startguthaben. Durch Losentscheid erhält daraufhin eine der beiden Personen einen zusätzlichen Betrag, sodass von nun an ein »ärmerer« einem etwas »reicheren« Spieler gegenübersteht. Im weiteren Verlauf erhalten beide Spieler abwechselnd weitere Zusatzbeträge. Gegenstand des Interesses ist, was der »reichere« Spieler empfindet (und welche neurobiologischen Reaktionen sich beobachten lassen), wenn er selbst einen zusätzlichen Betrag erhält, und was in ihm vorgeht, wenn der Ärmere bedacht wird. Umgekehrt kann untersucht werden, was der »ärmere« Teilnehmer empfindet, wenn er selbst oder sein Partner bedacht wird. Ergebnisse siehe u. a. Tricomi und Kollegen (2010).

Der Spenden-Test. Auch dieser von Jorge Moll und Kollegen (2006) verwendete Test hat noch keinen »offiziellen« Namen. Die Probanden werden alleine (ohne Partner) getestet. Jeder Teilnehmer erhält jeweils einen kleinen, für alle Einzelspieler gleich hohen Geldbetrag als Honorar für das Ausfüllen eines – tatsächlich völlig unbedeutenden – Fragebogens. Bevor sie mit ihrem Bonus nach Hause gehen, werden die Probanden gefragt, ob sie einen von ihnen selbst zu bestimmenden Anteil ihres Honorars einer von ihnen zu wählenden Wohltätigkeitsorganisation spenden wollen. Sie können dies auch unterlassen. Eine Alternative besteht darin, dass die Probanden einen Teil ihres eigenen Geldes für eine Aktion spenden, die *gegen* eine (vom jeweiligen Teilnehmer abgelehnte) Organisation gerichtet ist. Ergebnisse siehe u. a. Moll und Kollegen (2006), Rilling, King-Class und Sanfey (2008).

Das Diktator-Spiel (»Dictator Game«). Hier spielen zwei Personen miteinander (wahlweise kann auch das Verhalten von zwei Gruppen untersucht werden), wobei jedoch nur für eine Seite eine Handlungsmöglichkeit besteht. Einer der beiden Teilnehmer bekommt einen Geldbetrag, den er nach eigenem Gutdünken zwischen sich und seinem Partner aufteilen kann. Wie verhalten sich durchschnittliche Menschen in dieser Situation? Beide Partner dürfen am Ende mit dem realen Betrag nach Hause gehen. Ergebnisse siehe u. a. Barr und Kollegen (2009), Henrich und Kollegen (2005), Luhan, Kocher und Sutter (2009).

Das Ultimatum-Spiel (»Ultimatum Game«). Bei dieser Test-situation stehen sich zwei Partner gegenüber. Der eine der beiden (der »Proposer«) erhält vom Testleiter einen Geldbetrag mit der Bitte, diesen zwischen sich und seinem Gegenüber (dem »Respon-der«) nach eigenem Gutdünken zu verteilen. Der Responder hat daraufhin die Möglichkeit, der vom »Proposer« vorgeschlagenen Verteilung entweder zuzustimmen oder sie abzulehnen. Stimmt er zu, können beide Seiten mit ihrem Anteil nach Hause gehen. Lehnt der »Responder« jedoch ab, dann wird das Geld von beiden Teilnehmern eingesammelt. Beide gehen dann ebenfalls nach Hause, einen zweiten Durchgang gibt es nicht (daher der Name des Spiels!). Ergebnisse siehe u. a. Henrich und Kollegen (2005), Rilling, King-Casas und Sanfey (2008), Tabibnia, Satpute und Lie-berman (2008), Barr und Kollegen (2009), Fischbacher, Fong und Fehr (2009).

Das Vertrauens-Spiel (»Trust Game«). Die Grundversion wird zwischen zwei einzelnen Menschen gespielt (man kann beide Sei-ten aber auch mit kleinen Gruppen besetzen, die sich jeweils auf eine gemeinsame Entscheidung einigen müssen). Einer der bei-den Teilnehmer (der »trustor«, »investor« oder Treugeber) erhält einen Geldbetrag. Er kann einen von ihm zu bestimmenden Teil dieses Betrages an seinen Partner (den »trustee« oder Treuhänder) übertragen. Der übertragene Teilbetrag wird vom Versuchsleiter um einen vorher festgelegten Faktor erhöht (z.B. verdreifacht). Der Treuhänder soll dann einen von ihm frei zu bestimmenden Anteil seines so vermehrten Gesamtvermögens an den Treugeber zurückgeben. Die Vermehrung des dem Treuhänder vom Treugeber überlassenen Betrages durch den Versuchsleiter soll die reale Tat-sache abbilden, dass sich aus dem zielgeleiteten Zusammenwirken von Menschen ein ökonomischer Mehrwert ergibt. Ergebnisse siehe u. a. Kugler (2007), Rilling, King-Casas und Sanfey (2008), Tabibnia, Satpute und Lieberman (2008).

Das Gemeinwohl-Spiel (»Common Good Game«, auch »Pub-lic Good Game« genannt). Mehrere Teilnehmer (in der Regel sind es vier) bekommen hier einen gleich hohen Betrag zugeteilt. Was ihnen am Ende des Tests davon bleibt, dürfen sie ihr Eigen nennen.

Jeder Spieler wird nun aufgefordert, einen Teil seines Vermögens in einen gemeinsamen Topf einzuzahlen. Der eingezahlte Gesamtbetrag wird vom Versuchsleiter um einen vorher festgelegten Faktor (z. B. um den Faktor 1,5 oder 3,0) erhöht. Der so vermehrte Gesamtbetrag des Pools wird nun an alle (!) Teilnehmer zu gleichen Anteilen verteilt. Wer einzahlt, leistet also einen Beitrag zur Vermehrung des dann allen zugute kommenden »Gemeinschaftsvermögens«. Allerdings besteht die Möglichkeit, sich als sogenannter »free rider«, d. h. als Freibeuter oder Schmarotzer nicht an der Einzahlung zu beteiligen und trotzdem zu profitieren. Das Experiment kann diskret (ohne dass die eingezahlten Beiträge für die anderen sichtbar werden) oder transparent und offen durchgeführt werden. Im Falle einer transparenten Vorgehensweise lässt sich als Variante die Möglichkeit einführen, dass die Teilnehmer nach jedem Durchgang sich gegenseitig Geldstrafen auferlegen oder sich belohnen. Ergebnisse siehe u. a. Ledyard (1995), Sally (1995), Henrich und Smith (2004), Kurzban und Houser (2005), Kocher und Kollegen (2008), Zak (2008), Rilling, King-Casas und Sanfey (2008), Tabibnia, Satpute und Lieberman (2008), Rand und Kollegen (2009), Barraza und Zak (2009), De Dreu und Kollegen (2010).

Das Gefangenen-Dilemma (»Prisoner's Dilemma«). Zwei Partner werden gebeten, sich in die Situation von zwei in getrennten Zellen gehaltenen Gefangenen zu versetzen, die nicht miteinander kommunizieren können. Beiden wird vorgeworfen, gemeinsam eine Straftat begangen zu haben. Beide Verhafteten bestreiten die Tat. Da den Behörden hinreichende Beweise fehlen, machen sie jedem der beiden Gefangenen den Vorschlag, die Tat zu gestehen und dafür einen einseitigen Vorteil zulasten des Mittäters zu erhalten. Jeder der beiden kann entweder schweigen (d. h. kooperieren) oder den anderen verraten, um einen persönlichen Vorteil zu erhalten: Wenn einer den anderen verrät, der andere aber schweigt (also kooperiert), dann geht der Verräter ohne Strafe aus, dem Verratenen werden 5 Geldeinheiten (symbolisch für 5 Monate Haft) als Strafe aufgebürdet. Wenn beide Verrat üben, werden ihnen jeweils 4 Geldeinheiten abgeknüpft. Wenn beide schweigen (d. h. kooperieren), bleibt die Strafe, da lediglich Indizien vorliegen, auf 2 Geldeinheiten beschränkt. Ergebnisse siehe u. a. Rilling und Kollegen (2002), Rilling, King-Casas und Sanfey (2008).

Das soziale Ausgrenzungs-Experiment (»Oddball Game«; wörtlich übersetzt: Sonderlings-Spiel). Dieser Test wurde vor allem von der US-Neuroforscherin Naomi Eisenberger (2003) eingesetzt. Drei Teilnehmer, von denen jeder einen eigenen Bildschirm vor sich hat, spielen an miteinander vernetzten Computern ein Bildschirmspiel. Jeder der drei Spieler kann mit dem von ihm bedienten Joystick einen auf dem Bildschirm installierten Tennisschläger bedienen und seinen beiden Mitspielern einen auf dem Bildschirm wandernden Ball zuspielen. Die Mitspieler haben untereinander keinen Kontakt und erhalten die Instruktion, miteinander zu spielen. Nur einer der drei Teilnehmer ist die eigentliche Testperson. Er weiß nicht, dass das ganze Experiment nur darauf angelegt ist, ihn mitten im Spiel mit einer unerwarteten Situation zu konfrontieren: Beide Mitspieler werden plötzlich und ohne erkenntlichen Grund dazu übergehen, die Testperson auszugrenzen und sich den Ball nur noch gegenseitig zuzuspielen. Ergebnisse siehe u. a. Eisenberger, Lieberman und Williams (2003), Eisenberger und Lieberman (2004).

65 Bartels und Zeki (2000); Cannon und Bseikri (2004); Bartels und Zeki (2004); Zubieta und Kollegen (2005 a, b).

66 Rilling und Kollegen (2002); Rilling, King-Casas und Sanfey (2008); Tabibnia, Satpute und Lieberman (2008).

67 Rilling und Kollegen (2002); Rilling, King-Casas und Sanfey (2008); Zak (2008); Barraza und Zak (2009); De Dreu und Kollegen (2010).

68 Siehe u. a. Tricomi und Kollegen (2010).

69 Moll und Kollegen (2006); Rilling, King-Casas und Sanfey (2008).

70 Holt-Lunstad, Smith und Layton (2010).

71 Hamlin, Wynn und Bloom (2007).

72 Tomasello und Warneken (2008); Warneken und Tomasello (2009), Tomasello (2009).

73 Auheier und Spengler (2009).

74 Dawkins (1976/2004): »Be warned, that if you wish, as I do, to build a society in which individuals cooperate generously and selflessly towards a common good, you can expect little help from biological nature«.

75 Die Theorie der angeblich »egoistischen« Gene wurde kürzlich eindrucksvoll zu Grabe getragen (Nowak, Tarnita und Wilson, 2010).

76 Barr und Kollegen (2009), Henrich und Kollegen (2005), Luhan, Kocher und Sutter (2009).

77 Tabibnia, Satpute und Lieberman (2008): »Seeking justice is a basic human impulse.«

78 Sanfey und Kollegen (2003).

79 Singer und Kollegen (2006).

80 Tomasello (2009).

81 »Profiler« sind auf Verbrecher spezialisierte psychologische Experten, die anhand der jeweiligen Merkmale einer verbrecherischen Tat herauszufinden versuchen, um welchen Typ von Person es sich beim Täter vermutlich handelt. Das Zitat findet sich bei Müller (2009).

82 »Aggression [is] defined as hostile, injurious, or destructive behavior.« (Sievers, 2008); »Aggression [is defined] as behavior that is intended to harm another person who is motivated to avoids that harm. ... Violence is the most extreme form of physical aggression.« (Anderson und Kollegen, 2008; siehe auch Krämer und Kollegen, 2007); »Aggression is any physical or verbal action that is performed with the deliberate intention of hurting another living being.« (Leary, Twenge und Quinvilan, 2006).

83 Leary, Twenge und Quinvilan (2006); Strüber, Lück und Roth (2008); Richman und Leary (2009); Archer (2009).

84 Aggression kann sich auch gegen Sachen richten. Jedermann kennt den wütenden Schlag gegen einen nicht funktionierenden Automaten oder den Wutanfall, der sich angesichts eines PCs einstellt, der nicht so reagiert, wie man es erwartet hatte. Gelegentlich wird Aggression auch gegen Sachen gerichtet, wenn ein menschlicher Adressat, gegen den sie sich richten sollte, nicht zur Verfügung steht.

85 Dass das Jagdverhalten von Raubtieren nicht mit »Aggression« gleichzusetzen ist, hat Konrad Lorenz, immerhin der bedeutendste Anhänger des »Aggressionstriebes«, ausdrücklich betont: »Der Büffel, den der Löwe niederschlägt, ruft dessen Aggression so wenig hervor, wie der schöne Truthahn, den ich soeben mit Wohlgefallen in der Speisekammer hängen sah, die meine erregt« (Lorenz, 1963/1995; S. 39–40).

86 Ein bizarres Konstrukt der – von mir ansonsten geschätzten – Psychoanalyse ist die von der Psychoanalytikerin Melanie Klein (1882–1960) stammende Lehrmeinung, Aggression sei bereits beim Säugling ein spontanes Verhalten: Auf die – so Melanie Klein wörtlich – »böse Brust« der Mutter gerichtete Impulse des Säuglings seien Ausdruck angeborener Aggression (siehe dazu Plenker, 2009). Davon kann schon aus rein biologischen Gründen keine Rede sein: Zum einen ist der zahnlose Mund des Säuglings kaum ein geeignetes Werkzeug, um Aggression auszudrücken, ganz im Gegensatz zur Stimme des Säuglings, mit der er seinem Unwillen durchaus nachdrücklich Ausdruck zu geben vermag (allerdings als *Reaktion*, z. B. bei Hunger, Einsamkeit oder Langeweile, beim Nassliegen oder anderen Missempfindungen). Vor allem aber führt der Saugakt bei psychisch und körperlich gesunden Müttern (Melanie Klein litt an schweren Wochenbettdepressionen) zu einer Freisetzung von Oxytozin, eines Wohlbehagen auslösenden Glückshormons (siehe Kapitel 2). Wie also sollte der Saugakt zu einer aggressiven Attacke werden können? Für Mütter, die an einer Brustentzündung (Mastitis) leiden, ist der Saugakt selbstverständlich kein Vergnügen, in diesem Falle wird das Stillen beendet. Erstaunlich ist, dass Melanie Klein, die nicht davor zurückschreckte, ihre eigenen kleinen Kinder einer von ihr selbst durchgeführten (!) Psychoanalyse zu unterziehen (siehe dazu Berman, 2006), bei einem Teil der psychoanalytischen Szene (den sogenannten »Kleinianern«) bis heute als Lehrmeisterin anerkannt wird. Der kleinianische Irrweg setzt die Kultivierung des unhaltbaren »Aggressionstriebes« bis heute fort.

87 Unter welchen besonderen Bedingungen die Aggression mit einer *begleitenden* Aktivierung der Motivationssysteme einhergehen kann, habe ich am Ende des zweiten Kapitels dargelegt.

88 Dollard und Kollegen (1939), siehe auch Lemov (2005).

89 Taylor (1967).

90 Lotze und Kollegen (2007); Krämer und Kollegen (2007, 2008, 2009); Roth und Strüber (2009).

91 Sievers (2008); Strüber, Lück und Roth (2008); Lotze und Koll. (2007); Krämer und Koll. (2007, 2008, 2009); Roth und Strüber (2009); s.a. Lin und Kollegen (2011).

92 Der unmittelbar oberhalb der Augenhöhlen liegende Teil des Präfrontalen Cortex wird als »Orbitofrontaler Cortex« (OFC) oder auch als ventromedialer Präfrontaler Cortex (vmPFC) bezeichnet.

93 Wenn ich im Folgenden von der mäßigenden Funktion des »Präfrontalen Cortex« spreche, meine ich die in ihm gelegene Spezialstruktur OFC bzw. vmPFC.

94 Strüber, Lück und Roth (2008). Genauer gesagt handelt es sich hier wiederum nur um einen Teil des Präfrontalen Cortex, nämlich um den Orbitofrontalen Cortex/OFC. Beim Eintreffen einer Provokation wird der OFC sofort aktiv, im Moment der tatsächlichen Ausführung eines Aggressionsimpulses schaltet er sich jedoch ab.

95 Übersicht bei Bauer (2006).

96 Decety und Michalska (2009); Decety und Kollegen (2009).

97 Wager und Kollegen (2004); Singer und Kollegen (2004).

98 Eisenberger, Lieberman und Williams (2003), Panksepp (2003), Eisenberger und Kollegen (2006), Eisenberger, Gable und Lieberman (2007).

99 James (1890). (»If no one turned round when we entered, answered when we spoke, or minded what we did, but if every person cut us dead, and acted as if we were non-existing things, a kind of rage and impotent despair would ere long well up in us, from which the crulest bodily torture would be a relief.«) Der geniale William James war es auch, der als Erster erkannt hatte, dass schwere, traumatische Gewalt im Gehirn eine »Narbe« hinterlassen kann – ein von der modernen Neurobiologie ebenfalls eindrucksvoll bestätigtes Faktum: Schwere Gewalterfahrungen können zu fatalen Veränderungen in den Feinstrukturen des Angstzentrums (des Mandelkerns) führen (Übersicht bei Bauer, 2002/2010).

100 Leary, Twenge und Quinlivan (2006), Richman und Leary (2009), Burklund, Eisenberger und Lieberman (2007).

101 Eisenberger und Lieberman (2004).

102 Krämer und Kollegen (2007); Strüber, Lück und Roth (2008); Singer und Kollegen (2006).

103 Längle (2003).

104 Dodge, Bates und Pettit (1990).

105 Müller (2009).

106 Die Fähigkeit, aggressive Gefühle zu regulieren, ist daher ein zentrales Lernziel jeder Psychotherapie. Der Heilprozess besteht jedoch nicht primär darin, jede aggressive Gestimmtheit des Patienten zu einer Entladung zu bringen. Die primäre therapeutische Aufgabe – jedenfalls bei den meisten derzeitigen Patienten – besteht zunächst darin, die verloren gegangene Sehnsucht nach liebevollen Beziehungen wiederzubeleben. Therapeutische Ermutigungen, Aggressivität zu kommunizieren, haben keinen Sinn (sie sind sogar schädlich), solange Patienten vom Erleben ihrer primären, auf Liebe und Zugehörigkeit gerichteten Motivationen abgeschnitten sind.

107 Chronisch zurückgehaltener bzw. »unterdrückter« Ärger begünstigt insbesondere Bluthochdruck und dessen Folgeerkrankungen (u. a. Herzinfarkt und Schlaganfall).

108 Cohen und Kollegen (1996); Ijzerman, van Dijk und Galluci (2007).

109 Leary, Twenge und Quinvilan (2006); Richman und Leary (2009).

110 Leary, Twenge und Quinvilan (2006); Richman und Leary (2009).

111 Leary, Twenge und Quinvilan (2006); Richman und Leary (2009).

112 Thornton, Graham-Kevan und Archer (2010).

113 Döge (2010); Hollstein und Peters (2010). Kleine Übersicht bei Amendt (2010).

114 Strüber, Lück und Roth (2008).

115 Strüber, Lück und Roth (2008); Döge (2010).

116 Leary, Twenge und Quinvilan (2006); Richman und Leary (2009).

117 Eisenberger und Kollegen (2006). Schwer traumatisierte Personen zeigen allerdings eine teilweise extrem herabgesetzte, manchmal fast völlig fehlende Empfindlichkeit gegenüber physi-

schem und psychischem Schmerz. Der menschliche Organismus hat die Möglichkeit, sich gegen schwerste, unaushaltbare körperliche oder seelische Schmerzen (z. B. bei überharter körperlicher Züchtigung von Kindern, bei Folter, bei sexuellem Missbrauch oder Vergewaltigung, aber auch bei Soldaten im Kampfeinsatz) zu schützen, indem das körpereigene Anti-Schmerzsystem (Opioid-System) extrem »hochgefahren« wird mit der fatalen Folge, dass die Betroffenen in ihrer seelischen oder körperlichen Empfindungsfähigkeit, oft auf Dauer, schwer beeinträchtigt sind (Übersicht bei Bauer, 2002/2010). Schwere Beeinträchtigungen der Empfindungsfähigkeit als Folge erlittener Traumatisierung können mit sehr unterschiedlichen psychischen Störungsbildern einhergehen, u. a. mit der sogenannten komplexen posttraumatischen Belastungsstörung, mit der Borderline-Störung, aber auch mit Psychopathie.

118 Leary, Twenge und Quivilan (2006).

119 Über mehrere westliche Länder hinweg gerechnet, haben insgesamt etwa 55 % der Bevölkerung einen ambivalenten oder vermeidenden Bindungsstil (Bifulco, 2004).

120 »This struggle between craving and fearing intimacy may make these individuals most likely to aggress within a close relationship«: Dieser innere Kampf zwischen dem Hunger nach Intimität und der Angst vor Nähe lässt diese Personen innerhalb einer Partnerschaft überaus leicht aggressiv werden (Leary, Twenge und Quivilan, 2006).

121 Eisenegger und Kollegen (2010).

122 Eisenegger und Kollegen (2010). Mit Testosteron behandelte Männer zeigen im Vergleich zu unmedizierten Geschlechtsgenossen im Ultimatum-Spiel dagegen ein weniger großzügiges Verhalten (Zak und Kollegen, 2009).

123 Swaab (2004). Typische Unterschiede zwischen männlichem und weiblichem Gehirn entwickeln sich während der Hirnreifung insbesondere in bestimmten Feinstrukturen des Hypothalamus.

124 Hyde (2005). Siehe dazu auch Baron-Cohen, Knickmeyer und Belmonte (2005).

125 Testosteron wird nicht nur im männlichen Körper (in den Hoden), sondern – in geringerem Maße – auch im weiblichen Körper (in der Nebennierenrinde und in den Eierstöcken) produziert.

126 Hermans, Ramsey und van Honk (2008), van Wingen und Kollegen (2010), siehe dazu auch Bos, Terburg und van Honk (2010).

127 Schienle und Kollegen (2004), siehe dazu auch Wager und Ochsner (2005).

128 Mazur und Booth (1989), Schultheiss, Campbell und McClelland (1999), Strüber, Lück und Roth (2008), Zak und Kollegen (2009), Stanton und Schultheiss (2009), Campbell und Kollegen (2010). Auch Schimpansen zeigen eine Korrelation zwischen Dominanzverhalten und männlichem Sexualhormon (Wobber und Kollegen, 2010).

129 Die Finanzmakler-Studie stammt von Coates und Herbert (2008). Die Untersuchung über Strafanwälte stammt von Stanton und Schultheiss (2011).

130 Stanton und Schultheiss (2011), Spitzer (2010b).

131 Dabbs und Hargrove (2011).

132 Bauer (2002/2010, 2010).

133 Zak und Kollegen (2005, 2009).

134 Verschiedene Länder dieser Erde zeigen eine unterschiedliche »Durchseuchung« mit Vertrauen bzw. Misstrauen (wie wir an späterer Stelle noch sehen werden, korreliert das in einem Land herrschende gegenseitige Vertrauen mit dem nationalen Wohlergehen).

135 Mazur und Booth (1998), Zak und Kollegen (2005, 2009), Spitzer (2010a und b).

136 Mazur und Booth (1998).

137 Zitiert nach Spitzer (2010b).

138 Dollard und Kollegen (1939), Richman und Leary (2009); siehe dazu auch Lemov (2005).

139 Leary und Kollegen (2003), Längle (2003).

140 Leary, Twenge und Quinvilan (2006).

141 Richman und Leary (2009).

142 Maestripieri (2005).

143 Diese Kinder zeigen als Heranwachsende eine höhere Empfind-

lichkeit gegenüber Schmerzen, eine Verminderung der Schmerz-
dämpfung durch die Anwesenheit der Mutter und eine erhöhte
Ansprechbarkeit von Hirnregionen wie u.a. im Anterioren Cingulären Cortex (ACC) und in der Insula; siehe Hermann und
Kollegen (2006); Hohmeister und Kollegen (2009, 2010).

144 Zum »Thema« der Aggression empfehle ich die Lektüre eines
brillanten Beitrages des Existenzanalytikers Alfried Längle (2003),
eines Schülers von Viktor Frankl. »Aggressions-Flüsterer« finden
sich – als Lehrer, Sozialarbeiter, Ehepartner, Kollegen, als ver-
ständnisvolle Verwandte oder als Seelsorger – glücklicherweise
oft im persönlichen Umfeld. In vielen Fällen ist jedoch eine pro-
fessionelle Hilfestellung (durch eine/n Psychotherapeut/in) gefragt.

145 Neurobiologisch zeigt sich an Affen, die als Säuglinge von ihren
Müttern wiederholt getrennt wurden, eine dauerhaft erhöhte
Ausschüttung von Noradrenalin sowie eine dauerhaft erhöhte
Stressempfindlichkeit (Pryce und Kollegen, 2004; Arabadzisz
und Kollegen, 2010). Untersuchungen von Christopher Pryce
(ETH Zürich), Maaike Kemper (Universität Utrecht) und bereits
vor Längerem durchgeführte Studien von Harry Harlow fasste
kürzlich Volker Stollorz zusammen (2009). Neurobiologische
Narben mit Veränderungen bei verhaltensrelevanten Botenstoffen fanden sich auch bei ganz ähnlichen Trennungsexperimenten
mit Mäusen, die in der renommierten Arbeitsgruppe von Florian
Holsboer am Max Planck Institut für Psychiatrie in München
durchgeführt wurden (Murgatroyd und Kollegen, 2009).

146 Fries und Kollegen (2005). Die Untersuchungen wurden an Kindern durchgeführt, die im ersten Lebensjahr in russischen Säuglingsheimen unter vernachlässigenden Bedingungen untergebracht, danach aber von fürsorglichen Adoptionsfamilien aufgenommen worden waren. Die Fähigkeit dieser Kinder, das Ver-
trauens-, Empathie- und Kooperationshormon Oxytozin zu produzieren, ist nachhaltig beeinträchtigt. Oxytozin hat eine starke
dämpfende Wirkung auf den Aggressionsapparat, insbesondere
auf die Angstzentren (Mandelkerne) (Kirsch und Kollegen, 2005;
Zak, Stanton und Ahmadi, 2007; Rodrigues und Kollegen, 2009).

147 Dodge, Bates und Pettit (1990). Als weitere Prädiktoren für kind-
liches Gewaltverhalten erwiesen sich in dieser wichtigen, im
hochrangigen Journal »Science« publizierten Studie – wie auch
in anderen Untersuchungen – Armut, elterliche Konflikte und
Kriminalität der Eltern.

148 Thomashoff (2009). Besonders häufig betroffen von Züchtigungsgewalt in Deutschland sind Kinder aus freikirchlichen und
muslimischen Familien (Pfeiffer, 2010; Mazarweh, 2006). Von
sexueller Gewalt betroffen sind in Deutschland mindestens 9 %
der Mädchen und 3 % der Jungen (Thomashoff, 2009). In den
USA erleben, wie eine Untersuchung an einer ausschließlich
weißen Population zwischen 2 und 17 Jahren zeigte, mehr als die
Hälfte innerhalb eines Jahres körperliche Gewalt, über 13 %
werden misshandelt, über 8 % sind von sexuellem Missbrauch
betroffen (Finkelhor und Kollegen, 2005).

149 Dodge, Bates und Pettit (1990).

150 Dodge, Bates und Pettit (1990); Elbert, Weierstall und Schauer
(2010).

151 De Bellis und Kollegen (2009).

152 Dodge, Bates und Pettit (1990).

153 Richman und Leary (2009); Archer (2009). Innerhalb eines Jahres erleben in den USA 20 % der Kinder zwischen 2 und 17 Jahren körperliche Gewalt durch Gleichaltrige außerhalb der Familie, über die Hälfte der Betroffenen entwickelte posttraumatische
Symptome (Finkelhor, Turner und Ormrod, 2006).

154 Kass (1999).

155 Grimm (2010), Pieschl (2010).

156 Arseneault und Kollegen (2008).

157 Grimm (2010).

158 Decety, Michalska und Akitsuki (2008).

159 Huesman und Miller (1994); Anderson (1997); Anderson und
Dill (2000); Bushman und Anderson (2001); Anderson und Bush-
man (2001); Bartholow und Anderson (2002); Bartholow und
Kollegen (2003); Anderson und Kollegen (2008).

160 Bartholow und Kollegen (2005).

161 Pagani und Kollegen (2010). Als wichtigste Prädiktoren für ho-

hen Medienkonsum zeigten sich in dieser prospektiv angelegten und daher besonders aussagekräftigen Studie Erziehung durch einen alleinstehenden Elternteil und niederer Bildungsstand der Mutter.

162 Entorf und Sieger (2010).

163 Eine Ausnahme ist ein Buch von Gisela Mayer (2010).

164 The Final Report and Findings of the Safe School Initiative (2002).

165 Der »Final Report« dokumentierte einen allgemein hohen Gewaltspiegel an Schulen: Innerhalb von fünf Jahren sind 15 % der US-Schüler im Bereich der Schule von physischer Gewalt betroffen, 8 % wurden im gleichen Zeitraum dort gar mit einer Waffe bedroht oder verletzt.

166 Leary und Kollegen (2003).

167 Bannenberg (2010), Du Boi (2010), Spröber und Fegert (2010).

168 Bei der Durchsicht der Berichterstattung zu deutschen Schul-Amokläufen fällt auf, wie schnell von einigen Beteiligten (und Unbeteiligten) versichert – und von der Presse unkritisch wiedergegeben – wird, der Täter habe *keinen* Außenseiterstatus gehabt, er sei *nicht* ausgegrenzt oder gemobbt worden. In jedem dieser Fälle finden sich zum jeweils selben Täter zugleich krass sich widersprechende Aussagen von anderen nahestehenden Beteiligten, die eine Außenseiterposition oder eine Mobbingerfahrung entschieden bejahen. Wie nach anderen Unfällen, bei denen Unachtsamkeit oder Versagen eine Rolle gespielt haben könnte (Seilbahnunglücke, Flugzeugabstürze etc.), so ist auch bei Schul-Amokläufen nach der Tat von teilweise massiven Verleugnungstendenzen auszugehen.

169 Narzissmus ist nichts Falsches, wir haben ihn alle. Menschen mit narzisstischer Störung haben jedoch ein schlechtes Selbstwertgefühl und überkompensieren dies mit einem einseitig auf Anerkennung und Beifall ausgerichteten Auftreten und Verhalten. Wer eine narzisstische Störung hat, erlebt schneller als andere das Gefühl, man beachte ihn nicht ausreichend, und erreicht deshalb die Schmerzgrenze schneller, was Aggression zur Folge hat.

170 Freisleder (2006).

171 Die Lebenszeit-Prävalenz (Häufigkeit) pathologisch-impulsiver Menschen (Personen mit einer »intermittend explosive disorder«) in der Allgemeinbevölkerung liegt bei ca. 7 % (Siever, 2008; Strüber, Lück und Roth, 2008). Die Häufigkeit »kalter«, berechnender Gewalttäter beträgt nur einen Bruchteil davon.

172 Siever (2008); Strüber, Lück und Roth (2008); Roth und Strüber (2009).

173 Dem »Use it or lose it«-Prinzip der neuronalen Plastizität folgend, erhöhen starke bzw. häufige Beanspruchungen der Angstzentren deren Empfindlichkeit. Hinzu kommt, dass biografisch frühe Erfahrungen mangelnder Bindungssicherheit über epigenetische Mechanismen die Ablesbarkeit von Anti-Stress-Genen vermindern (Bauer 2002/2010).

174 Rilling und Kollegen (2007); Blair (2008); Siever (2008); Strüber, Lück und Roth (2008); Roth und Strüber (2009).

175 Veit und Kollegen (2010).

176 Rilling und Kollegen (2007); Siever (2008); Strüber, Lück und Roth (2008); Roth und Strüber (2009).

177 Birbaumer und Kollegen (2005). Die Verbindung zwischen den mäßigenden Zentren des Stirnhirns (Präfrontaler Cortex) und den Angstzentren wird in der Fachliteratur als »frontolimbische Schleife« bezeichnet.

178 Blair (2008).

179 Extrembeanspruchungen neuronaler Angst- und Stresssysteme, die in ihrer Intensität über das hinausgehen, was neuronale Plastizität fördert, führen zu Neurodegeneration. Der Grund ist, dass stark erhöhte Spiegel des von den Mandelkernen hergestellten erregenden Neurobotenstoffs Glutamat in Verbindung mit stark erhöhten Konzentrationen des Stresshormons Cortisol (dessen Freisetzung in der Nebennierenrinde von einem Stressgen im Hypothalamus gesteuert wird) Nervenzellen absterben lassen (Bauer 2002/2010).

180 Bauer (2002, 2008, 2010).

181 In den USA liegt die Prävalenz (Häufigkeit) der »conduct disorder« Jugendlicher bei 10 % (Lovett und Sheffield, 2007).

182 Guggenbühl (2010).

183 Gemäß Angaben, die auf einem Internationalen Kongress der Kinder- und Jugendforensiker in Basel im Jahre 2010 mitgeteilt wurden, befanden sich 2006 in Deutschland 36 schwer straffällig gewordene Jugendliche zwischen 14 und 18 Jahren in Sicherungsverwahrung, unter Hinzurechnung der »Heranwachsenden« (18–21 Jahre) waren es ca. 300. Im Jahre 2009 waren in Deutschland 727 schwer straffällig gewordene Jugendliche (14–18 J.) in Sicherungsverwahrung untergebracht, unter Hinzurechnung der »Heranwachsenden« bis 21 J. waren es 4383. In ganz Deutschland sind lediglich 13 Kinder- und Jugendpsychiater im Maßregelvollzug tätig (Lenzen-Schulte, 2010).

184 Loeber und Kollegen (2005); Gutschner und Kollegen (2009); Kersten (2009); Freisleder (2009); Bessler und Kollegen (2010); Plener und Fegert (2010); Ellbert, Weierstall und Schauer (2010).

185 Lenzen-Schulte (2010).

186 33 Jugendliche aus der von Loeber untersuchten Gruppe wurden später wegen Mordes verurteilt, 193 wegen schwerer Körperverletzung.

187 Das Risiko, zu einem Gewalttäter oder Mörder zu werden, war zusätzlich erhöht, wenn Jugendliche zu Mitgliedern von Gangs Gleichgesinnter wurden, Drogen nahmen oder Umgang mit Waffen hatten (Loeber und Kollegen, 2005).

188 Gutschner und Kollegen (2009), Bessler und Kollegen (2010).

189 Die Verstärkung neurobiologischer Strukturen wird durch die sogenannte »Long Term Potentiation« LTP vermittelt. Die Neurodegeneration ist, wie bereits erwähnt, die Folge von stark erhöhten Spiegeln von Glutamat (ein vor allem in den Mandelkernen ausgeschütteter erregender Neurotransmitter) und Cortisol (ein Stresshormon).

190 Bauer (2002, 2008, 2010).

191 Caspi und Kollegen (2010).

192 Meyer-Lindenberg und Kollegen (2005); Brown und Hariri (2006); Buckholtz und Meyer-Lindenberg (2008); Strüber, Lück und Roth (2008).

193 Bauer (2002, 2008, 2010).

194 Caspi und Kollegen (2003); Meyer-Lindenberg und Kollegen (2005); Caspi und Moffitt (2006); Hariri und Holmes (2006); Kim-Cohen und Kollegen (2006); Brown und Hariri (2006); Verona und Kollegen (2006); Buckholtz und Meyer-Lindenberg (2008); Caspi und Kollegen (2010).

195 Das Zusammenspiel der verschiedenen Komponenten des Aggressionsapparates (siehe Abbildung 3 und 5) beruht auf dem Austausch von Neurobotenstoffen (Neurotransmittern), welche als Signalüberträger für die Kommunikation zwischen Nervenzellen innerhalb des Aggressionssystems verantwortlich sind. Eine besonders herausgehobene Funktion im Aggressionsapparat haben die Neurotransmitter Serotonin und Noradrenalin. Auch der Neurotransmitter Glutamat wäre hier zu erwähnen. Dieser erregende Nervenzell-Botenstoff (»exzitatorischer Neurotransmitter«) wird von den Nervenzellen der Mandelkerne ausgeschüttet und aktiviert die beiden tiefer gelegenen Alarmsysteme Hypothalamus und Hirnstamm.

Serotonin spielt die zentrale Rolle für die Kommunikation zwischen Angstzentrum (Mandelkern) und dem für sozial angepasstes Verhalten bedeutsamen Präfrontalen Cortex (diese Kreisverbindung wird, wie bereits erwähnt, als »frontolimbic circuit« oder »frontolimbische Schleife« bezeichnet). Noradrenalin (englisch: Norepinephrin) ist ein erregender Nervenbotenstoff, der im Erregungszentrum des Hirnstammes ausgeschüttet werden kann.

Zwei Gene haben auf diese beiden Botenstoffe einen wichtigen Einfluss: Das Serotonin-Transporter-Gen (Fachbezeichnung: 5HTT-Gen) produziert einen Eiweißstoff namens Serotonin-Transporter (Fachbezeichnung 5HTT). 5HTT transportiert Serotonin aus dem Kontaktspalt zwischen zwei Nervenzellen (dieser Kontaktspalt wird Synapse genannt). Das zweite Gen, Monoaminooxidase A-Gen (Fachbezeichnung: MAO A-Gen), produziert einen Eiweißstoff namens Monoaminooxidase A (abgekürzt MAO A). MAO A ist für den Abbau von mehreren Botenstoffen zuständig, unter ihnen Noradrenalin.

Beide Gene, das 5HTT-Gen und das MAO A-Gen, kommen

innerhalb der Bevölkerung in jeweils zwei Varianten vor, wobei jeweils eine der Varianten mit einer verminderten Aktivität des Gens einhergehen. Die sogenannte »S-Variante« des 5HTT-Gens produziert weniger Serotonin-Transporter, die sogenannte »L-Variante« des MAO A-Gens produziert weniger Monoaminooxidase A. Liegt die »S-Variante« des 5HTT-Gens vor, dann verringert sich die Bioverfügbarkeit des Botenstoffes Serotonin. Möglicherweise wird von Nervenzellen in den synaptischen Spalt ausgeschüttetes Serotonin durch den Serotonin-Transporter recycelt. Eine Verminderung der Transporterleistung durch die S-Variante könnte daher bedeuten, dass die Wiederzurverfügungstellung von Serotonin und damit die Bioverfügbarkeit beeinträchtigt ist.

Liegt die »L-Variante« des MAO A-Gens vor, dann ist der Abbau von mehreren Botenstoffen vermindert, u. a. auch von Noradrenalin. Welche Auswirkungen die weniger aktive L-Variante des MAO A-Gens auf den Botenstoffwechsel des Gehirns hat, ist noch nicht restlos geklärt. Zu vermuten ist, dass aufgrund des verminderten Abbaus die Bioverfügbarkeit von Noradrenalin ansteigt. Auf die ebenfalls möglichen Auswirkungen auf den Stoffwechsel von Serotonin und Dopamin gehe ich hier nicht ein.

Wichtig ist: Personen ohne eine der beiden genannten Gen-Varianten besitzen allerdings keinen Garantieschein für seelische Gesundheit. Ihr Risiko, bei Vorliegen von äußeren Belastungsfaktoren psychisch zu erkranken, ist jedoch etwas geringer als im Falle derjenigen, die eine Variante eines der beiden Gene in ihrem Erbgut tragen.

Bei Personen mit der S-Variante des 5HTT-Gens ist die Nervenzell-Übertragung von Serotonin vermindert mit der Folge, dass im Aggressionsapparat die dämpfende Einwirkung des Präfrontalen Cortex auf die Angstzentren (Mandelkerne) vermindert ist (siehe Abbildung 3). Als Folge zeigen Träger der S-Variante neurobiologisch und psychologisch eine erhöhte Reaktionsbereitschaft der Angstzentren. (Verona und Kollegen 2006; Hariri und Holmes 2006; Brown und Hariri 2006; Strüber, Lück und Roth 2008; Caspi und Kollegen 2010).

Personen mit der S-Variante, die frühen biografische Stressoren ausgesetzt waren, haben ein erhöhtes Risiko, im späteren Verlauf ihres Lebens eine Depression zu erleiden (Caspi und Kollegen, 2003, 2010; Brown und Hariri, 2006). Auch eine Erhöhung der Aggressionsbereitschaft kann sich ergeben, diese fand sich jedoch nur bei männlichen Trägern der S-Variante des 5HTT-Gens (Verona und Kollegen, 2006.) Die Effekte der S-Variante auf aggressives Verhalten halten sich insgesamt gesehen also in Grenzen.

Im Gegensatz dazu sind die Auswirkungen der L-Variante des MAO A-Gens auf die Aggressionsbereitschaft weit massiver. Träger der L-Variante des MAO A-Gens, die im Kindesalter Misshandlungen ausgesetzt waren, zeigen eine deutliche Empfindlichkeitserhöhung der Angstzentren (Mandelkerne) und eine verminderte dämpfende Wirkung des Präfrontalen Cortex (siehe Abbildung 3). Sogar strukturelle Veränderungen des Aggressionsapparates sind beobachtet worden. (Meyer-Lindenberg und Kollegen 2005; Buckholtz und Meyer-Lindenberg 2008; Strüber, Lück und Roth 2008). L-Variante und belastete Biografie erhöhen bereits im Jugendalter das Risiko für aggressive Verhaltensstörungen, ein erhöhtes Risiko für Aggressivität zeigt sich auch im Erwachsenenalter. (Caspi und Moffitt, 2006; Buckholtz und Meyer-Lindenberg, 2008; Siever, 2008; Strüber, Lück und Roth, 2008). Untersuchungen von Naomi Eisenberger weisen aus, dass bei Trägern der L-Variante die Schmerzempfindlichkeit gegenüber sozialer Ausgrenzung und Demütigung – und damit, nach dem Gesetz der Schmerzgrenze, auch die Reaktionsbereitschaft des Aggressionsapparates – erhöht ist. (Eisenberger und Kollegen, 2007 b).

Nicht nur Serotonin und Noradrenalin, auch einige weitere Nerven-Botenstoffe spielen im Konzert des Aggressionsapparates mit. Daher kann nicht überraschen, dass in jüngster Zeit einige weitere Genvarianten beschrieben wurden, die mit herabgesetzter Empathiefähigkeit und verminderter Kooperationsbereitschaft (Rodrigues und Kollegen, 2009; Israel, 2009), mit vermehrter Impulsivität und riskanterem Verhalten (Dreber und

Kollegen, 2009), mit erhöhter Empfindlichkeit gegenüber Zurückweisung oder mit erhöhter Aggressivität (Mik und Kollegen, 2007; Way, Taylor und Eisenberger, 2009) einherzugehen scheinen.

196 Aminosäuren sind Moleküle, aus denen Eiweiße zusammengesetzt sind. Einige Aminosäuren spielen auch im Zentralnervensystem als Botenstoffe eine Rolle.

197 Wie an früherer Stelle erwähnt, kommt es beim Ultimatum-Spiel zu einer Interaktion zwischen zwei Testpersonen. Eine der beiden (Person A) wird gebeten, ein ihr übertragenes kleines Guthaben zwischen sich und einem fremden Partner (Person B) nach eigenem Gutdünken zu teilen. Wenn Person B der von Person A vorgenommenen Aufteilung zustimmt, können beide Teilnehmer mit dem ihnen verbleibenden Geldbetrag nach Hause gehen. Person B kann die von Person A vorgenommene Verteilung aber auch ablehnen (was dann der Fall sein wird, wenn die von Person A vorgenommene Verteilung von Person B als zu unfair betrachtet wird). In diesem Falle wird das Geld beider Teilnehmer vom Untersuchungsleiter eingesammelt, beide gehen dann ohne Ertrag nach Hause. Die Unfairness-Grenze, die Person B veranlasst, die Verteilung abzulehnen, ist eine Variante der Schmerzgrenze. Wer eine sensiblere Schmerzgrenze hat und daher leichter mit Aggression reagiert, sollte in der Rolle von Person B im Ultimatum-Spiel bereits bei Beträgen ablehnen, die von anderen Teilnehmern (mit weniger sensibler Schmerzgrenze) noch als fair akzeptiert werden würden.

198 Crocket und Kollegen (2008).

199 Gesch und Kollegen (2002), Bohannon (2009).

200 Zaalberg und Kollegen (2010). Die ebenfalls erfassten psychopathologischen Parameter besserten sich unter dem Einfluss von Nahrungsergänzungsmitteln jedoch nicht.

201 Moore, Carter und van Goozen (2009). Eine hochkalorische, kohlenhydrat- und fettreiche Nahrung könnte, wie Tierversuche zeigen, einen ähnlich ungünstigen Effekt auf die Motivationssysteme haben (Spitzer, 2010c). Verschiedene beim Menschen durchgeführte Studien zeigen, dass eine fettreiche Ernährung

(Milanski und Kollegen, 2009) und das sich daraus ergebende Übergewicht (Ward und Kollegen, 2005; Gundstad und Kollegen, 2008; Soreca und Kollegen, 2009; Raji und Kollegen, 2010; Catettes und Kollegen, 2010) zu einer signifikanten Schädigung und Substanzverminderung verschiedener Hirnareale führen.

202 Moffitt und Kollegen (2011).

203 Moore und Kollegen (2008); Moore und Foreman-Peck (2009).

204 An der Vermittlung ebenfalls beteiligt ist der Cinguläre Cortex, der eine Art »Ich«-Instanz repräsentiert.

205 Moffitt und Kollegen (2011).

206 Decety und Michalska (2009).

207 Tomasello und Warneken (2008); Warneken und Tomasello (2009); Tomasello (2009).

208 Fehr, Bernhard und Rockenbach (2008).

209 Roth und Strüber (2009).

210 Siehe dazu u.a. ein Buch des französischen Politologen Dominique Moisi (2009).

211 De Waal (2010).

212 Hsieh und Pugh (1993).

213 Die Wohlstandsunterschiede innerhalb eines Landes werden mit einem vom US-Wissenschaftler Max Lorenz und vom Italiener Corrado Gini unabhängig voneinander entwickelten sogenannten »Gini-Index« angegeben (Bronfenbrenner, 1971). Eine komplette Gleichheit von Einkommen und Vermögen entspräche einem Gini-Index von 0. Läge alles Einkommen und Vermögen eines Landes in einer Hand, betrüge der Gini-Index 1. Die Werte des Gini-Index verschiedener Länder liegen demnach zwischen 0 und 1, wobei Werte, die der Zahl 1 näher sind, eine höhere Vermögens- und Einkommensungleichverteilung anzeigen.

214 Die Namen von Ländern wurden von Hsieh und Pugh nicht genannt.

215 Lim, Bond und Bond (2005).

216 Daly, Wilson und Vasdev (2001).

217 Lagrange (2007). Die Spitzenplätze bei Einkommensungleichheit und Homizidraten belegen in Europa Russland, Estland, Litauen, die Ukraine und Moldavien.

218 Wilkinson (2004).

219 Wilkinson und Picket (2007).

220 Picket, Mookherjee und Wilkinson (2005).

221 Die Beziehung zwischen Ungleichverteilung von Einkommen und Häftlingszahlen zeigt sich erneut auch dann, wenn man die verschiedenen US-Bundesstaaten untereinander vergleicht (Wilkinson und Pickett, 2007).

222 Wilkinson und Pickett (2007).

223 Lim, Bond und Bond (2005).

224 Inglehart, R. und Kollegen (2000); Zak und Fakhar (2006); Zak (2008).

225 Zak und Fakhar (2006).

226 Honneth (1992); Heitmeyer und Imbusch (2005).

227 Heitmeyer und Imbusch (2005); Heitmeyer (2010).

228 Über 90 % der Deutschen vertreten die Auffassung, dass »Werte« – auch in Krisenzeiten – eine besondere Bedeutung haben. Zwischen 60 % und 70 % empfinden, dass Fairness und Gerechtigkeit in wirtschaftlichen Krisenzeiten leiden. Zwar hat die Mehrheit der Bürger in Deutschland das Gefühl, in ihrem persönlichen Umfeld herrsche Gerechtigkeit, 58 % halten die wirtschaftlichen Verhältnisse in Deutschland jedoch für ungerecht, nur 10 % sind der Meinung, es herrsche »Gerechtigkeit auf der Welt« (Heitmeyer, 2010; Fischer, 2010). Etwa 14 % der deutschen Bevölkerung sind – nach EU-Maßstäben – arm, der Gini-Koeffizient als Maßstab der Ungleichverteilung von Einkommen hat sich in Deutschland von 0,22 im Jahre 1998 auf 0,28 im Jahre 2008 erhöht (Grabka und Frick, 2010).

229 Schlink (2005).

230 Bernhard Schlink machte in einem hellsichtigen Text die Folgen deutlich, die sich aus einer Haltung ergeben, die alleine dem »normativen Paradigma« folgt (Auf welchen Ansprüchen darf und muss ich als ungerecht Behandelter bestehen, bevor ich selbst aktiv werde?). Dem normativen stellte Schlink das »pragmatische Paradigma« gegenüber (Was kann ich – auch als ungerecht Behandelter – selbst dafür tun, damit ich unter gegebenen Umständen wieder würdig und entsprechend meinen legitimen

Ansprüchen leben kann?). Schlink vertritt dabei keineswegs eine gegen das normative Paradigma gerichtete Position (dies wäre bei einem Juristen auch kaum zu erwarten). Er weist aber – wie ich meine zu Recht – darauf hin, dass »Opferkulturen ... die Tendenz [haben], den Status der Opfer zu perpetuieren« (Schlink, 2005; dort S. 137–166).

231 Siehe dazu u. a. auch Ernst-Wolfgang Böckenförde (2009), hier vor allem die letzten drei Absätze (»Rein koordinativ, auf dem Wege der Konsensbildung, lässt sich ein solcher Umbau nicht bewirken«).

232 Sloterdijk (2009); Honneth (2009); siehe dazu auch Böckenförde (2009); Habermas (2009); Groys (2009); Hannemann (2009); Kaube (2009); Wingert (2010).

233 Sussmann und Hart (2007, 2008); Sussmann und Marshack (2010).

234 Dart (1925).

235 »Lucy«, die auf 3,2 Millionen Jahre vor unserer Zeit datiert wird, war ein Fund des US-Paläoanthropologen Donald Johanson. Die äthiopischen Australopitheken inklusive »Lucy« werden als »Australopithecus afarensis« bezeichnet. Zwei Jahre nach Johansons Fund entdeckten Mary (1913-1996) und Louis Leakey (1903-1972) die ersten Fußabdrücke des Australopithecus afarensis (in Tansania). Die historisch jüngeren südafrikanischen Verwandten des Australopithecus afarensis (vermutlich waren sie Abkömmlinge) tragen die Bezeichnung »Australopithecus africanus«. Die Australopitheken werden als »Hominini« bezeichnet und gelten als Vor-Vorläufer des Menschen.

236 Vom Australopithecus africanus aus, der vor ca. 2,4 Millionen Jahren verschwand, gabelt sich der Arten-Stammbaum: Die zum Menschen führende Linie wurde nun durch den Homo rudolfensis, den Homo habilis und durch den Homo erectus fortgesetzt. Eine zweite Linie führte vom Australopithecus africanus zu weiteren Australopitheken (A. boisei und A. robustus), die – anders als der Australopithecus afarensis – deutlich größere Zähne (vor allem sehr große Eckzähne) hatten, dafür aber ein kleines Gehirn. Sie waren kein evolutionäres Erfolgsmodell und starben vor ca. 1,2 Millionen Jahren aus.

237 Dart (1953); Dart und Craig (1959).

238 Adrey (1961, 1966, 1976).

239 Brain (1981).

240 Sussmann und Hart (2007, 2008), Sussmann und Marshack (2010).

241 Washburn und Lancaster (1968).

242 Wrangham und Peterson (1996). Der offizielle Titel der im Diederichs-Verlag erschienenen deutschen Ausgabe war weniger martialisch und lautete »Bruder Affe«.

243 Wilson (1975).

244 Nowak, Tarnita und Wilson (2010).

245 Sussmann und Hart (2007, 2008); Sussmann und Marshack (2010).

246 Sussmann und Hart (2007, 2008); Sussmann und Marshack (2010).

247 Pruetz und Bertolani (2007); Hernandez-Aguilar, Moore und Pickering (2007). Schimpansen tun sich mit dem Verzehr von Fleisch ausgesprochen schwer: »It takes an average of eight chimpanzees an average of three and a half hours to consume a single prey item. This is in contrast to only eleven minutes on average to capture and kill the prey« (Hill, 1982).

248 Hill (1982).

249 Laden und Wrangham (2005). Auch die von uns heute verzehrten Kartoffeln oder Zwiebeln zählen zu den USOs, ebenso der Ingwer.

250 Domingues-Rodrigo und Kollegen (2005).

251 Kürzlich wurde beobachtet, dass sich gelegentlich auch Schimpansen beim Nahrungsreservoir der USOs bedienen, wobei sie Holzstöcke verwenden, um die wohlschmeckenden Bodenfrüchte auszugraben (Aguilar, Moore und Pickering; 2007).

252 Hernandez-Aguilar, Moore und Pickering (2007), siehe dort Abbildung 3 auf Seite 19212.

253 Diese Aussage bezieht sich auf Australopithecus afarensis und A. africanus. Drei spätere Australopithecus-Arten, die unter der Bezeichnung »Paranthropus« zusammengefasst werden und riesige Zähne sowie große Eckzähne (aber ein kleines Gehirn) hat-

ten, könnten evtl. ein jägerisch-räuberisches Verhalten gehabt haben. Sie waren, wie schon erwähnt, kein evolutionäres Erfolgsmodell, sondern starben aus.

254 McPherron und Kollegen (2010).

255 Dominguez-Rodrigo, Pickering and Bunn (2010).

256 Dominguez-Rodrigo und Kollegen (2005). Die Autoren bewerteten ihre Funde außerordentlich vorsichtig und räumten ein, dass ihre Befunde weder einen sicheren Rückschluss auf Jagdverhalten noch auf sicheren Fleischverzehr zulassen. Sie diskutierten ausdrücklich die Möglichkeit bzw. Wahrscheinlichkeit, dass die bearbeiteten Knochen Überreste von Kadavern waren, die Raubtiere zurückgelassen hatten.

257 Braun und Kollegen (2010).

258 Auch diese Autoren ließen offen, ob es sich bei den Knochen von Landtieren evtl. um aus Kadavern entnommene Stücke handelte.

259 Siehe en.wikipedia.org/wiki/Control_of_fire_by_early_humans. Eine kürzlich in der Zeitschrift »Science« publizierte Studie fand Hinweise auf kontrollierten Feuergebrauch im Nahen Osten, die auf 790 000 Jahre datiert wurden (Goren-Inbar und Kollegen, 2004). Merkel (2010) datiert die »Domestikation« des Feuers auf 1 Million Jahre vor unserer Zeit.

260 Die weltweit ersten Jagdwaffen waren die von Hartmut Thieme in den 90er-Jahren des letzten Jahrhunderts bei Helmstedt gefundenen »Schöninger Speere« (Thieme, 2005).

261 Auch nach der Verfügbarkeit von Feuer und Jagdwaffen blieb die Jagd nur *eine* von mehreren Nahrungsquellen. Bei den heute noch lebenden Jäger- und Sammlerkulturen stellt – dies gilt jedenfalls für den Bereich zwischen dem nördlichen und südlichen 20. Breitengrad – tierisches Fleisch einen auf ca. 20 % begrenzten Anteil der Nahrung (Manuel Dominguez-Rodrigo, persönliche Mitteilung; Ströhle und Hahn, 2006 a,b). Höhere Fleischrationen kommen vor, je weiter Menschen in Richtung der Pole – und das heißt unter kälteren Bedingungen – leben, sie sind für den Menschen metabolisch aber problematisch (Ströhle und Hahn, 2006 a,b).

262 Sussmann und Marshack (2010).

263 Mitani, Watts und Amsler (2010).

264 Sussman und Marshack (2010).

265 Power (1991).

266 Goodall (1986).

267 Reynolds und Reynolds (1965); Suguyama (1972). Auch Frans de Waal beschreibt ausgeprägte kooperative und prosoziale Eigenschaften von Schimpansen (und anderen Primaten), auch gegenüber Nicht-Verwandten, insbesondere ihre Bereitschaft zu teilen, Verletzten oder Schwachen zu helfen, traurige Artgenossen zu trösten und Kameraden in Not zu Hilfe zu eilen (de Waal und Suchak, 2010).

268 Goodall (1971).

269 Siehe Boesch und Kollegen (2010) sowie dort zitierte weitere Arbeiten.

270 Darwin (1872), Kapitel 5.

271 Tatsächlich war Darwin, wie seinen Ausführungen in »Über den Ausdruck der Gemütsbewegungen …« (Darwin, 1872) zu entnehmen ist, der Meinung, dass Aggression auch bei Menschenaffen reaktiver Natur ist. Was den Menschen betrifft, so definierte Darwin die Aggression eindeutig als ausschließlich reaktiv. Einen »Aggressionstrieb« sucht man bei Darwin, worauf ich bereits an früherer Stelle hinwies, vergebens (Bauer 2008, 2010).

272 Conard und Kollegen (2009).

273 Armitage und Kollegen (2011).

274 Bevor die letzte Eiszeit (»Würm«) Europa vor 110 000 Jahren zum Eisschrank machte, war Europa wärmer, als es heute ist. In Südskandinavien lebten Schildkröten. Der Meeresspiegel lag zehn Meter über dem heutigen.

275 Conard (2009).

276 Das berühmte »Massaker von Talheim« (bei Heilbronn), bei dem – wie die Knochenfunde nahelegen – eine Großfamilie von über 30 Menschen auf offensichtlich gewaltsame Weise getötet worden war, datiert in eine spätere Zeit, nämlich ca. 5 000 vor Christus.

277 Erdal und Whiten (1994, 1996).

278 Freibeuter (»Forager«) sind »wild« lebende menschliche Stämme, die sich auf einer vorzivilisatorischen Stufe befinden und
sich im Wesentlichen als »Jäger und Sammler« ernähren. Oft
treiben sie in geringem Umfang zusätzlich auch etwas Pflanzen-
anbau (ohne Bauern im eigentlichen Sinne zu sein). Sie leben das
ganze Jahr über im Freien (weshalb die wenigen heute noch existierenden Freibeuterstämme in Afrika, Süd- und Mittelamerika
sowie in Asien alle in der Nähe des Äquators anzutreffen sind).
Sie wohnen in nur schwach befestigten Hütten und durchstreifen
tagsüber das Gelände.

279 Die meisten heutigen vorzivilisatorischen Kulturen lebten bzw.
leben ausgesprochen friedlich. Eine typisches Beispiel dafür sind
die südamerikanischen Piraha, die kürzlich vom US-Kulturwis-
senschaftler Daniel Everett beschrieben wurden (Everett, 2009).
Einzelne kriegerische Jäger und Sammler sind die Ausnahme. Sie
finden sich vor allem in Mittel- und Südamerika (wie z.B. die
Waorani in Ecuador, siehe Beckerman und Kollegen, 2009). Oft
nicht beachtet werden die Einflüsse, welche die manchmal über
mehrere Jahrhunderte gehenden, teilweise heute noch anhalten-
den schweren Traumatisierungen (Gewalt, Missbrauch, Vertreibung wie z.B. im Falle der paraguayanischen Aché) durch Kolonisatoren auf das Verhalten dieser heute noch lebenden Urvölker
hatten.

280 Erdal und Whiten (1994, 1996). Erst wenn zeitgenössische
Sammler- und Jägerkulturen längere Zeit mit Ackerbau treiben-
den Nachbarn oder mit Kolonisatoren zu tun hatten, kam es zur
Entwicklung von Dominanzstrukturen. David Erdal und Andrew
Whiten berichten, dass es für die an klare Hierarchien gewohnten Kolonisatoren oft schwierig war, herauszufinden, mit wem
sie verhandeln konnten bzw. sollten. Meistens wurde in diesen
Fällen von den Kolonisatoren eine Person innerhalb eines Stammes willkürlich zum »chief« bestimmt (Erdal und Whiten, 1996).

281 Erdal und Whiten (1994, 1996),

282 Erdal und Whiten (1994, 1996).

283 Erdal und Whiten (1994, 1996).

284 Siehe dazu Kapitel 2.

285 Henrich und Kollegen (2005); Barr und Kollegen (2009).

286 Barr und Kollegen (2009).

287 »Whenever evolution invents something entirely new, cooperation is involved« (Dreber und Nowak, 2008).

288 Es gibt Hinweise darauf, dass es in Afrika, vor allem in Nordafrika, schon in weit früherer Zeit Sesshaftigkeit gegeben haben könnte (siehe z.B. Ziegert, 2010). Diese hatte jedoch – anders als im fruchtbaren Halbmond – keine zivilisatorische Weiterentwicklung zur Folge. Demgegenüber waren die Geschehnisse im fruchtbaren Halbmond mittelbar – nämlich über die Kulturen des Zweistromlandes, über die ägyptischen Reiche, über das Judentum und schließlich über das klassische Altertum, Vorläufer der westlichen Zivilisation.

289 Die archäologischen Funde aus der Zeit 13 000 v. Chr. bis 10 000 v. Chr., die aus Siedlungen zwischen Jordantal und Mittelmeerküste stammen, werden einer als »Natufien« bezeichneten Kulturphase zugeordnet (Benz, 2007; Gebel 2010).

290 Man spricht hier von »open access«-Territorien.

291 Diese Kältephase der sogenannten »Jüngeren Dryas« dauerte von ca. 10 700 v. Chr. bis ca. 9 600 v. Chr. Ihre Ursache ist unklar, spekuliert wird u. a. über einen Meteoreinschlag.

292 Diese Siedlungsphase, die von ca. 9 500 v. Chr. bis ca. 8 800 v. Chr. reichte, wird als Pre-Pottery Neolithic A« oder PPNA-Phase bezeichnet (Benz, 2007; Gebel 2010).

293 Schulz (2006), Benz (2007; Gebel 2010). Eine sehr interessante und lesenswerte Beschreibung von Göbekli Tepe wurde vom Berliner Archäologen Klaus Schmidt verfasst, dessen Team diesen faszinierenden Fundort ausgegraben hat und weiterhin ausgräbt (Schmidt, 2006), siehe auch Schmidt (2010).

294 Diese Siedlungsphase, die von ca. 8 600 v. Chr. bis ca. 7 000 v. Chr. reichte, wird als Pre-Pottery Neolithic B« oder PPNB-Phase bezeichnet (Benz, 2007; Gebel 2010).

295 Benz (2007; Gebel 2010).

296 Benz (2007; Gebel 2010); Badisches Landesmuseum (2007).

297 Ofer Bar-Yosef, Archäologe an der Harvard University, äußerte kürzlich die Vermutung, die Siedlungen zwischen Jordantal und

Mittelmeerküste könnten aufgrund von kriegerischen Auseinandersetzungen aufgegeben worden sein (Bar-Yosef, 2010). Bar-Yosef konzedierte dabei jedoch, dass faktische Hinweise für diese Theorie fehlen. Dieser Umstand war auch der Grund, warum die Mehrheit seiner Kollegen in Kommentarbeiträgen die Hypothese verwarf (siehe Neo-Lithics 1/10, 2010).

298 Schmidt (2010).

299 Die sumerische Stadt Uruk hatte 3 000 v. Chr. bereits 50 000 Einwohner. Die Keilschrift der Sumerer war die erste Schrift der Menschheit und wurde ca. 3 200 v. Chr. entwickelt. Erste Gesetzestexte sind ebenfalls ein Produkt des Zweistromlandes und gehen auf die Zeit um 2 000 v. Chr. zurück.

300 Siehe dazu Gebel (2010). Ein besonders negativer Effekt auf kooperatives Verhalten musste sich aus der jetzt massiv verschärften *Konkurrenzsituation* ergeben. Dies lässt sich experimentell zeigen, wenn man das Ultimatum-Spiel so variiert, dass man entweder auf der Geber- oder auf der Nehmerseite mehrere Konkurrenten auftreten lässt. Im Ultimatum-Spiel geht es, wie schon erwähnt, darum, dass ein Geber (Partner A) ein ihm übertragenes Kapital zwischen sich und seinem Partner (Partner B) aufteilen soll. Damit die beiden das Geld behalten können, muss Partner B zustimmen. Verweigert Partner B die Zustimmung, geht das gesamte Vermögen verloren. Partner B lehnt Angebote mehrheitlich dann ab, wenn sie – bezogen auf den zu verteilenden Gesamtbetrag – unter 30 % liegen. Wenn nun Partner A sein Angebot nicht nur einem, sondern zwei oder drei in Konkurrenz zueinander stehenden Partnern B (B1, B2 und B3) machen kann und wenn von diesen nur einer dem vom Partner A vorgeschlagenen Deal zustimmen muss, dann sind die konkurrierenden Partner auf der B-Seite unter Druck und akzeptieren jetzt Offerten, die um die Hälfte oder mehr unter denen liegen, die unter normalen Bedingungen akzeptabel gewesen wären (Fischbacher, Fong und Fehr, 2009). Doch es geht auch umgekehrt: Wenn sich im Ultimatum-Spiel zwei in Konkurrenz stehende Partner A (A1, A2) um einen einzigen Partner B bemühen müssen, dann weiß auch Partner B die Situation zu nutzen. Die von ihnen akzeptierten Mindest-

angebote liegen nun fast doppelt so hoch wie unter Normalbedingungen.

301 Schulz (2006).

302 Wie schon erwähnt, sprechen die Darstellungen überwiegend weiblicher Körper in den Jahrzehntaussenden vor der neolithischen Revolution dafür, dass das weibliche Prinzip als zumindest gleichrangig mit dem männlichen angesehen wurde.

303 Die Bedeutung der Zugehörigkeit der Kinder war vor der neolithischen Revolution schon deshalb fraglich, weil sich unsere Spezies über die längste Zeit ihrer Entwicklung vermutlich noch nicht im Klaren war, dass zwischen dem Zeugungsakt und der Schwangerschaft einer Frau ein ursächlicher Zusammenhang besteht.

304 1. Mose 2, 18–23.

305 1. Mose 4, 2–8.

306 1. Mose 3, 1–6.

307 Malum (in der lateinischsprachigen Version der Bibel) bedeutete hier »das Böse«, wurde fälschlicherweise aber mit »Apfel« übersetzt (das lateinische Wort kann beides bedeuten). Aus den hebräischen Urschriften geht hervor, dass es sich keineswegs um ein Apfelbäumchen, sondern um einen »Weltenbaum«, also um einen großen Baum mit besonderer Bedeutung handelt (Pfeiffer, 2006).

308 Das hebräische Wort »Naga« hat in Wirklichkeit die Bedeutung eines *gewaltsamen* Handanlegens oder Fällens. Hand angelegt wurde in der Paradieslegende gemäß den Urschriften an einen »Baum mit besonderer Bedeutung in der Mitte des Gartens« (Pfeiffer, 2006).

309 Siehe dazu auch einen Beitrag des Bielefelder Wirtschaftshistorikers Werner Abelshauser (2010).

310 Man denke an die Verschleppungspraktiken der Kolonisatoren. In jüngster Zeit machten sich vor allem Stalin und Hitler der Versklavung und Verschleppung schuldig.

311 Dieser Aspekt wurde von den Autoren der Paradieslegende durch den bereits erwähnten Konflikt zwischen den Brüdern Kain und Abel zum Ausdruck gebracht.

312 Die Erkenntnis, dass der Einbruch des ökonomischen Prinzips in alle Lebensbereiche zu sozialer Desintegration führt und Ge-

walt ansteigen lässt, findet sich auch in der »Institutional Anomie Theory« von Steven Messner und Richard Rosenfeld (Messner und Rosenfeld, 1993). Der Begriff der »Anomie« drückt die Zerstörung einer Ordnung des zwischenmenschlichen Zusammenlebens aus und geht auf den jüdischen Soziologen Emile Durkheim (1858–1917) zurück.

313 Vohs, Mead und Goode (2006; 2008); Zhon, Vohs und Baumeister (2009).

314 Greene und Haidt (2002); Greene (2003); Vogel (2004); Haidt (2007a und b); DeScioli und Kurzban (2009).

315 Bechara und Kollegen (1999); Greene und Kollegen (2001, 2004); Moll und Kollegen (2005); Raine und Yang (2006); Moll und de Oliveira-Souza (2007); Greene und Paxton (2009); Young und Kollegen (2010).

316 Darwin (1871, 1872); Übersicht bei Bauer (2010), Kapitel 9. Ein wichtiges Element des neuronalen Apparates, der den Menschen zur Empathie befähigt, sind – neben dem Präfrontalen Cortex – die Spiegelnervenzellen (Übersicht bei Bauer, 2006).

317 Haidt (2007a). Bei diesem Statement Haidts handelt es sich um eine Erweiterung einer auf den US-Psychologen William James (1842–1910) zurückgehenden Formulierung »Thinking is for doing« (Denken steht im Dienste des Tuns) (James, 1890). Sigmund Freud übernahm diesen Gedanken und schrieb 1910: »Das Denken ... ist im Wesentlichen Probehandeln« (Freud, 1910). Eine ähnliche Definition der Moral, wie sie Haidt gibt, formulierte einige Jahrzehnte vor ihm einer der Gründerväter der Soziologie, der französische jüdische Soziologe Emile Durkheim (1858–1917), der feststellte: »Moral bindet und lässt entstehen; sie verpflichtet Individuen, bindet sie aneinander und erzeugt Gruppen« (Durkheim, 1912).

318 Haidt (2007b).

319 Möglicherweise spiegeln diese beiden Kernelemente der Moral ein eher weibliches (Fürsorge) und ein eher männliches (Normen der Gerechtigkeit) Element wider. Gedanken zu einer »weiblichen« und »männlichen« Ethik finden sich u. a. bei Klaus Dörner (2001) und bei der US-Philosophin Judith Butler (2003).

320 Haidt (2007a und b).

321 Hamlin, Wynn und Bloom (2007).

322 Vaish, Carpenter und Tomasello (2010).

323 Greene und Haidt (2002); Greene (2003); Haidt (2007).

324 Greene und Kollegen (2001, 2004); Moll und Kollegen (2005); Raine und Yang (2006); Moll und de Olivieira (2007).

325 Sanfey und Kollegen (2003).

326 Singer und Kollegen (2006).

327 Bechara und Kollegen (1999); Raine und Yang (2006); Young und Kollegen (2010); Elbert, Weierstall und Schauer (2010).

328 Greene und Haidt (2002); Greene (2003); Haidt (2007). An der gedanklichen Nachbearbeitung ist erneut der Präfrontale Cortex beteiligt, zusätzlich nun aber auch weitere Teile der Großhirnrinde sowie das Erinnerungszentrum (Hippocampus) und das »Ich-Zentrum« (der sogenannte Cinguläre Cortex).

329 Haidt (2007).

330 »Handle nur nach derjenigen Maxime, durch die du zugleich wollen kannst, dass sie ein allgemeines Gesetz werde« (Kant, 1785). »Handle so, dass die Maxime deines Willens jederzeit zugleich als Prinzip einer allgemeinen Gesetzgebung dienen könne« (Kant, 1788). Zur »golden rule« siehe Vogel (2004).

331 Nichols und Knobe (2007).

332 Dies ist der Grund, warum die vor einiger Zeit geführte Debatte um den »freien Willen« an der Sache vorbeiging. Der »freie Wille« ist nichts weiter als ein gesellschaftlicher Konsens darüber, dass Menschen sich gegenseitig für ihre Taten zur Verantwortung ziehen. So wie wir sie im gesellschaftlichen und juristischen Kontext verwenden, beinhaltet die Strafmündigkeit eines Menschen keine Aussage darüber, ob der Wille dieses Menschen neurobiologisch gesehen »frei« ist. Strafmündigkeit setzt lediglich voraus, 1. dass ein Mensch überhaupt einschätzen kann, ob Handlungen sozial schädlich sind; und 2. dass ein Mensch vorherzusehen in der Lage ist, dass die Allgemeinheit ihn für seine Handlungen zur Verantwortung ziehen wird. Wenn diese beiden Fähigkeiten aufgrund einer neurobiologischen oder psychiatrischen Störung

nicht gegeben sind, gehen wir – mit gutem Recht – davon aus, dass ein Täter nicht strafmündig ist und – anstatt in eine Haftanstalt – in eine forensische Einrichtung gehört.

333 Greene und Kollegen (2004).

334 Für Personen, die an einer zwanghaften oder schizophrenen Störung leiden, können allerdings auch nichtmoralische Dilemmata zu einem unüberwindbaren Hindernis werden.

335 Latane und Rodin (1969).

336 Vohs, Mead und Goode (2006, 2008); Zhou Vohs und Baumeister (2009).

337 Levin und Isen (1975); Baron und Thomley (1994).

338 Schnall, Roper und Fessler (2010); siehe auch Dreber und Kollegen (2008) sowie Rand und Kollegen (2009).

339 Religionen sind von Kirchen oder religiösen Organisationen zu unterscheiden.

340 Durkheim (1912); Haidt (2007b); Shariff, Norenzayan und Henrich (2009); Pyysiäinen und Hauser (2010).

341 Das Zitat findet sich in Voltaires 1768 verfasstem Text »Brief an den Autor der Drei Betrüger« (Epître à l'auteur du livre des Trois imposteurs).

342 Kindern, die als Testpersonen dienten, hatte man aufgegeben, sie dürften nicht in eine geschlossene Schachtel schauen, dann ließ man sie im Raum alleine. Wenn man ihnen vorher gesagt hatte, sie würden von einer nicht sichtbaren übernatürlichen Person (»Prinzessin Alice«) beobachtet, brachen sie das Verbot signifikant seltener (Bering, 2003). Studenten, welche die Möglichkeit hatten, bei einer ihnen gestellten, am PC zu erledigenden Aufgabe zu betrügen, taten das signifikant seltener, wenn man ihnen zuvor beiläufig gesagt hatte, im Testraum befinde sich der Geist eines verstorbenen Studenten (Bering, 2006).

343 Anders als vor allem von fanatisch atheistischen soziobiologischen Autoren immer wieder behauptet wird, bedeutet die Feststellung, dass Gott eine Vorstellung des Menschen ist, keine Aussage über die Existenz eines Gottes. Auch mathematische Gesetze sind Produkte menschlicher Vorstellung. Ihre Realitätsprüfung bestehen sie, indem wir mit ihnen erfolgreich arbeiten können.

Der Realitätstest religiöser Gottesvorstellungen ist, ob sie ihre Garantenfunktion für den Erhalt der Idee der zwischenmenschlichen Gerechtigkeit und Liebe einlösen. Das Versagen religiöser oder kirchlicher Institutionen bedeutet ebenso wenig wie eine falsche Anwendung mathematischer Formeln, dass der Realitätstest misslungen ist. Charles Darwin war sich, wie ich an anderer Stelle ausführlich dargestellt habe (Bauer, 2010), in der Gottesfrage völlig unschlüssig.

344 Tan und Vogel (2005). Beim Vertrauens-Spiel, welches bereits an früherer Stelle erklärt wurde, erhält einer von zwei Partnern (der Geber, Treugeber oder »proposer«) ein Guthaben und wird gebeten, davon nach eigenem Ermessen einen Teil an sein Gegenüber (den Empfänger, Treuhänder oder »responder«) zu übertragen. Der vom »proposer« an den »responder« übertragene Betrag wird vom Untersuchungsleiter verdreifacht. Der »responder« hat anschließend die Möglichkeit, einen von ihm frei bestimmten Teil seines Ertrages dem »proposer« zurückzugeben. Beide Teilnehmer sind über die Regeln der gesamten Prozedur vorab informiert. Je höher der vom »proposer« übertragene Betrag ausfällt, desto stärker vermehrt sich – aufgrund der vom Untersuchungsleiter vorgenommenen Verdreifachung – das Vermögen, das zur Verteilung zur Verfügung steht. Da der »responder« jedoch nach eigenem Gutdünken entscheiden kann, kommt es darauf an, inwieweit der »proposer« der Fairness des »responders« vertraut.

345 Durkheim (1912).

346 Sosis und Ruffle (2003, 2004). Interessant war, dass sich dieser Effekt in diesen Experimenten allerdings nur bei Männern, nicht aber bei Frauen zeigte. Weitere Experimente, bei denen Kibbuzim mit Stadtbewohnern verglichen wurden, finden sich bei Ruffle und Sosis (2006).

347 Auch Religiosität macht den Menschen nicht »besser«, wenn man der überwiegenden Zahl der dazu durchgeführten Studien glauben darf (Pyysiäinen und Hauser, 2010).

348 Miller und Effron (2010). Wer zur Vorspeise bewusst nur einen kalorienarmen Salat bestellt hat, hat es leichter, am Ende der

Mahlzeit der Versuchung nachzugeben, sich doch noch eine fettreiche Nachspeise zu gönnen. Wer sich andererseits fest vorge-
nommen hat, das nächste Mal kalorienarm zu essen, der redet
sich gerne ein, damit die moralische Lizenz erworben zu haben,
bei der aktuell anstehenden Mahlzeit zu sündigen.

349 Effron, Cameron und Monin (2009); Miller und Effron (2010). In
einer weiteren Studie wurde gezeigt, dass Obama-Anhänger
nach der Wahl – im Vergleich zu vor der Wahl – in deutlich geringerem Ausmaß bereit waren, sozialpolitische Maßnahmen, insbesondere politische Maßnahmen zur Beseitigung der Rassenun-
gleichheit zu unterstützen (Kaiser und Kollegen, 2009).

350 Merritt, Effron und Monin (2010).

351 Mazar und Zhong (2010); Spitzer (2010d).

352 Sachdeva, Iliev und Medin (2009).

353 Vorläufer expliziter Moralsysteme waren Kultstätten, die als
zentrale Orte für regionale Zusammenkünfte und rituelle Feste
dienten. Einige spektakuläre neolithische Kultstätten, die zeitlich
mit dem Beginn der neolithischen Revolution korrelieren, wurden erst in den letzten Jahren entdeckt (Schmidt, 2006 und
2010). Der Übergang zu expliziten, kodifizierten Moralsystemen
erfolgte nach Erfindung der Schrift.

354 Wie die Geschichte zeigt, lassen sich innere Ursachen einer »ingroup«-Krise (z.B. Misswirtschaft oder Uneinigkeit) ohne Weiteres zu äußeren Ursachen umdefinieren. Ein Paradebeispiel für
diesen Mechanismus war die Politik des nationalsozialistischen
Deutschland und kommunistischer Zwangsregime.

355 Valdesolo und DeSteno (2006, 2007, 2008); Sosis und Ruffle
(2004); Monin, Sawyer und Marquez (2008); Jordan und Monin
(2008).

356 Prinzipiell verhalten sich Gruppen, wenn sie nicht provoziert
wurden, in Situationen, in denen kooperativ oder feindselig
gehandelt werden kann, nicht grundlegend anders als Einzelpersonen. Abweichungen sind jedoch vorhanden, denn das
Vertrauenshormon Oxytozin entfaltet seine Zusammenhalt stiftende Wirkung nur innerhalb der »ingroup« (De Dreu und Kollegen, 2011).

Im Diktator-Spiel, in welchem es einer mit einem Geldbetrag ausgestatteten Testperson überlassen bleibt, wie viel sie an den ihr fremden mittellosen Partner abzugeben bereit ist, halbieren sich die übertragenen Beträge, wenn die Entscheidung nicht von einer Einzelperson, sondern von einer kleinen Gruppe gefällt wird (obwohl jedes Mitglied der Gruppe jeweils mit einem ebenso großen Grundkapital ausgestattet wurde wie dann, wenn nur eine Einzelperson spielte) (Luhan, Kocher und Sutter, 2009). Interessanterweise gibt dabei der Geizigste in der Gruppe jeweils den Ton an. Trotzdem werden auch in einer solchen Gruppe immerhin noch mehr als 10 % an den Habenichts auf der anderen Seite abgegeben.

Im Vertrauens-Spiel zeigt sich, dass der Gegenseite (dem Treuhänder) zwar ein geringfügig kleinerer Anteil des eigenen Guthabens anvertraut wird (54 % anstatt 65 %), wenn kleine Gruppen (anstatt Einzelpersonen) als Investoren (Treugeber) agieren (Kugler und Kollegen, 2007). Wenn auf der Treuhänderseite ebenfalls eine Gruppe (anstatt einer Einzelperson) fungiert, dann übertragen Investoren- (Treugeber-) Gruppen sogar drastisch weniger ihres Kapitals (44 % im Vergleich zu 76 %). Das Verhalten auf der Treuhänderseite, die von dem ihr anvertrauten (und inzwischen vermehrten) Vermögen dem Investor etwas zurückgeben soll, ändert sich aber nicht, wenn die Entscheidungen hier – anstatt von einer Einzelperson – nun von einer kleinen Gruppe gefällt werden. Gruppen sind, jedenfalls in experimentellen Testsituationen, also zwar (als Investoren) weniger vertrauensvoll, aber (als Treuhänder) in gleichem Maße vertrauenswürdig wie Einzelpersonen.

357 Menschen verschiedener Hautfarbe wurden von Charles Darwin sowie vom deutschen Biologen Ernst Haeckel und deren Nachfolgern allen Ernstes als verschiedene Spezies bzw. »Rassen« angesehen.

358 Ein Beispiel hierfür war z. B. Hitlers Überfall auf Polen, dem eine Angstpropaganda der Nationalsozialisten, in der Polen aggressive Absichten unterstellt wurden, voranging.

359 Siehe Dehumanisierung jüdischer Mitbürger und anderer Bevöl-

kerungsgruppen (»Untermenschen«) durch die Nationalsozialisten. Eine Dehumanisierungsstrategie findet sich auch in radikalen Teilen des Islam gegenüber Nicht- oder Andersgläubigen.

360 Ein Beispiel dafür ist der atheistische Fanatismus von Richard Dawkins und seiner Anhänger (Haidt, 2007b).

361 Dieser Mechanismus spielt bei der Ausgrenzung gesellschaftlicher Minderheiten (z. B. von Homosexuellen, von Sinti und Roma, von Anhängern bestimmter Jugendkulturen) eine entscheidende Rolle. »Outgroup«-Bildungen können jedoch auch innerhalb von Familien stattfinden.

362 UNESCO (1986).

363 Moffitt und Kollegen (2011).

364 Stauss (2010).

365 Bauer (2008, 2010).

366 Entorf und Sieger (2010).

367 Dutton, Boyanowsky und Bond (2004); Konfliktbarometer (2010).

368 Arbeitsgemeinschaft Kriegsursachenforschung der Universität Hamburg (2011).

369 Schauer und Elbert (2010). Die als Soldaten eingesetzten Kinder sind in hohem Maße traumatisiert und zeigen teilweise psychologische und neurobiologische Merkmale, wie man sie bei Psychopathen antrifft (Elbert, Weierstall und Schauer, 2010).

370 Helbing (2006).

371 Im Gefangenenlager Abu Ghuraib misshandelten und demütigten US-Soldaten irakische Häftlinge.

372 Böckenförde (2009).

Literaturverzeichnis

Abelshauser, W.: Die Erfindung des Eigentums. *Frankfurter Allgemeine Sonntagszeitung,* 31. Januar 2010.

Amendt, G.: Frauen schlagen häufiger. *Die Welt,* 11. November 2010.

Anderson, C.A.: Effects of Violent Movies and Trait Hostility on Hostile Feelings and Aggressive Thoughts. *Aggressive Behavior* 23:161–178 (1997).

Anderson, C.A. und Dill, K.E.: Video Games and Aggresive Thoughts, Feelings, and Behavior in the Laboratory and in Life. *Journal of Personality and Social Psychology* 78:772–790 (2000).

Anderson, C.A. und Bushman, B.J.: Effects of Violent Video Games on Aggressive Behavior, Aggressive Cognition, Aggressive Affect, Physiological Arousal, and Prosocial Behavior: A Metaanalytic Review of the Scientific Literature. *Psychological Science* 12:353–359 (2001).

Anderson, C.A. und Kollegen: Longitudonal Effects of Violent Video Games on Aggression in Japan and the United States. *Pediatrics* 122:e1067-e1072 (2008).

Arabadzisz, D. und Kollegen: Primate Early Life Stress Leads to Long-Term Mild Hippocampal Decrease in Corticosteroid Receptor Expression. *Biological Psychiatry.* Doi:10.1016/j.biopsych.2009.12.016 (2010).

Arbeitsgemeinschaft Kriegsursachenforschung (AKUF) der Universität Hamburg. Das Kriegsgeschehen 2008 im Überblick. www.sozialwiss.uni-hamburg.de/publish/Ipw/Akuf/kriege_aktuell.htm (2011).

Archer, J.: The Nature of Human Aggression. *International Journal of Law and Psychiatry* 32: 202–208 (2009).

Ardrey, R.: African Genesis: A Personal Investigantion into Animal Origins and Nature of Man. Atheneum, NYC (1961).

Ardrey, R.: The Territorial Imperative. Atheneum, NYC (1966).

Ardrey, R.: The Hunting Hypothesis: A Personal Conclusion Concerning the Evolutionary Nature of Man. MacMillan New York (1976).

Armitage, S. J. und Kollegen: The Southern Route »Out of Africa«. *Science* 331: 453–456 (2011).

Arnsperger, M. Eissele, I. und Hutt, F.: Der Frederik wird unser Sohn bleiben. *Stern*, 7. Oktober 2009.

Arseneault, L. und Kollegen: Being Bullied as an Environmentally Mediated Contributing Factor to Children's Internalizing Problems. *Archives of Pediatric and Adolescent Medicine* 162: 145–150 (2008).

Auheier, H. K. und Spengler, N. (Hrsg.): Auf dem Weg zu einem Informationssystem Zivilgesellschaft. www.stifterverband.info (2009), geladen September 2010.

Badisches Landesmuseum Karlsruhe (Hrsg.): Die ältesten Monumente der Menschheit (Katalog mit zahlreichen Fachbeiträgen). Konrad Theiss Verlag Stuttgart (2007).

Badische Zeitung/dpa: Freund: Tim war süchtig nach Ballerspielen. 29. September 2010.

Bannenberg, B.: Amokläufe aus kriminologischer Sicht. *Nervenheilkunde* 29: 423–429 (2010).

Baron, R. A.: Human Aggression. Plenum, New York (1977).

Baron, R. A. und Thomley, J.: A Whiff of Reality. *Environment and Behavior* 26: 766–784 (1994).

Baron-Cohen, S., Knickmeyer, R., Belmonte, M. K.: Sex Differences in the Brain: Implications for Explaining Autism. *Science* 310: 819–823 (2005).

Barr, A. und Kollegen: Homo Equalis: A Cross-Society Experimental Analysis of Three Bargaining Games. University of Oxford, Dept. Of Ecenomics. Discussion Paper Series No. 422. www.economics.ox.ac.uk (2009).

Barraza, J. A. und Zak, P. J.: Empathy toward Strangers Triggers Oxytocin Release and Subsequent Generosity. *Annuals of the New York Academy of Sciences* 1167: 182–189 (2009).

Barrot, M. und Kollegen; Regulation of Anxiety and Initiation of Sexual Behavior in the Nucleus Accumbens. *Proceedings of The National Academy of Sciences USA PNAS* 102: 8357–8362 (2005).

Bartels, A., Zeki, S.: The Neural Basis of Romantic Love. *NeuroReport* 11: 3829–3834 (2000).

Bartels, A., Zeki, S.: The Neural Correlates of Maternal and Romantic Love. *NeuroImage* 21: 155–1166 (2004).

Bartholow, B.D. und Anderson, C.A.: Effects of Violent Video Games on Aggressive Behavior: Potential Sex Differences. *Journal of Experimental Social Psychology* 38: 283–290 (2002).

Bartholow, B.D. und Kollegen: The Proliferation of Media Violence and its Economic Underpinnings. In: D.A. Gentile (Hrsg.): Media Violence and Children (S. 1–18). Praeger, West Port, CT (2003).

Bartholow, B.D. und Kollegen: Interactive Effects of Life Experiences and Situational Cues on Aggression: The Weapons Priming Effects in Hunters and Nonhunters. *Journal of Experimental Social Psychology* 41: 48–60 (2005).

Bar-Yosef, O.: Warfare in Levantine Early Neolithic. A Hypothesis to be Considered. *Neo-Lithics* 1/10 (2010).

Bauer, J.: Das Gedächtnis des Körpers. Wie Beziehungen und Lebensstile unsere Gene steuern. Eichborn Verlag (2002; Neuauflage 2010) und Piper Taschenbuch (2004).

Bauer, J.: Warum ich fühle was du fühlst. Intuitive Kommunikation und das Geheimnis der Spiegelneurone. Heyne Verlag, München (2006).

Bauer, J.: Prinzip Menschlichkeit. Warum wir von Natur aus kooperieren. Heyne Verlag München (2008).

Bauer, J.: Das kooperative Gen. Evolution als kreativer Prozess. Heyne Verlag München (2010).

Bechara, A.S.W. und Kollegen: Impairment of Social and Moral Behavior Related to Early Damage in Human Prefrontal Cortex. *Nature Neuroscience* 2: 1032–1037 (1999).

Beckerman, S. und Kollegen: Life Histories, Blood Revenge, and Reproductive Success Among the Waorani of Ecuador. *Proceedings of The National Academy of Sciences USA PNAS* 106: 8134–8139 (2009).

Benz, M. (Hrsg.): Die Neolithisierung im Vorderen Orient – Prozess mit revolutionären Folgen. Poppmann & Orten, Freiburg (2007).

Bering, J.M.: On Reading Symbolic Random Events. Paper presented at the Psychological and Cognitive Foundations of Religiosity Conference in Atlanta (Georgia, USA). August 2003.

Bering, J. M.: The Folk Psychology of Souls. *Brain and Behavioral Sciences* 29: 453–462 (2006).

Berman, E.: Die Beziehung zwischen Klein und Winnicott. *Forum Psychoanalyse* 22:374–385 (2006).

Bessler, C. und Kollegen: Die Befunde jugendstrafrechtlicher Gutachten – eine Herausforderung für die Gesellschaft. *Schweizerische Zeitschrift für Kriminologie,* 9. Jahrgang, Heft 1 (Februar), Seite 3–20 (2010).

Bilfulco, A. und Kollegen: Maternal Attachment Style and Depression Associated with Childbirth: Preliminary Results from a European and US Cross-Cultural Study. *British Journal of Psychiatry* 184 (Supplement 46): s31-s37 (2004).

Birbaumer, N. und Kollegen: Deficit Fear Conditioning in Psychopathy. *Archives of General Psychiatry* 62: 799–805 (2005).

Blair, R.J.R.: The Amygdala and Ventromedial Prefrontal Cortex: Functional Contributions and Dysfunction in Psychopathy. *Philosophical Transactions of The Royal Society.*Doi:10.1098/rstb.2008.0027 (2008).

Blech, J.: Das Gedächtnis des Körpers. *Der Spiegel*, Ausgabe 32. 09. August 2010.

Böckenförde, E.W.: Woran der Kapitalismus krankt. *Süddeutsche Zeitung*, 24. April 2009.

Boesch, C. und Kollegen: Altruism in Forest Chimpanzees. *PLoS One* 5: e8901, Seite 1–6 (2010).

Bohannon, J.: The Theory? Diet Causes Violence. The Lab? Prison. *Science* 325: 1614–1616 (2009).

Brain, C.K.: The Hunter or the Hunted? The University of Chicago Press (1981).

Braun, D.R. und Kollegen: Early Hominin Diet Included Diverse Terrestrial and Aquatic Animals 1.95 Ma in East Turkana, Kenya. *Proceedings of The National Academy of Sciences USA PNAS* 107: 10002–10007 (2010).

Bronfenbrenner, M: Distribution Theory. Aldine-Atherton, New York (1971).

Brown, S.M. und Hariri, A.R.: Neuroimaging Studies of Serotonin Gene Polymorphisms: Exploring the Interplay of Genes, Brain, and

Behavior. *Cognitive, Affective, & Behavioral Neuroscience* 6: 44–52 (2006).

Buckholtz, J.W. und Meyer-Lindenberg, A.: MAOA and the Neurogenetic Architecture of Human Aggression. *Trends in Neurosciences* 31: 120–129 (2008).

Burklund, L.J., Eisenberger, N.I., Lieberman, M.D.: The Face of Rejection: Rejection Sensitivity Moderates Dorsal Anterior Cingulate Activity to Disapproval Facial Expressions. *Social Neuroscience* 2: 238–253 (2007).

Bushman, B.J. und Anderson, C.A.: Media Violence and the American Public: Scientific Facts Versus Media Misinformation. *American Psychologist* 56: 477–489 (2001).

Buss, A.H.: The Psychology of Aggression. Wiley, New York (1961).

Butler, J.: Kritik der ethischen Gewalt. Suhrkamp, Frankfurt/Berlin (2003).

Campbell, B.C. und Kollegen: Testosterone Exposure, Dopaminergic Reward, and Sensation-Seeking in Young Men. *Physiology & Behavior* 99: 451–456 (2010).

Cannon, C.M. und Bseikri, M.R.: Is Dopamine Required for Natural Reward? *Physiology and Behavior* 81: 741–748 (2004).

Caspi, A. und Kollegen: Influence of Life Stress on Depression: Moderation by a Polymorphism in the 5-HTT Gene. *Science* 301: 386–389 (2003).

Caspi, A. und Moffitt, T.E.: Gene-Environment Interactions in Psychiatry: Joining Forces with Neuroscience. *Nature Review* 7: 583–590 (2006).

Caspi, A. und Kollegen: Genetic Sensitivity to the Envoironment: The Case of the Serotonin Transporter Gene and Its Implications for Studying Complex Diseases and Traits. *American Journal of Psychiatry*. Doi: 10.1176/appi.ajp.2010.09101542 (2010).

Cazettes, F. und Kollegen: Obesity-Mediated Inflammation May Damage the Brain Circuit that Regulates Food Intake. *Brain Res.* 1373: 101–9. doi: 10.1016/j.brainres.2010.12.008 (2010).

Coates, J.M. und Herbert, J.: Enodgenous Steroids and Financial Risk Taking on a London Trading Floor. *Proceedings of The National Academy of Sciences USA PNAS* 105: 6167–6172 (2008).

Cohen, D. und Kollegen: Insult, Aggression, and the Southern Culture of Honor. *Journal of Personality and Social Psychology* 70: 945–960 (1996).

Conard, N.J. und Kollegen (Hrsg.): Eiszeit – Kunst und Kultur. Thorbecke Verlag, Ostfildern (2009). – Dieser ungemein informative, exzellent bebilderte und äußerst lesenswerte Band enthält über 90 Beiträge zahlreicher Fachautoren. Ich habe darauf verzichtet, die einzelnen Beiträge, denen ich zahlreiche Informationen entnommen habe, einzeln zu zitieren, sondern verweise jeweils pauschal auf die Herausgebergruppe um Prof. Dr. Nicholas J. Conard.

Crocket, M.J. und Kollegen: Serotonin Modulates Behavioral Reactions to Unfairness. *Science* 320: 1739 (2008).

Dabbs, J.M. und Hargrove, M.F.: Age, Testosterone, and Behavior Among Female Prison Inmates. *Psychosomatic Medicine* 59: 477–480 (1997).

Daly, M., Wilson, M. und Vasdev, S.: Income Inequality and Homicide Rates in Canada and the United States. *Canadian Journal of Criminology* 43: 219–236 (2001).

Darley, J.M. und Batson, J.M.: »From Jerusalem to Jericho«: A Study of Dispositional Variables in Helping Behavior. *Journal of Personality and Social Psychology* 27: 100–108 (1973).

Dart, R.: Australopithecus africanus: The Man-Ape in South Africa. *Nature 115*: 195–199 (1925).

Dart, R.: The Predatory Transition from Ape to Man. *International Anthropological and Linguistic Review* 1: 201–217 (1953).

Dart, R. und Craig, D.: Adventures with the Missing Link. Harper, New York (1959).

Darwin, C.: Über die Entstehung der Arten durch natürliche Zuchtwahl. Meco, Dreieich (1859/2002).

Darwin, C.: Die Abstammung des Menschen. Volmedia, Paderborn (1871/2005).

Darwin, C.: Der Ausdruck der Gemütsbewegungen bei dem Menschen und den Tieren. Eichborn (»Die andere Bibliothek«), Frankfurt a.M., (1872/2000).

Darwin, C.: Mein Leben. Insel Verlag, Frankfurt a.M. (1887/1993).

Dawkins, R.: Das egoistische Gen. 6. Auflage. Rowohlt, Hamburg (2004). Erstveröffentlichung 1976 bei Oxford University Press.

De Bellis, M.D. und Kollegen: Neuropsychological Findings in Childhood Neglect and their Relationship to Pediatric PTSD. *Journal of the International Neuropsychological Society.* Doi:10.1017/ SS1355617709990464 (2009).

Decety, J., Michalska, K.J. und Akitsuki, Y.: Who Caused the Pain? An fMRI Investigation of Empathy and Intentionality in Children. *Neuropsychologia* 46: 2607–2614 (2008).

Decety, J. und Kollegen: Atypical Empathic Responses in Adolescents with Aggressive Conduct Disorder: A Functional MRI Investigation. *Biological Psychology* 80: 203–211 (2009).

Decety, J. und Michalska, K.J.: Neurodevelopmental Changes in the Circuits Underlying Empathy and Sympathy From Childhood to Adulthood. *Developmental Sciences.* Doi: 10.1111/j.1467–7687.2009. 00940.x (2009)

De Dreu, C.K.W. und Kollegen: The Neuropeptide Oxytocin Regulates Parochial Altruism in Intergroup Conflict Among Humans. *Science* 328: 1408–1411 (2010).

De Dreu, C.K.W. und Kollegen: Oxytocin Promotes Human Ethnocentrism. *Proceedings of The National Academy of Sciences USA PNAS.* Doi: 10.1073/pnas.1015316108 (2011).

DeScioli, P. und Kurzban, R.: Mysteries of Moralities. *Cognition* 112: 281–299 (2009).

De Waal, F.B.M. und Suchak, M.: Prosocial Primates: Selfish and Unselfish Motivations. *Philosophical Transactions of The Royal Society* B 365: 2711–2722 (2010).

De Waal, F.B.M.: Reconciliation and Its Cultural Modifications in Primates. In: The Essence of Anthropology 2nd Edition (William A. Haviland, Harald E.L. Prins, Dana Walrath, Bunny McBride, Hrsg.), S. 74–76. Wadsworth, Belmont, CA (2010).

Dodge, K.A., Bates, J.F., Pettit, G.R.: Mechanisms in the Cycle of Violence. *Science* 250: 1678–1683 (1990).

Döge, P.: Männer – die ewigen Gewalttäter? Institut für anwendungsorientierte Innovations- und Zukunftsforschung. Zusammenfassung der wichtigsten Ergebnisse (Manuskript). 12. November 2010.

Dörner, K.: Der gute Arzt: Lehrbuch der ärztlichen Grundhaltung. Schattauer Verlag, Stuttgart (2001).

Dollard, J. und Koll.: Frustration and Aggression. Yale University Press. New Haven, CT (1939).

Dominguez-Rodrigo, M. und Kollegen: Cutmark Bones From Pliocene Archaeological Sites at Gona, Afar, Ethiopia. *Journal of Human Evolution* 48: 109–121 (2005).

Dominguez-Rodrigo, M., Pickering, T. R. and Bunn, H. T.: Configurational Approach to Identifying the Earliest Hominin Butchers. *Proceedings of The National Academy of Sciences PNAS*. Doi/10.1073/pnas.1013711107 (2010).

Dreber, A. und Nowak, M.A.: Gambling for Global Goods. *Proceedings of The National Academy of Sciences USA PNAS* 105: 2261–2262 (2008).

Dreber, A. und Kollegen: Winners Don't Punish. Nature. Doi:10.1038/nature06723 (2008).

Dreber, A. und Kollegen: The 7R Polymorphism in the Dopamin Receptor D4 Gene (DRD4) is Associated with Financial Risk Taking in Men. *Evolution and Human Bahavior* 30: 85–92 (2009).

Du Bois, R.: Wie gefährlich sind Jugendliche, die Massenmord in ihren Schulen androhen? *Nervenheilkunde* 29: 431–435 (2010).

Durkheim, E.: Les formes élémentaires de la vie religieuse. Felix Alcan, Paris (1912). Deutsche Ausgabe: Die elementaren Formen des religiösen Lebens. Suhrkamp, Frankfurt/Berlin (1994).

Dutton, D. G., Boyanowsky, E. O., Bond, M. H.: Extreme Mass Homicide: From Military Massacre to Genocide. *Aggression and Violent Behavior* 10: 437–473 (2006).

Effron, D.A., Cameron, J. R. und Monin, B.: Endorsing Obama Licences Favoring Whites. *Journal of Experimental Social Psychology* 45: 590–593 (2009).

Einstein, A.: Brief an Sigmund Freud vom 30. Juli 1932. www.netzwerk-regenbogen.de (geladen am 19. August 2010). Siehe auch Einstein, A., Freud, S.: Warum Krieg?: Ein Briefwechsel. Diogenes, Zürich (1972).

Eisenberger, N. I., Lieberman, M. D., Williams, K. D.: Does Rejection Hurt? An fMRI Study of Social Exclusion. *Science* 302: 290–292 (2003).

Eisenberger, N. I. und Lieberman, M. D.: Why Rejection Hurts: A Common Neural Alarm System For Physical and Social Pain. *Trends in Cognitive Sciences* 8: 294–300 (2004).

Eisenberger, N. I. und Kollegen: An Experimental Study of Shared Sensitivity to Physical Pain and Social Rejection. *Pain* 126: 132–138 (2006).

Eisenberger, N. I., Gable, S. L., Lieberman, M. D.: Magnetic Resonance Imaging Responses Relate to Differences in Real-World Social Experience. *Emotion* 7: 745–754 (2007a).

Eisenberger, N. I. und Kollegen: Understanding the Genetic Risk for Aggression: Clues from the Brain Response to Social Exclusion. *Biological Psychiatry* 61: 1100–1108 (2007b).

Eisenegger, C. und Kollegen: Prejudice and Truth About the Effect of Testosterone on Human Bargaining Behaviour. *Nature* 463: 356–359 (2010).

Elbert, T. und Kollegen: The Influence of Organized Violence and Terror on Brain and Mind – A Co-Constructive Perspective. In: Lifespan Development and the Brain (Hrsg.: P. Baltes, P. Reuter-Lorenz, F. Rösler). Cambridge University Press (2006).

Elbert, T. und Kollegen: Trauma-Related Impairment in Children – A Survey in Sri Lankan Provinces Affected by Armed Conflict. *Child Abuse & Neglect* 33: 238–246 (2009).

Elbert, T., Weierstall, R. und Schauer, M.: Fascination Violence: On Mind and Brain of Man Hunters. *European Archives of Psychiatry and Clinical Neuroscience* 260 (Suppl.): S100-S105 (2010).

Entorf, H. und Sieger, P.: Unzureichende Bildung: Folgekosten durch Kriminalität. Goethe-Universität Frankfurt. Manuskript (2010).

Erdal, D. und Whiten, A.: On Human Egalitarianism: An Evolutionary Product of Macchiavellian Status Escalation? *Current Anthropology* 35: 175–183 (1994).

Erdal, D. und Whiten, A.: Egalitarianism and Macchiavellian Intelligence in Human Evolution. In: Modelling the Ancient Human Mind (P. Mellars, K. Gibson, Hrsg.). S. 139–150. McDonald Institute for Archeological Research, Cambridge (1996).

Everett, D. L.: »Das glücklichste Volk«. Sieben Jahre bei den Piraha-Indianern am Amazonas. DVA, München (2009).

Fehr, E., Bernhard, H., Rockenbach, B.: Egalitarianism in Young Children. *Nature* 454: 1079–1083 (2008).

Fetchenhauer, D. und Dunning, D.: Why so Cynical? Asymmetric Feedback Underlies Misguided Skepticism Regarding the Trustworthiness of Others. *Psychological Science*. Doi:10.1177/0956797609358586 (2010).

Finkelhor, D. und Kollegen: The Victimization of Children and Youth: A Comprehensive, National Survey. *Child Maltreatment* 10: 5–25 (2005).

Finkelhor, D., Turner, H., Ormrod, R.: Kid's Stuff: The Nature and Impact of Peer and Sibling Violence. *Child Abuse & Neglect* 30: 1401–1421 (2006).

Fischbacher, U., Fong, C.M., Fehr, E.: Fairness, Errors and the Power of Competition. *Journal of Economic Behavior&Organisation* 72: 527–545 (2009).

Fischer, A.: Gerechtigkeit im Land. Umfrage des Instituts für Demoskopie Allensbach. *Frankfurter Allgemeine Sonntagszeitung*, 6. Juni 2010.

Föger, B. und Taschwer, K.: Konrad Lorenz. Zsolnay Verlag, Wien (2003).

Freisleder, F.J. Interview mit der *Süddeutschen Zeitung*, 25. Februar 2006.

Freisleder, F.J.: Die Hemmungen haben nachgelassen. Interview mit *Frankfurter Allgemeinen Sonntagszeitung*, 20.09.2009.

Freud, S.: Formulierungen über zwei Principien des psychischen Geschehens. *Jahrbuch für psychoanalytische und psychopathologische Forschungen* 3: 1–8 (1910).

Freud, S.: Jenseits des Lustprinzips (1920). In: Studienausgabe Band III: Psychologie des Unbewussten, Seite 213–272. Fischer Verlag, Frankfurt Main (1975).

Freud, S.: Das Unbehagen in der Kultur (1930). Frankfurt Main (2004).

Freud, S.: (Antwort-) Brief an Albert Einstein, verfasst »im September« (1932). www.netzwerk-regenbogen.de (geladen am 19. August 2010). Siehe auch Einstein, A., Freud, S.: Warum Krieg?: Ein Briefwechsel. Diogenes, Zürich (1972).

Fries, A.B. und Kollegen: Early Experience in Humans is Associated with Changes in Neuropeptides Critical for Regulating Social Behavior. *Proceedings of The National Academy of Sciences USA PNAS* 102: 17234–17240 (2005).

Gebel, H.G.K.: Commodification and the Formation of Early Neolithic Social Identity. In: M. Benz (Hrsg.), The Principle of Sharing, S. 35-80. Berlin, ex oriente (2010).

Geerlings, W.: Augustinus. Panorama Verlag, Wiesbaden (2004).

Gesch, C.B. und Kollegen: Influence of Supplementary Vitamins, Minerals and Essential Fatty Acids on the Antisocial Behavior of Young Adults. *British Journal of Psychiatry* 181: 22–28 (2002).

Goodall, J.: In the Shadow of Man. Hougton Mifflin, Boston (1971).

Goodall, J.: The Chimpanzees of Gombe: Patterns of Behavior. Belknap, Cambridge MA (1986).

Goren-Inbar, N. und Kollegen: Evidence of Hominin Control of Fire at Gesher Benot Ya'aqov, Israel. *Science* 304: 725–727 (2004).

Grabka, M.M. und Frick, J.R.: Weiterhin hohes Armutsrisiko in Deutschland. Wochenbericht des Deutschen Instituts für Wirtschaftsforschung DIW Berlin. Ausgabe Nr. 7/2010.

Greene, J.D. und Kollegen: An fMRI Investigation of Emotional Engagement in Moral Judgment. *Science* 293: 2105–2108 (2001).

Greene, J.D. und Haidt, J.: How (And Where) Does Moral Judgment Work? *Trends in Cognitive Sciences* 6: 517–523 (2002).

Greene, J.D.: From Neural ›Is‹ to Moral ›Ought‹: What Are the Moral Implications of Neuroscientific Moral Psychology?. *Nature Reviews of Neuroscience* 4: 847–851 (2003).

Greene, J.D. und Kollegen: The Neural Basis of Cognitive Conflict and Control in Moral Judgment. *Neuron* 44: 389–400 (2004).

Greene, J.D. und Paxton, J.M.: Patterns of Neural Activity Associated with Honest amd Dishonest Moral Decisions. *Proceedings of The National Academy of Sciences USA PNAS 106:* 12506–12511 (2009).

Grimm, P.: Gewalt im Web 2.0. Vortrag Fachtag »Cybermobbing«. Münster 18. 11. 2010.

Groys, B.: Revolution der Tugend. *Die Zeit*, 17. Dezember 2009.

Gundstad, J. und Kollegen: Relationship Between Body Mass Index and Brain Volume in Healthy Adults. *International Journal of Neuroscience* 118:1582–1593 (2008).

Guggenbühl, A.: »Jungen brauchen Konfrontation«. Interview mit *Spiegel-Online*, 4. Mai 2010.

Gutschner, D. und Kollegen: Einflussfaktoren für delinquentes Verhalten bei straffälligen Jugendlichen in der Schweiz. *Schweizerische Zeitschrift für Kriminologie*, Heft 1, Seite 29–36 (2009).

Habermas, J.: Arbeit, Liebe, Anerkennung. *Die Zeit*, 16. Juli 2009.

Haidt, J.: The New Synthesis in Moral Psychology. *Science 316:* 998–1002 (2007a).

Haidt, J.: Moral Psychology and The Misunderstanding of Religion. www.edge.org (2007b).

Hamlin, J.K., Wynn, K., Bloom, P.: Social Evaluation by Preverbal Infants. *Nature* 450:557–560 (2007).

Hannemann, M.: Angst, Schweiß und Dänen. *Frankfurter Allgemeine Zeitung*, 14. Dezember 2009.

Hariri, A.R. und Holmes, A.: Genetics of Emotional Regulation: The Role of the Serotonin Transporter in Neural Function. *Trends in Cognitive Sciences* 10: 182–191 (2006).

Heitmeyer, W. und Imbusch, P. (Herausgeber): Integrationspotentiale einer modernen Gesellschaft. Verlag für Sozialwissenschaften, Wiesbaden (2005).

Heitmeyer, W. (Herausgeber): Deutsche Zustände. Edition Suhrkamp (2010).

Helbing, J.: Was führt zum Kollaps von Gesellschaften? *GAIA* 15/4: 255–259 (2006).

Henrich, J. und Smith, N.: Comparative Experimental Evidence from Machiguenga, Mapuche, and American Populations. In: Foundations of Human Society (J. Henrich, R. Boyd, S. Bowles, C. Camerer, E. Fehr, H. Gintis, Hrsg.). S. 125–167 (2004).

Henrich, J. und Kollegen: »Economic Man« in Cross-Cultural Perspective: Behavioral Experiments in 15 Small-Scale Societies. *Behavioral and Brain Sciences* 28: 795–855 (2005).

Hermann, C. und Kollegen: Long-term Alteration of Pain Sensitivity in School-Aged Children with early Pain Experiences. *Pain* 125:278–285 (2006).

Hermans, E.J., Ramsey, N.F., van Honk, J.: Exogenous Testosteron Enhances Responseveness to Social Threat in the Neural Circuitry of Social Aggression in Humans. *Biological Psychiatry* 63:263–270 (2008).

Hernandez-Aguilar, R.A., Moore, J. und Pickering, T.R.: Savanna Chimpanzees Use Tools to Harvest the Underground Storage Organs of Plants. *Proceedings of The National Academy of Sciences USA PNAS* 104:19210–19213 (2007).

Hill, K.: Hunting and Human Evolution. *Journal of Human Evolution* 11: 521–544 (1982).

Hohmeister, J. und Kollegen: Responses to Pain in School-Aged Children with Experience in a Neonatal Intensive Care Unit: Cognitive Aspects and Maternal Influences. *European Journal of Pain* 13: 94–101 (2009).

Hohmeister, J. und Kollegen: Cerebral Processing of Pain in School-aged Children with Neonatal Nociceptive Input: An Exploratory fMRI Study. *Pain 150:* 257–267 (2010).

Hollstein, M.: »Das war vielleicht am besten so«. *Die Welt*, 15. Oktober 2010.

Hollstein, M. und Peters, F.: Neue Studie: Männer häufiger Opfer von Gewalt als Frauen. *Die Welt*, 12. November 2010.

Holt-Lunstad, J., Smith, T.B., Layton, J.B.: Social Relationship and Mortality Risk: A Meta-analytic Review. *PloS Medicine* 7: 1–20. e1000316 (2010).

Holzhaider, H.: Eine Welt voll Hass und Sehnsucht. *Süddeutsche Zeitung*, 30. April 2010.

Honneth, A.: Kampf um Anerkennung. Suhrkamp Verlag, Berlin (1992) (2. Auflage 1998).

Honneth, A.: Fataler Tiefsinn aus Karlsruhe. *Die Zeit*, 24. September 2009.

Hsie, C.-C. und Pugh, M.D.: Poverty, Income Enequality, and Violent Crime: A Meta-Analysis of Recent Aggregate Data Studies. *Criminal Justice Review* 18: 182–202 (1993).

Hülser, D.: Eine todbringende Freundschaft. *Badische Zeitung*, 16. Dezember 2009.

Hülser, D.: Ein tödlicher Code. *Badische Zeitung*, 30. März 2010.

Huesman, L.R. und Miller, L.S.: Long-term Effects of Repeated Exposure to Media Violence in Childhood. In: L.R. Huesmann (Hrsg.): Aggressive Behavior: Current Perspectives (S. 153–186). Plenum Press, New York (1994).

Hyde, J.S.: The Gender Similarity Hypothesis. *American Psychologist* 60: 581–592 (2005).

Ijzerman, H., van Dijk, W.W. und Galluci, M.: A Bumby Train Ride: A Field Experiment on Insult, Honor, and Emotional Reactions. *Emotion* 7: 869–875 (2007).

Inglehart, R. und Kollegen: World Values Surveys and European Values Surveys. Inter-University Consortium for Political and Social Research. ICPSR Study No. 2790. Institute for Social Research (2000).

Israel, S. und Kollegen: The Oxytocin receptor (OXTR) Contributes to Prosocial Fund Allocation in the Dictator Game and the Social Value Orientation Task. *PLoS* One 4 (e5535): 1–10 (2009).

James, W.: The Principles of Psychology, S. 281. Encyclopedia Britannica. Chicago (1890). Reprint bei Dover Publications, New York (1950).

Jordan, A.H. und Monin, B.: From Sucker to Saint. *Psychological Science* 19: 809–815 (2008).

Kaiser, C.R. und Kollegen: The Ironic Consequences of Obama's Election: Decreased Support For Social Justice. *Journal of Experimental Social Psychology* 45: 556–559 (2009).

Kant, I.: Grundgesetz der Metaphysik der Sitten (1785).

Kant, I.: Grundgesetz der praktischen Vernunft (1788).

Kass, S.: Bullying Widespread in Middle School, Say Three Studies. APA Monitor 30 (1999).

Kaube, J.: Der Vermögensverwalter. *Frankfurter Allgemeine Zeitung*, 25. September 2009.

Kersten, J.: Vor lauter Scham. *Psychologie Heute*, Dezember 2009.

Kim-Cohen, J. und Kollegen: MAO A, Maltreatment, and Gene-Environment Interaction Predicting Children's Mental Health: New Evidence and a Meta-Analysis. *Molecular Psychiatry*. Doi: 10.1038/sj.mp.4001851 (2006).

Kirsch, P. und Kollegen: Oxytocin Modulates Neural Circuitry for Social Cognition and Fear in Humans. *The Journal of Neuroscience* 25: 11489–11439 (2005).

Kocher, M. G. und Kollegen: Conditional Cooperation on Three Conti-
nents. *Economic Letters 101:* 175–178 (2008).

Konfliktbarometer. Heidelberger Institut für Internationale Konflikt-
forschung. Institut für Politische Wissenschaften der Universität
Heidelberg. www.hik.de (2010).

Krämer, U. M. und Kollegen: Tit-for-Tat: The Neural Basis of Reactive
Aggression. *NeuroImage* 38:203–211 (2007).

Krämer, U. M. und Kollegen: Trait Aggressiveness Modulates Neurophy-
siological Correlates of Laboratory-induced Reactive Aggression in
Humans. *Journal of Cognitive Neuroscience* 20: 1464–1477 (2008).

Krämer, U. M. und Kollegen: Oscillatory Brain Activity Related to
Control Mechanisms During Laboratory-induced Aggression. *Fron-
tiers in Behavioral Neuroscience* 3: 1–10 (2009).

Kugler, T. und Kollegen: Trust Between Individuals and Groups:
Groups are Less Trusting Than Individuals But Just as Trustworthy.
Journal of Economic Psychology 28: 646–567 (2007).

Kurban, R. und Houser, D.: Experiments Investigating Cooperative
Types in Humans. *Proceedings of The National Academy of Sciences USA PNAS* 102: 1803–1807 (2005).

Laden, G. und Wrangham, R.: The Rise of the Hominids as An Adaptive
Shift in Fallback Foods: Plant Underground Storage Organs (USOs)
and Australopith Origins. *Journal of Human Evolution* 49: 482–
489 (2005).

Lagrange, H.: Crimprev Info Number 4bis – Crime Rates in Europe
and Macrosocial Context and Social Policies. www.lodel.irevues.
inist.fr./crimprev/index.php?id=185. 30. November 2007.

Längle, A.: Ursachen und Ausbildungsformen von Aggression im Lichte der Existenzialanalyse. In: Emotion und Existenz (Hrsg.: A.
Längle), S. 135–150. WUV-Facultas Verlag, Wien (2003).

Langman, P.: Amok im Kopf. Warum Schüler töten. Beltz Verlag, Wein-
heim und Basel (2009).

Latane, B. und Rodin, J.: A Lady in Distress: Inhibiting Effects of
Friends and Strangers on Bystander Intervention. *Journal of Experimental Social Psychology* 5: 189–202 (1969).

Lauer, M.: Die Wende von Ansbach. *Welt am Sonntag*, 20. September
2009.

Leary, M.R. und Kollegen: Teasing, Rejection, and violence: Case Studies of the School Shootings. *Aggressive Behavior* 29: 202–214 (2003).

Leary, M.R., Twenge, J.M., Quinlivan, E.: Interpersonal Rejection as a Determinant of Anger and Aggression. *Personality and Social Psychology Review* 10: 111–132 (2006).

Ledyard, J.O.: Public Goods: A survey of Experimental Research. In: Handbook of Experimental Economics (J. Kugel, A. Roth, Eds.). S. 111–194. Princeton University Press (1995).

Lemov, R.: World as a Laboratory. Experiments with Mice, Mazes, and Men. Hill and Wang (A division of Farrar, Strauss and Giroux), New York (2005).

Lenzen-Schulte, M.: Die seelischen Gebrechen der jungen Verbrecher (Bericht von einem Internationalen Kongress der Kinder- und Jugendforensiker in Basel). *Frankfurter Allgemeine Zeitung*, 29. September 2010.

Levin, P.F. und Isen, A.M.: Further Studies on the Effect of Feeling Good on Helping. *Sociometry* 38: 141–147 (1975).

Lim, F., Bond, H., Bond, M.K.: Linking Societal and Psychological Factors to Homicide Rates Across Nations. *Journal of Cross-Cultural Psychology* 36: 515–536 (2005).

Lin D. und Kollegen: Functional Identification of an Aggression Locus in the Mouse Hypothalamus. *Nature* 470: 221–226 (2011).

Loeber, R. und Kollegen: The Prediction of Violence and Homicide in Young Men. *Journal of Consulting and Clinical Psychology* 73: 1074–1088 (2005).

Lorenz, K.: Das sogenannte Böse. Zur Naturgeschichte der Aggression. Weltbild Verlag, Augsburg (1963/Lizenzausgabe 1995).

Lotze, M. und Kollegen: Evidence for a Different Role of the Ventral and Dorsal Medial Prefrontal Cortex for Social Aggression: An Interactive fMRI Study. *NeuroImage* 34: 470–478 (2007).

Lovett, B.J. und Sheffield, R.A.: Affective Empathy Deficits in Aggressive Children and Adolescents. *Clinical Psychology Review* 27: 1–13 (2007).

Luhan, W.J., Kocher, M.G., Sutter, M.: Group Polarization in the Team Dictator Game. Experimental Economics 12:26–41 (2009).

Lyko, F. und Kollegen: The Honey Bee Epigenomes. *PLoS Biol* 8(11): e1000506. doi:10.1371/journal.pbio.1000506 (2010).

Maestripieri, D.: Early Experience Affects the Intergenerational Transmission of Infant Abuse in Rhesus Monkeys. *Proceeding of The National Academy of Sciences, USA PNAS* 102: 9726–9729 (2005)

Matthews, K.E. und Canon, L.K.: Environmental Noise Level as a Determinant of Helping Behavior. *Journal of Personality and Social Psychology* 32: 571–577 (1975).

Mayer, G.: Die Kälte darf nicht siegen. Was Menschlichkeit gegen Gewalt bewirken kann. Ullstein Verlag, Berlin (2010).

Mazar, N. und Zhong, C.-B.: Do Green Products Make Us Better People? *Psychological Science* 21: 494–498 (2010).

Mazarweh, G.: Ödipus in Arabien. Interview mit der *ZEIT*, 11.5.2006.

Mazur, A. und Booth, A.: Testosterone and Dominance in Men. *Behavioral and Brain Sciences* 21: 353–397 (1998).

McPherron, S.P. und Kollegen: Evidence for Stone-Tool-Assisted Consumption of Animal Tissue Before 3,39 Million Years Ago at Dikika, Ethiopia. *Nature* 466: 857–860 (2010).

Merkel, W.W.: Feuer und Flamme. *Welt am Sonntag*, 28. November 2010.

Merritt, A.C., Effron, D.A. und Monin, B.: Moral Self-Licensing: When Being Good Frees Us to Be Bad. *Social and Personal Psychology Compass* 3: 1–14 (2010).

Messner, S.F. und Rosenfeld, R.: Crime and the American Dream. Wadsworth Publishing, Belmont CA (1993).

Meyer-Lindenberg, A. und Kollegen: Neural Mechanisms of Genetic Risk for Impulsivity and Violence in Humans. *Proceedings of The National Academy of Sciences USA PNAS*. Doi 10.1073/pnas. 0511311103 (2005).

Mik, H.M. und Kollegen: Serotonin System Genes and Childhood-Onset Aggression. *Psychiatric Genetics* 17: 11 (2007).

Milanski, M. und Kollegen: Saturated Fatty Acids Produce an Inflammatory Response Predominantly through the Activation of TLR4 Signalling in Hypothalamus. *Journal of Neuroscience* 29: 359–370 (2009).

Milgram, S.: Behavioral Study of Obidience. *Journal of Abnormal and Social Psychology* 67: 371–378 (1963).

Milgram, S.: Some Conditions of Obedience and Disobedience to Authority. *Human Relations* 18: 57–75 (1965).

Miller, D.T. und Effron, D.A.: Psychological Licence: When It Is Needed and How It Functions. In: Experimental Social Psychology (Mark P. Zanna und James M. Olson, Hrsg.). S. 115–155. Elsevier, London-Amsterdam-New York (2010).

Mitani, J.C., Watts, D.P., Amsler, S.J.: Lethal Intergroup Aggression Leads to Territorial Expansion in Wild Chimpanzees. *Current Biology* 20: R507-R508 (2010).

Moffitt, T.E. und Kollegen: A Gradient of Childhood Self-Control Predicts Health, Wealth, and Public Safety. *Proceedings of The National Academy of Sciences USA PNAS*. Doi: 10.1073/pnas.1010076108 (2011).

Moisi, D.: Kampf der Emotionen. Wie Kulturen der Angst, Demütigung und Hoffung die Weltpolitik bestimmen. DVA, München (2009).

Moll, J. und Kollegen: The Neural Basis of Human Moral Cognition. *Nature Reviews of Neuroscience* 6: 799–809 (2005).

Moll, J. und Kollegen: »Human Fronto-mesolimbic Networks Guide Decisions about Charitable Donation. *Proceedings of The National Academy of Sciences USA PNAS* 103: 15623–15628 (2006).

Moll, J. und de Oliveira-Souza, R.: Moral Judgments, Emotions and the Utilitarian Brain. *Trends in Cognitive Sciences* 11: 319–321 (2007).

Monin, B., Sawyer, P.J. und Marquez, M.J.: The Rejection of Moral Rebels: Resenting Those Who Do the Right Thing. *Journal of Personality and Social Psychology* 95: 76–93 (2008).

Moore, S.C. und Kollegen: A Particle Model of Crowd Behavior: Exploring the Relationship Between Alcohol, Crowd Dynamics and Violence. *Aggression and Violent Behavior* 13: 413–422 (2008).

Moore, S.C., Carter, L.M. und van Goozen, S.H.M.: Confectionary Consumption in Childhood and Adult Violence. *The British Journal of Psychiatry* 195: 366–367 (2009).

Moore, S.C. und Foreman-Peck, J.: Alcohol Consumption Predicts Violent Victimization, Impulsive Decision Making Predicts Violence. *The Open Behavioral Science Journal* 3: 28–33 (2009).

Murgatroyd, C. und Kollegen (aus der Arbeitsgruppe von Florian Holsboer, Direktor des Max Planck Institutes für Psychiatrie in München): Dynamic DNA Metylation Programs Persistent Adverse Effects of Early Life Stress. *Nature Reviews of Neuoscience* 12: 1559–1566 (2009).

Müller, T.: Warum Menschen ausrasten. Europas bekanntester Profiler, Thomas Müller, über die Psyche von Amokläufern und Bombenlegern. Interview in *Die Welt*, 22. August 2009.

Nichols, S. und Knobe, J.: Moral Responsibility and Determinism: The Cognitive Science of Folk Intuitions. *Nous* 41: 663–685 (2007).

Nowak, M.A., Tarnita, C.E., Wilson, E.O.: The Evolution of Eusociality. *Nature* 466:1057–1062 (2010).

Pagani, L.R. und Kollegen: Prospective Associations Between Early Childhood Television Exposure and Academic, Psychosocial, and Physical Wellbeing by Middle Childhood. *Archives of Pediatric and Adolescent Medicine* 164: 425–431 (2010).

Panksepp, J.: Feeling the Pain of Social Loss. *Science* 302: 237–239 (2003).

Pfeiffer, H.: Paradies/Paradieserzählung. Deutsche Bibelanstalt, Stuttgart (2007). www.bibelwissenschaft.de/wibilex/das-bibellexikon/details/quelle/WIB/zeichen/p/referenz/29971///cache/e2b7349428/

Pfeiffer, C.: Vorab-Bekanntgabe von Daten einer noch nicht publizierten Studie, die ein hohes Maß an Züchtigungsgewalt in freikirchlichen und muslimischen Familien belegt. www.evangelisch.de sowie www.livenet.ch. (2010).

Picket, K.E., Mookherjee, J. und Wilkinson, R.G.: Adolescent Birth Rates, Total Homicides, and Income Inequality in Rich Countries. *American Journal of Public Health* 95: 1181–1183 (2005).

Pieschl, S.: Prävention von Cybermobbing der WWU Münster. Vortrag Fachtag Cybermobbing. Münster 18. 11. 2010.

Plener, P.L. und Fegert, J.M.: Was wird hier gespielt? *Nervenheilkunde* 7–8: 446–449 (2010).

Plenker, F.D.: Betrachtung der Konzeption des Neids bei Melanie Klein. *Forum der Psychoanalyse* 25: 119–135 (2009).

Power, M.: The Egalitarians – Human and Chimpanzee: An Anthropological View of Social Organization. Cambridge University Press, Cambridge (1991).

Pruetz, J.D. und Bertolani, P.: Savanna Chimpanzees, Pan troglodytes verus, Hunt with Tools. *Current Biology* 17: 412–417 (2007).

Pryce, C.R. und Kollegen: Deprivation of Parenting Disrupts Development of Homeostatic and Reward Systems in Marmoset Monkey Offspring. *Biological Psychiatry* 56: 72–79 (2004).

Pyysiäinen, I. und Hauser, M.: The Origins of Religion: Evolved Adaption or By-Product. *Trends in Cognitive Sciences* 14: 104–109 (2010).

Raine, A. und Yang, Y.: Neural Foundations to Moral Reasoning and Antisocial Behavior. *SCAN* 1: 203–213 (2006).

Raji, C.A. und Kollegen: Brain Structure and Obesity. *Human Brain Mapping* 31: 353–364 (2010).

Rand, D.G. und Kollegen: Positive Interactions Promote Public Cooperation. *Science* 325: 1272–1275 (2009).

Reynolds, V., Reynolds, F.: Chimpanzees of Budongo Forest. In: I. DeVore (Hrsg.). Primate Behavior. S. 368–424. Holt, Rinehart, and Winston (1965).

Richman, L.S. und Leary, M.R.: Reactions to Discrimination, Stigmatization, Ostracisms, and Other Forms of Interpersonal Rejection: A Multimotive Model. *Psychological Review* 116: 365–383 (2009).

Rilling, J.K. und Kollegen: A Neural Basis for Social Cooperation. *Neuron* 35: 395–405 (2002).

Rilling, J.K. und Kollegen: Neural Correlates of Social Cooperation and Non-Cooperation as a Function of Psychopathy. *Biological Psychiatry* 61: 1260–1271 (2007).

Rilling, J.K., King-Casas, B., Sanfey, A.G.: The Neurobiology of Social Decision-making. *Current Opinion in Neurobiology* 18: 159–165 (2008).

Rodrigues, S.M. und Kollegen: Oxytocin Receptor Genetic Variations Relates to Empathy and Stress Reactivity in Humans. *Proceedings of The National Academy of Sciences USA PNAS* 106: 21437–21441 (2009).

Roth, G. und Strüber, D.: Neurobiologische Merkmale von Gewalttätern mit antisozialer Persönlichkeitsstörung und die Frage ihrer Schuldfähigkeit. In: Motivation und Widerstand. Herausforderungen im Maßregelvollzug (Nahlah Saimeh, Hrsg.). Psychiatrie-Verlag Bonn (2009).

Ruffle, B.J. und Sosis, R.: Cooperation and the In-Group-Out-Group Bias. *Journal of Economic Behavior & Organization* 60: 147–163 (2006).

Sachdeva, S., Iliev, R. und Medin, D.L.: Sinning Saints und Saintly Sinners. *Psychological Science* 20: 523–528 (2009).

Sally, D.: Conversation and Cooperation in Social Dilemmas. Rationality and Society 7: 58–92 (1995).

Sanfey, A.G. und Kollegen: The Neural Basis of Economic Decision-making in the Ultimatum Game. *Science* 300: 1755–1758 (2003).

Schauer, E., Elbert, T.: The Psychological Impact of Child Soldiering. In: Trauma Rehabilitation After War and Conflict. Springer Science and Business Media (2010).

Schienle, A. und Kollegen: Gender Differences in the Processing of Disgust- and Fear-Inducing Pictures: An fMRI Study. *NeuroReport* 16: 277–280 (2005).

Schlink, B.: Vergewisserungen. Über Politik, Recht, Schreiben und Glauben. Diogenes Verlag Zürich (2005).

Schloemann, J.: »Unsere Kinder dürfen nicht umsonst gestorben sein!«. *Süddeutsche Zeitung*, 2. März, 2010.

Schmidt, K.: Sie bauten die ersten Tempel. Das rätselhafte Heiligtum der Steinzeitjäger. C.H. Beck Verlag München (2006).

Schmidt, K.: The Göbekli Tepe »Totem Pole«. A First Discussion of an Autumn 2010 Discovery (PPN, Southeastern Turkey). *Neo-Lithics* 1/10: 74 (2010).

Schnall, S., Roper, J., Fessler, D.M.T.: Elevation Leads to Altruism, Above and Beyond General Positive Affect. *Psychological Science* 21:315–320 (2010).

Schultheiss, O.C., Campbell, K.L. und McClelland, D.C.: Implicit Power Motivation Moderates Men's Testosterone Responses to Imagined and Real Dominance Success. *Hormones and Behavior* 36: 234–241 (1999).

Schulz, M.: Wegweiser ins Paradies. *Der Spiegel*, Ausgabe 23, S. 158–170 (2006).

Siever, L. J.: Neurobiology of Aggression and Violence. *American Journal of Psychiatry* 165: 429 (2008).

Shariff, A. F., Norenzayan, A., und Henrich, J.: The Birth of High Gods. In: M. Schaller und Kollegen (Hrsg.): Evolution, Culture, and the Human Mind. Psychology Press, London (2009).

Singer, T. und Kollegen: Brain Responses to the Acquired Moral Status of Faces. *Neuron* 41: 653–662 (2004).

Singer, T. und Kollegen: Empathy for Pain Involves the Affective but not Sensory Components of Pain. *Science* 303: 1157–1162 (2004).

Singer, T. und Kollegen: Empathic Neural Responses Are Modulated by the Perceived Fairness of Others. *Nature* 439: 466–469 (2006).

Sloterdijk, P.: Die Revolution der gebenden Hand. *Frankfurter Allgemeine Zeitung*, 10. Juni 2009.

Soldt, R.: Das Urteil ist da, die Tat bleibt ein Rätsel. *Frankfurter Allgemeine Zeitung*, 1. April 2010.

Soreca, J. und Kollegen: Gain in Adiposity Across 15 Years is Associated With Reduced Gray Matter Volume in Healthy Women. *Psychosomatic Medicine* 71:485–490 (2009).

Sosis, R. und Ruffle, B. J.: Religious Ritual and Cooperation: Testing For a Relationship on Israeli Religious and Secular Kibbutzim. *Current Anthropology* 44: 713–722 (2003).

Sosis, R. und Ruffle, B. J.: Ideology, Religion, And The Evolution Of Cooperation. *Research in Economic Anthropology* 23: 89–117 (2004).

Spitzer, M: Hormone zur Hochzeit. *Nervenheilkunde* 29: 179–182 (2010a).

Spitzer, M.: Fairness und Testosteron. *Nervenheilkunde* 29: 242–243 (2010b).

Spitzer, M.: Dopamin und Käsekuchen. *Nervenheilkunde* 29:482–486 (2010c).

Spitzer, M.: Grün Kaufen – egoistisch handeln? *Nervenheilkunde* 29: 315–317 (2010d).

Spröber, N. und Fegert, J. M.: Amoklauf: Und jetzt nehme ich Rache. *Nervenheilkunde* 29: 442–445 (2010).

Stanton, S. J. und Schultheiss, O. C.: The Hormonal Correlates of Implicit Power Motivation. *Journal of Research in Personality* 43: 942–949 (2009).

Stanton, S.J. und Schultheiss, O.C.: Testosterone and Power. In: Keith Dowding (Hrsg.): Encyclopedia of Power. Sage Publications, Thousand Oaks, CA, (2011).

Stauss, K.: Die heilende Kraft der Vergebung. Kösel Verlag, München (2010).

Stollorz, V.: Ganz allein gehen sie ein. Das Hirn junger Affen nimmt bereits Schaden, wenn sie auch nur vorübergehend leiden. *Frankfurter Allgemeine Sonntagszeitung*, 15. November 2009.

Ströhle, A. und Hahn, A.: Evolutionäre Erziehungswissenschaft und »steinzeitliche« Ernährungsempfehlungen. Teil 1. *Ernährungs-Umschau* 53: 10–16 (2006a).

Ströhle, A. und Hahn, A.: Evolutionäre Erziehungswissenschaft und »steinzeitliche« Ernährungsempfehlungen. Teil 2. *Ernährungs-Umschau* 53: 52–58 (2006b).

Strüber, D., Lück, M., Roth, G.: Sex, Aggression and Impuls Control: An Integrative Account. *Neurocase* 14: 93–121 (2008).

Suguyama, Y.: Social Characteristics and Socialization of Wild Chimpanzees. In: F.E. Poirer (Hrsg.). Primate Socialization. S. 145–153. Random House (1972).

Sussman, R.W. und Hart, D.: Modeling the Past: The Primatological Approach. In: Handbook of Paleoanthropology (W. Henke, H. Roth, Hrsg.). Band 1, S. 701–721 (2007).

Sussman, R.W. und Hart, D.: The Behavioral Ecology of Our Earliest Hominid Ancestors. In: A Search For Origins (J.G. Fleagle, C.C. Gilbert, Hrsg.). S. 259–279 (2008).

Sussman, R.W. und Marshack, J.: Are Humans Inherently Killers? Global Nonkilling Working Papers. ISSN 2077–1428 (online). www.nonkilling.org (2010).

Sutter, M. und Kocher, M.G.: Trust and Trustworthiness Across Different Age Groups. Games and Economic Behavior 59: 346–382 (2007).

Swaab, D.F.: Sexual Differentiation of the Human Brain: Relevance for Gener Identity, Transsexualism and Sexual Orientation. *Gynecological Endocrinology* 19: 301–312 (2004).

Tabibnia, G., Satpute, A.B., Lieberman, M.D.: The Sunny Side of Fairness. *Psychological Science* 19: 339–347 (2008).

Tan, J.H.W. und Vogel, C.: Religion and Trust: An Experimental Study. European University Viadrina Frankfurt (Oder), Department of Business Administration and Economics. Discussion Paper No. 240 (2005).

Taylor, S.P.: Aggressive Behavior and Physiological Arousal as a Function of Provocation and the Tendency to Inhibit Aggression. *Journal of Personality* 35: 297–310 (1967).

The Final Report and Findings of the Safe School Initiative: Implications for the Prevention of School Attacks in the United States. Vorgelegt vom United States Secret Service und dem United States Department of Education. Washington (2002).

Thieme, H.: The Lower Paleolithic Art of Hunting. In: C. Gamble, M. Porr (Hrsg.): The Hominid Individual in Context. Oxford (2005).

Thornton, A.J.V., Graham-Kevan, N., Archer, J.: Adaptive and Maladaptive Personality Traits as Predictors of Violent and Nonviolent Offending Behavior in Men and Women. *Aggressive Behavior* 35: 1–10 (2010).

Tomasello, M. und Warneken, F.: Share and Share Alike. *Nature* 454:1057–1058 (2008).

Tomasello, M.: Rede anlässlich der Verleihung des Hegel-Preises der Landeshauptstadt Stuttgart, zitiert nach dem Redemanuskript (2009).

Tricomi, E. und Kollegen: Neural Evidence for Inequality-averse Social Preferences. *Nature* 463: 1089–1092 (2010).

Tyrka, A.R. und Kollegen: Childhood Maltreatment and Telomer Length. *Biological Psychiatry* 67: 531–534 (2010).

UNESCO: Gewalt ist kein Naturgesetz. Erklärung von Sevilla (1986).

Vaish, A., Carpenter, M., Tomasello, M.: Young Children Selectively Avoid Helping People With Harmful Intentions. *Child Development* 81: 1661–1669 (2010).

Valdesolo, P. und DeSteno, D.: Manipulations of Emotional Context Shape Moral Judgment. *Psychological Science* 17: 476–477 (2006).

Valdesolo, P. und DeSteno, D.: Moral Hypocrisy. *Psychological Science* 18: 689–690 (2007).

Valdesolo, P. und DeSteno, D.: The Duality of Virtue: Deconstructing the Moral Hypocrite. *Journal of Experimental Social Psychology* 44: 1334–1338 (2008).

Van Wingen, G. und Kollegen: Testosterone Reduces Amygdala-Orbito-frontal Cortex Coupling. *Psychoneuroendocrinology* 35: 105–113 (2010).

Veit, R. und Kollegen: Aberrant Social and Cerebral Responding in an Competitive Reaction Time Paradigm in Criminal Psychopaths. *NeuroImage* 49: 3365–3372 (2010).

Verona, E. und Kollegen: Gender Specific Gene-Environment Inter-actions on Laboratory-Assessed Aggression. *Biological Psychiatry* 71: 33–41 (2006).

Verona, E., Kilmer, A.: Stress Exposure and Affective Behavior in Men and Women. *Journal of Abnormal Psychology* 116: 410–421 (2007).

Verona, E., Sullivan, E.A.: Emotional Catharsis and Aggression Revi-sited: Heart Rate Reduction Following Aggressive Responding. *Emotion* 8: 331–341 (2008).

Vogel, G.: The Evolution of the Golden Rule. *Science* 303: 1128–1131 (2004).

Vohs, K.D. Mead, N.L. und Goode, M.R.: The Psychological Conse-quences of Money. *Science* 314: 1154–1156 (2006).

Vohs, K.D. Mead, N.L. und Goode, M.R.: Merely Activating the Concept of Money Changes Personal and Interpersonal Behaviour. *Current Directions in Psychological Science* 17: 208–212 (2008).

Voss, J.: Die Sprache der Evolutionstheorie. *Frankfurter Allgemeine Zeitung*, 2. November 2009.

Wager, T.D. und Kollegen: Placebo-Induced Changes in fMRI in the Anticipation and Experience of Pain. *Science* 303: 1162–1167 (2004).

Wager, T.D und Ochsner, K.N.: Sex Differences in the Emotional Brain. *Neuroreport* 16: 85–87 (2005).

Ward, M.A. und Kollegen: The Effect of Body Mass Index on Global Brain Volume in Middle-Aged Adults. BMC (BioMed Central) *Neu-rology* 5: 23. doi: 10.1186/1471–2377–5–23 (2005).

Warneken, F. und Tomasello, M.: Varieties of Altruism in Children and Chimpanzees. *Trends in Cognitive Sciences* 13:397–402 (2009).

Washburn, S. und Lancaster, C.: The Evolution of Hunting. In: Man the Hunter (R. Lee, I. DeVore, Hrsg.). S. 292–303. Aldine, Chicago (1968).

Way, B.M., Taylor, S.E. und Eisenberger, N.: Variation of the Opioid Receptor Gene (OPRM1) is Associated with Dispositional and Neural Sensitivity to Social Rejection. *Proceedings of The National Academy of Sciences USA PNAS* 106: 15079–15084 (2009).

Welzer, H.: Täter. Wie aus ganz normalen Menschen Massenmörder werden. 4. Auflage. S. Fischer Verlag, Frankfurt a. M. (2006).

Wilkinson, R.: Why is Violence More Common Where Inequality is Greater? *Annals of The New York Academy of Sciences* 1036: 1–12 (2004).

Wilkinson, R.G., Pickett, K.E.: The Problems of Relative Deprivation: Why Some Societies Do Better Than Others. *Social Science & Medicine* 65: 1965–1978 (2007).

Wilson, E.O.: Sociobiology. Harvard University Press, Cambridge Mass. (1975).

Wilson, D.S., Wilson, E.O.: Rethinking the Theoretical Foundation of Sociobiology. *The Quarterly Review of Biology* 82: 327–348 (2007).

Wingert, L.: Ab in die Dienerschule. *Die Zeit*, 7. Januar 2010.

Wobber, V. und Kollegen: Differential Changes in Steroid Hormones Before Competition in Bonobos and Chimpanzees. *Proceedings of The National Academy of Sciences USA PNAS*. Doi 10.1073/pnas. 1007411107 (2010).

Wrangham, R. und Peterson, D.: Demonic Males: Apes and the Origins of Human Violence. Houghton Mifflin, Boston (1996).

Young, L. und Kollegen: Damage to Ventromedial Prefrontal Cortex Impairs Judgment of Harmful Intent. *Neuron* 65: 1–7 (2010).

Zaalberg, A. und Kollegen: Effects of Nutritional Supplements on Aggression, Rule-Braking, and Psychoapathology Among Adult Prisoners. *Aggressive Behavior* 36: 117–126 (2010).

Zak, P.J. und Kollegen: The Neuroeconomics of Distrust. Sex Differences in Behavior and Physiology. *Cognitive Neuroscience Foundations of Behavior* 95: 360–363 (2005).

Zak, P.J. und Fakhar, A.: Neuroactive Hormones and Interpersonal Trust: International Evidence. *Economics and Human Biology*. Doi: 10.1016/j.ehb.2006.06.004 (2006).

Zak, P.J., Stanton, A.A., Ahmadi, S.: Oxytocin Increases Generosity in Humans. *PloS One* 11: 1–5 (e1128) (2007).

Zak, P.J.: The Neurobiology of Trust. *Scientific American*, Juni-Ausgabe (2008).

Zak, P.J. und Kollegen: Testosterone Administration Decreases Generosity in the Ultimatum Game. *PloS ONE* 4: 1–7/e8330 (2009).

Zhou, X., Vohs, K.D., Baumeister, R.F.: The Symbolic Power of Money. *Psychological Science* 20: 700–706 (2009).

Ziegert, H.: Adam kam aus Afrika – aber wie? Zur frühesten Geschichte der Menschheit. Eigenverlag (2010). Siehe dazu auch: www1. uni-hamburg.de/Helmut-Ziegert.

Zimbardo, P.: The Stanford Prison Experiment. http://de.wikipedia. org/wiki/Stanford-Prison-Experiment (abgerufen Februar 2010).

Zippelius, H.-M.: Die vermessene Theorie. Eine kritische Auseinandersetzung mit der Instinkttheorie von Konrad Lorenz und verhaltenskundlicher Forschungspraxis. Vieweg Verlag, Braunschweig (1992).

Zubieta, J.K. und Kollegen: Belief or Need? Accounting for Individual Variations in the Neurochemistry of the Placebo Effect. *Brain, Behavior and Immunity* (2005a).

Zubieta, J.K. und Kollegen: Placebo Effects Mediated by Endogenous Opioid Activity on μ-Opioid Receptors. *The Journal of Neuroscience* 25: 7754–7762 (2005b).

Register

Besuchen Sie den Heyne Verlag im Social Web

Facebook
www.heyne.de/facebook

Twitter
www.heyne.de/twitter

Google+
www.heyne.de/google+

YouTube
www.heyne.de/youtube

www.heyne.de

HEYNE ‹